벼랑끝에 선
사랑을
Parler d'amour
au bord du gouffre
이야기
하다

벼랑끝에 선
사랑을

*Parler d'amour
au bord du gouffre*

이야기
하다

보리스 시륄닉
이재형 옮김

새물결

Parler d'amour au bord du gouffre by Boris Cyrulnik
Copyright ⓒ Editions Odile Jacob, 2003
Korean translation edition ⓒ Saemulgyul Publishing House, 2009
This Korean edition is published by arrangement with Editions Odile Jacob, Paris,
via Bestun Korea Agency, Korea.
All rights reserved.

옮긴이 이재형

한국외대 불어과 및 동 대학원에서 공부했으며 한국외대, 상명대, 강원대에서 강사를 역임했다. 2008년 현재 프랑스 몽펠리에에 머물면서 프랑스어 전문 번역가로 활동하고 있다. 옮긴 책으로 『말 빌』, 『프로이트』, 『지구는 우리의 조국』, 『신혼여행』, 『정신분석 혁명』, 『마법의 백과사전』, 『눈 이야기』, 『엑또르 씨의 사랑 여행』, 막스 갈로의 로마 인물 소설 시리즈인 『스파르타쿠스의 죽음』, 『네로의 비밀』 등이 있다.

벼랑 끝에 선 사랑을 이야기하다

지은이 | 보리스 시뤼닉
옮긴이 | 이재형
펴낸이 | 홍미옥
펴낸곳 | 새물결 출판사
1판 1쇄 2009년 8월 11일 | 등록 서울 제15-52호(1989.11.9)
주소 서울특별시 마포구 연남동 565-31 우편번호 121-869
전화 (편집부) 3141-8696 (영업부) 3141-8697 | 팩스 3141-1778
E-mail sm3141@kornet.net
ISBN 978-89-5559-274-0 (03180)

이 책의 한국어 판권은 베스툰 코리아 에이전시를 통하여 저작권자와 독점 계약한 새물결 출판사에 있습니다. 저작권법에 의해 한국 내에서 보호를 받는 저작물이므로 무단 전재와 무단 복제를 금합니다.

일러두기

1. 이 책은 **보리스 시륄닉**의 *Parler d'amour au bord du gouffre*를 우리말로 옮긴 것이다.
2. 원저자의 첨언이 있을 경우 ( ) 안에 넣어 표시했고, 본문 안의 옮긴이 첨언은 [ ] 안에 넣어 표시했다.
3. 원저자의 주는 후주 처리하였다.

차례

서장

올가에 대한 선고 14 • 그래도 사랑하다 17 • 상처 입은 사람에 관한 이야기는 그 상처를 치유할 수도 있고 악화시킬 수도 있다 22

1장 반反운명으로서의 회복

모욕감을 안겨주는 오믈렛 30 • 공적인 말에 담긴 사적인 의미 33 • 머릿속의 대성당 35 • 순간순간을 사는 인간에게는 의미가 태어날 시간이 없다 38 • 의미로 충만한 화분 이야기 41 • 안개등으로서의 이야기 43 • 운명의 힘 46 • 감정의 적응 49

2장 만남이 재회가 될 때

경이와 구더기 53 • 청소년기: 위험한 방향 전환 56 • 감정의 수정 59 • 다른 식으로 사랑해야 할 의무 62 • 행운을 가져오는 어린아이와 초인 66 • 왜 사랑하는 사람과 헤어지는가? 69 • 의미의 시초는 성에 따라 달라진다 73 • 감옥에서 주는 음식을 먹을 자격이 없는 아이들 76 • 별이 없는 별자리 79 • 응석받이 아이, 썩은 과일 82 • 덩치 큰 젖먹이들의 이상한 자유 85 • 어린아이들이 법을 만든다 90 • 사랑이 일체의 권한을 줄 때 93 • 씁쓸한 자유: 3막짜리 코미디 95 • 마음의 감옥 99 • 반복이냐, 자유냐? 103 • 자기 이미지에 지배당하다 107 • 우리는 우리의 기억에 의해 형성되고 우리의 기억을 형성한다 109 • 탈출의 메커니즘 111

Parler d'amour
au bord du gouffre

3장 사랑의 형이상학

자식으로서의 사랑과 낭만적 사랑 119 • 사랑의 위기 122 • 비언어적인 사랑 고백 125 • 첫사랑은 두번째 기회다 130 • 애정의 깜부기불과 냉랭한 분위기의 가족 133 • 사랑하는 방식의 연금술 136 • 말에 의한 짝짓기 144 • 사랑하는 법을 배울 시간 146 • 사랑하는 사람들의 고통으로 인해 고통을 겪다 149 • 이해한다는 것이 곧 치유한다는 것은 아니다 152

―

4장 물려받는 지옥

기억과 죄의식 161 • 고통과 재구성: 우리는 무엇을 물려주고 있는가? 164 • 육체의 친밀함과 정신의 전달 167 • 사랑하는 방법의 전달 170 • 트라우마는 어떻게 유전되는가 175 • 물려받은 것을 해석하다 183 • 침묵에 잠긴 소음 188

―

5장 우울한 노래들

유령들의 살덩어리 193 • 우울한 부모, 까다로운 아이 196 • 죽은 부모와 자신을 동일시하다 200 • 상처 입은 부모가 뒤로 물러서다 203 • 운명은 발달이 아니다 207 • 받아들여지기 위해 위험을 무릅쓰다 211 • 과거로 되돌아가는 것을 막기 위해 과거에 대해 이야기하기 215 • 절망의 결혼 218 • 우리가 그것을 말하는 방식이 트라우마를 유전시키는가 222 • 수치심에서 자부심으로 226 • 우리는 불행을 물려줄 필요가 없다 229

―

결론
233

주
241

서 장
P.R.O.L.O.G.U.E

Parler d'amour
au bord du gouffre

얌전해 보이고 싶은가? 그렇다면 입을 꼭 다물고 있기만 하면 된다. 하지만 열여섯 살이 되면 잡담조차 언어를 통해 짝을 찾는 행위가 되기 때문에 무슨 말이든 하고 싶어 죽을 지경이 된다.

그의 이름이 잘 생각나지 않는다. 그냥 '룰랑'이라는 성으로 불렀던 것 같다. 그는 말이 거의 없었다. 그렇다고 무작정 입을 다물고 있던 건 아니었다. 어떤 사람들은 자신의 모습을 감추기 위해 침묵을 지키며, 타인들과의 관계를 끊기 위해 눈을 내리깔고 시선을 피한다. 그의 침울한 표정은 꼭 이렇게 말하는 것 같았다. "난 너희들에게 관심이 있어. 그래서 너희들을 관찰하고 있지. 하지만 이렇게 입을 다물고 있는 건 나를 드러내지 않기 위해서야."

내가 룰랑에게 매혹된 건 타의 추종을 불허하는 그의 주력 때문이었다. 작크-드쿠르 고등학교 저학년 럭비팀에서는 빨리 달리는 것만큼 중요한 것은 없었다. 우리는 대부분의 시합에서 체력으로 상대팀을 압도했지만 빠른 윙이 없어 번번이 패하곤 했다. 그래서 나는 그와 친구가 되었다. 그와 대화할 때면 질문은 물론이거니와 대답도, 제안도, 심지어 훈련 결정도 내가 하는 등 혼자서 북 치고 장구 치고 다 해야만 했다. 어느 날, 그가 오랜 침묵 끝에 불쑥 이렇게 말했다. "어머니가 네게 간식을 대접하시겠대."

피갈 근처의 빅토-마쎄 거리 위쪽 막다른 골목길에는 꼭 시골 동네처럼 아스팔트가 울퉁불퉁하게 깔려 있었으며 과일과 야채를 늘어놓은 좌판도 보였고 정육점도 한 군데 있었다. 그의 집은 건물 3층에 자리 잡은 작고 아담한 집이었다. 룰랑은 소파 위에서 침묵만 지키고 있었다. 나는 작은 황금색 접시에 담겨 나온 초콜릿과 케이크, 설탕에 절인 과일을 배부르게 먹었다. 그러면서 그의 어머니가 빅토르-마쎄 거리나 피갈의 카페에서 뭘 해서 먹고사는지 알면서도 굳이 모르는 척하느라 무진 애를 써야만 했다.

그 뒤로 50년이 흘렀다. 그리고 몇 달 전 전화 한 통이 걸려왔다. "나, 룰랑이야. 볼 일이 있어서 너희 집 근처에 왔는데 잠깐 볼 수 있을까 해서 전화했어." 호리호리하고 세련되고 말끔하게 생긴 룰랑이 내 앞에 서 있었다. 말수도 옛날보다 훨씬 많아졌다.

"비즈니스 스쿨을 다녔는데, 사실 별 재미는 없었어. 지겹기만 한 남자애들이나 왠지 두렵게 느껴지는 여자애들보다는 책 속에 파묻혀 공부하는 게 더 좋아서 그 학교에 들어갔었지. 오늘 이렇게 널 만나자고 한 건, 네가 내 인생을 바꿔놓았다는 말을 하고 싶어서였어." 나는 놀랐다. '아니, 이게 무슨 말이지?' 그가 덧붙였다. "고마워. 우리 어머니가 그런 일을 하는 거 모르는 척해줘서." 그는 '그런 일'이 구체적으로 뭘 가리키는지는 감히 밝히지 못했다. "어머니가 다른 사람에게 그렇게 정중한 대접을 받는 걸 본 건 그때가 처음이었어……. 난 오랫동안 그 장면을 머릿속에 떠올리곤 했지. 아무것도 모르는 척 속아 넘어가준 너의 모습을 말야. 넌 그때 일부러 그러는 게 아닌가 하는 생각이 들 만큼 정중하게 행동했었지. 하지만 그때 우리 어머니는 난생처음 누군가에게 인간다운 대접을 받은 거였어. 그리고 바로 그날, 난 희망을 되찾았지. 이 말을 네게 하고 싶었어."

룰랑은 여전히 모든 게 권태로운 듯한 표정을 짓고 있기는 했지만 그래도 예전보다 훨씬 나아 보였다. 그 뒤로는 그를 만나지 못했다. 그때 그와의 재회 이후로 한 가지 의문이 생겼다. 나는 그를 그냥 럭비팀의 스리쿼터백으로 영입하고자 했을 뿐이었다. 비록 옷차림이 좀 이상하기는 했지만 그렇다고 친절하게 대해주는 친구 어머니를 경멸할 이유가 내게는 전혀 없었다. 하지만 이 일로 인해 그에게 엄청난 변화가 일어났다. 그는 더이상 창피해하지 않아도 된다는 사실을 깨닫게 된 것이다. 어머니가 윤락녀라는 사실로 인해 야기된 그의 고통은 제삼자가 지켜보는 가운데 완화되었다. 그리고 정신적 평안을 얻게 되었다. 앞으로 심리학적 작업이 필요하긴 하지만 그는 이 작업을 이룰 수 있을 거라는 믿음을 갖게 되었다. 감정을 바꿀 수 있다는 사실을 깨달았기 때문이다. 그는 나의 서투른 연극을 보면서 한 가지 중요한 의미를 깨달았고, 난처한 상황에 처한 내가 예의 바르게 행동하는 걸 보며 일말의 희망을 품게 된 것이었다.

우리는 각자 똑같은 각본에 서로 다른 의미를 부여했다. 그런데 그 의미를 행위에서가 아닌 우리의 개인사에서 찾아야만 했다. 즉 내게는 그것이 아주 사소한 사건이었던 반면 그에게는 엄청난 감정적 급변을 겪어야 했던 큰 일이었다. 나는 놀랍게도 50년이 지난 뒤에야 내가 룰랑이 회복되도록 도와주는 일종의 후견인 노릇을 했었다는 사실을 깨달았다.

그는 어둠 속에서 살고 있었기 때문에 빛을 볼 수 있었다. 반면에 나는 환한 빛 속에서 살고 있었기 때문에 눈이 부셔 아무것도 볼 수 없었다.[1] 나는 그다지 중요한 의미를 갖고 있지 않은 어떤 현실을 지각했다. 즉 나는 작고 아담하며 좀 덥게 느껴지는 친구 집에 초대받아 그의 어머니가 내온 초콜릿을 실컷 먹었고, 가슴이 더 튀어나와 보이도록 거들을 꽉 졸라맨 그녀를 보며 저런 상태로 어떻게 숨을 내쉴 수 있을까 내심 궁금했던 것이다. 나는 현재에 얽매이고 현혹되어 있었던 반면에 룰랑은 보다 근본적인 순간을 체험하고 있었다.

올가에 대한 선고

올가가 한숨을 내쉬었다. "어제 아침 9시 45분, '다시 걷는 게 힘들지도 모릅니다'라는 한 마디가 제 영혼을 고통 속에 빠트렸어요. 자동차 사고가 나기 전까지만 해도 제 삶은 권태로운 날들의 연속에 불과했지요. 대학 공부도 별로 재미가 없었어요. 스키를 타러 가거나 밤에 테크노음악을 감상할 때는 그나마 좀 나았죠. 9시 45분에 내려진 선고가 제 삶을 산산조각 내놓았어요. 처음에는 망치로 머리를 한 대 얻어맞은 듯 정신이 어리벙벙했던 상태였던지라 아무 고통도 느낄 수가 없더군요. 고통은 나중에서야 시작되었지요. 나는 내가 그동안 열심히 살지 않았다는 사실을 깨달았죠. 순간순간 최선을 다해 좀 더 성실하게 살았어야 했는데……. 내가 너무 어리석었어요. 의사가 묻더군요. '제가 뭘 어떻게 해드리면 좋겠습니까?' 나는 '진실을 말씀해주세요'라고 대답했지만 거짓말을 하고 있었어요. 그 진실이 악몽이 될 가능성이 존재했으니까요. 나는 희망이 무산되는 걸 결코 원치 않았지요. 그는 내가 원하고 있던 진실이 결국 그 악몽이라는 걸 말해주었어요."[2]

말이 없는 이야기는 룰랑의 세계에 희망을 심어준 반면, 단 한 차례의 선고는 올가의 세계를 무너뜨려 버렸다. 이런 선고를 받고도 예전처럼 살아갈 수 있는 사람은 아무도 없다. 어느 정도까지는 다시 살아갈 수 있을 것이다. 하지만 사는 방법이 달라진다. 영혼이 고통에 시달리기 때문이다. 익숙했던 것들이 마치 처음인 양 새롭게 느껴질 수는 있어도 분명 예전과는 다른 느낌이다. 음악의 즐거움을 되찾더라도 그 즐거움은 예전 것과는 다르다. 더 날카롭고 더 강렬하고 더 절망적이다. 하마터면 그걸 잃어버릴 뻔했기 때문이다.

절망적인 즐거움. 그 당시 올가는 열여덟 살이었고, 툴롱에서 대학을 다니고 있었다. 그녀는 공부하랴, 프랄루로 스키 타러 가랴, 방돌에서 댄스파티 벌이랴, 눈코 뜰 새 없이 바쁘게 지냈다. 하지만 어느 날 밤 그녀가 몰던 자동차가 커브를 잘못 돌아 벽을 들이받는 순간, 이 모든 것은 일거에 물거품이 되고 말았다. 열여덟 살의 나이에 하반신 불수가 되면, 그건 사실상 죽은 거나 다름없다. 처음에는 살이 완전히 죽었다가 이상한 느낌과 함께 부분적으로만 되살아난다. 시간 개념도 그 전과는 달라졌다. 전에는 하루가 흘러가도록 그냥 내버려두었다. 하루하루를 보람차게 보내거나 지루해하며 보냈다. 시간을 확실하기는 하지만 아직은 잠재적인, 먼 훗날의 죽음을 향해 천천히 흘러가는 흐름으로 인식했던 것이다. 그녀의 영혼을 산산이 부수어놓은 사고 이후, 올가는 두 죽음 사이에서 살고 있다는 기묘한 느낌과 함께 다시 삶으로 돌아왔다. 삶의 한 부분은 그녀의 내부에서 이미 죽어버렸다. 그리고 또 다른 한 부분은 훗날 닥쳐올 제2의 죽음을 기다리고 있다. 트라우마를 극복하는 사람들은 흔히 시간이 일시적으로 멈춰버린 것 같은 기묘한 느낌을 받는다. 그래서 그들은 잃어버린 삶을 생각할 때마다 절망에 빠지지만 또 한편으로는 아직 남아 있는 삶을 즐길 수 있다는 생각에 기뻐한다. 올가는 더이상 스키를 타러 갈 수도 없고 춤을 추러 갈 수도 없다. 하지만 공부도 할 수 있고 생각도 할 수 있고 말도 할 수 있고 미소도 지을 수 있고 펑펑 울 수도 있다. 지금 그녀는 뛰어난 실력을 가진 유전학자가 되어 일을 하고 있으며, 친구 사귀는 것은 물론, 운동도 하며 지낸다. 휠체어를 타고 말이다.

"저는 척수를 다친 사람을 만나면 그 사람의 눈을 먼저 본답니다. 만일 눈빛에 삶에 대한 열정이 깃들어 있으면 그 사람은 분명히 자신에게 닥친 난관을 헤쳐나갈 겁니다. 척수를 다친 지 얼마 되지 않은 사람들에게는 욕창이 생길 거예요. 그런데 그 욕창은 단순한 피부병이 아니랍니다. 세포조직이 죽어버린 거죠. 다시 말해 무엇인가가 그 사람들의 마음속에서 죽어가고 있다는 얘기죠. 한편으로는 고통스러워하면서도 다른 한편으로는 기꺼이 자신의 새로운 삶을 받아들이는 사람들은 난관을 더 잘 헤쳐나가게 될 거예요. 그 전에는 운동을 안 좋아했던 사람이라도 이제부터는 열심히 운동도 하고, 친구도 사귀고, 일도 더욱 열심히 하게 될 겁니다."[3]

몇 년 전에 척수를 다친 사람 한 명이 대충대충 치료를 받고 난 다음 한 기관에 보내졌는데, 슬프게도 그는 그곳에서 온전한 삶을 살지 못했다. 다행히도 지금은 사회의 시선이 바뀌어가고 있다. 상처가 치유될 수 있느냐 없느냐와 상관없이, 환자들은 또 다른 삶의 방식을 배울 수 있도록 자신의 능력을 발휘하라는 요구를 받는 것이다. 그들이 스스로를 발전시켜나가는 것을 옆에서 지켜보고 도와줄 회복의 후견인들을 세워주는 것이 바로 정서적·사회적 환경이다.

우리는 올가의 이야기를 통해 회복의 개념을 설정할 수 있다. 불과 몇십 년 전까지만 해도 이처럼 상처를 가진 사람들은 열등한 인간으로 간주했다. 오직 그들의 육체적 상처만을 고려함으로써 그들이 새 마음가짐으로 일어서는 것을 가로막았던 것이다. 그래서 그들 모두가 사회적으로는 죽은 거나 다름없는 상태가 되어버렸다. 그들 중 대다수가 다른 식으로 인생을 살아가는 데 성공하기까지 기술적·문화적인 장애를 극복하기 위한 오랜 노력이 필요했다.

그래도 사랑하다

나의 정중한 연기가 룰랑에게는 하나의 계시가 되었다. 말하자면 그는 나의 연기 때문에 사람들이 자기 어머니를 경멸하지 않을 수도 있다는 사실을 알게 된 것이다. 어렸을 때 그는 모든 사람들이 저급하게 보는 여성을 사랑했다. 어머니가 그를 기숙학교에서 데리고 나왔을 때 그는 이 활기차고 다정다감한 여성과 함께 지내게 되어 무척 기뻐했다. 하지만 그는 어머니가 낮에 잠을 자고 밤만 되면 일을 나가는 바람에 무척 지루한 시간을 보냈다. 그는 어머니가 예술 분야에 종사한다고 생각했다. 그러다가 학교 친구들이 킥킥 웃어대며 쑥덕거리는 걸 보면서 사실은 어머니가 배우가 아니라는 것을 알게 되었다. 룰랑은 그 때문에 슬펐지만 그래도 어머니를 늘 다정하게 대했고, 때로는 폭력으로 그들에게 대항해 어머니의 명예를 지켜냈다.

트라우마로 인한 상처는 하루도 빠짐없이 고통을 안겨주지만, 소리도 없고 눈에도 거의 보이지 않는다. 학교 친구들은 뭔가 음란한 장면이 상상된다는 듯한 표정을 지으며 자기들끼리 낮은 소리로 쑥덕거리다가도 룰랑이 근처에 오면 딴청을 피우곤 했다. 말해지지 않는 이것, 잘 보이지 않는 이것이 모멸의 세계에 산 채로 갇혀 있는 어린 룰랑을 무겁게 짓눌렀다. 내가 그의 어머니 앞에서 공연했던 연극이 나에게는 어렴풋한 기억으로 남아 있을 뿐이지만 그에게는 하나의 중대한 전기를 이루는 계기가 되었다. 나는 나 자신도 모르는 사이에 그가 회복을 향한 첫걸음을 뗄 수 있도록 도와준 것이다. 그날 이후 그는 희망도 되찾고, 친구도 몇 명 사귀고, 럭비팀 선수들도 집에 초대해서 다과를 대접하기도 했다. 이들은 정중하게 행동했고, 룰랑은 서서히 말하는 법을 배워나갔다.

지금의 아내를 처음 만났을 때 그는 아직 치유 중이었다. 내적 갈등 끝에 어렵게 그녀를 어머니에게 소개했다. 이 젊은 여성은 그의 어머니를 공손하게 대했다. 어쩌면 그 이상으로 대했는지 모른다. 룰랑은 어머니와 여자친구가 자주 만나는 걸 원치 않았다. 그는 두 여성을 서로 다른 방식으로 사랑했을 뿐이었다. 몇 년 동안 감정 훈련을 거친 룰랑은 이 두 사람이 함께 자리하는 것을 보는 게 더이상 불편하지 않다는 사실을 깨닫고 스스로 놀랐다.

그가 결혼이라는 모험을 감히 시도해보기로 결심한 것은 불과 몇 년 전에 다시 희망을 되찾았기 때문이다. 그렇지만 새로운 사랑의 방법을 그에게 가르쳐준 것은 아내의 정서적 스타일이었다. 겉으로는 쉽게 표현할 수 없었지만 그는 마음속으로 깊이 사랑하고 있던 어머니와 함께 갇혀 있던 모멸의 세계에서 벗어나게 되었다. 예의범절을 깍듯이 갖춘 나의 연극은 그에게 희망을 주는 계기가 되었다. 하지만 그에게 신뢰감을 주고 그를 고통에서 벗어날 수 있게 해준 것은 그의 첫사랑이었다.

올가는 사고를 당한 이후에 감각이 마비되었기 때문에 아무런 고통도 느끼지 못했다. 그녀는 자신의 육체가 낯설게 느껴졌다. 그리고 자신에게 무슨 일이 일어났는지도 깨닫지 못했다. 사람들은 그녀가 정말 용감하다며 감탄했으나 사실 그녀의 지각은 마비되어 있었다.

고통이 시작된 건, 의사가 "다시는 못 걷게 될지도 모릅니다"라고 말하는 순간부터였다. 그때 그녀는 더이상 몸을 못 움직이는 자신의 모습을 상상했고, 이 모습은 그녀의 미래는 물론 그녀의 과거까지도 뒤죽박죽으로 만들어놓았다. '좀더 재미있게 살아야 했는데…… 이제 뭘 어떻게 해야 하지?' 최근까지만 해도 우리의 문화는 불구를 회복의 관점에서 생각하지 않았다. 그래서 올가는 둘로 나누어져 있었는지도(절반은 죽은 상태, 또 절반은 죽어가는 상태) 모른다. 그러나 척수를 다친 사람들이 더 나은 수준의 치료를 받기 시작한 이후로 죽은 부분은 여전히 기술적이며 의학적인 요청에 따르는 반면 살아 있는 부분은 더이상 죽어가고 있지 않다. 올가는 다시 살아나기 시작했다. 하지만 그녀의 삶은 더이상 예전 같지 않다. 그녀는 사고를 당하기 전까지만 해도 별로 중요하게 생각하지 않았던 능력에 우선적인 가치를 부여해야만 했다. 지적 활동에 시간과 노력을 들이고 인간관계를 쌓는 능력을 개선시킨 것이다. 이제 그녀는 허약함을 찬양할 수 있게 되었다.[4] 신체적·정신적 장애를 극복하고 오히려 더 강해진 것이다. 그녀는 연구소에 다니고 있으며 얼마 전에는 아이도 생겼다. 하지만 그녀의 남편은 이 특별한 여성에게 맞게 사랑하는 방식을 변화시켜야만 했다. 그리고 앞으로 태어날 그녀의 아이는 다른 부모들과는 다른, 그리고 특별한 유산을 물려주고 가게 될 부모들에게 애착을 가져야만 할 것이다.

감춰진 능력의 발휘, 사회적 시선에 대한 도전, 정서적 유형의 적응, 바로 이것이 이 책의 주제다. 커플〔결혼을 했건 안 했건 간에 함께 사는 남성과 여성 — 옮긴이〕관계를 형성할 나이가 되면 우리는 우리가 되고 싶어 하는 모습을 그려보는 동시에 자신의 현 상황과 정서적 유형, 과거사에 맞추어 그 관계를 시작하게 된다. 모든 커플은 자신들에게 일종의 인격을 부여하는 특별한 협약에 서명한다. 그런데 이건 좀 이상하다. 서로 다른 두 개인이 결합하는 것이기 때문이다. 아이들은 바로 이렇게 만들어진 감정 영역에서 태어나게 될 것이며, 여기서 자라나야 할 것이다.

나는 사랑에 관해 말할 것이다. 서로에게 영향을 미치지 않고, 사랑의 흔적을 아이들에게 물려주지 않고 커플 관계를 맺는 건 어려운 일이다. 그리고 깊은 구렁에 관해서도 말할 것이다. 서로 사랑하는 사람들은 바닥이 안 보일 만큼 깊은 구렁의 가장자리에 서 있으며 거기서 멀어지려고 발버둥치기 때문이다.

육체의 욕창은 트라우마로 인해 고통받았던 사람들의 영혼에 생긴 상처에 대한 은유로 사용된다. "아우슈비츠는 마치 나 자신의 기원에 생긴 욕창과도 같다 ……." 정신생활은 심적 트라우마로 인해 죽어버릴 수도 있다. 아우슈비츠에 강제 수용된 희생자들의 내적 세계는 고통과 함께 분쇄·마비되었다. 그래서 그들이 보고 들은 것은 형태를 갖출 수가 없었다. 또한 아무 의미 없는 정보에 휩쓸리는 바람에 생각할 수도, 자신들의 위치를 설정할 수도 없었으며, 다른 사람들과도, 자신들의 과거와도 관계를 맺을 수가 없었다. 삶의 일부가 훼손된 그들의 변화는 살아오면서 받은 상처의 심각함과 그것을 치유하느라 걸린 시간, 그들에게 트라우마를 남긴 사건이 일어나기 전에 확립한 정체성, 그들이 자신들의 와해에 부여하는 의미 등의 압력에 의해 좌우되었다. 나치에 의해 강제 수용된 사람들의 심리적 변화는 그들의 개인사뿐만 아니라 가족과 사회가 그들의 상황에 대해 하는 말에도 영향을 받는다. "정말 끔찍하군. 넌 이제 끝났어. 지금 이 궁지에서 절대 벗어날 수 없을 거라고 ……"라든가 "이건 네가 자초한 거야. 아니, 도대체 뭘 어떻게 했기에 이런 지경에 빠진 거지?" 같은 얘기 말이다. 희생자들은 언제나 어느 정도는 떳떳하지 못하다. 안 그런가?

유예된 시간을 살고 있다는 감정이 기묘한 즐거움을 불러일으키는 가운데 삶으로의 복귀가 비밀스럽게 이루어진다. 트라우마는 당사자가 이전에 가지고 있던 인격을 산산조각 낸다. 그런데 그 조각들을 주워 모아 맞추어놓는 사람이 아무도 없으면, 그는 죽은 상태로 남아 있든지 아니면 삶으로 되돌아오는 데 어려움을 느낀다. 그러나 주변 사람들이 매일같이 그에게 애정을 쏟고, 문화적 담화가 그의 상처에 의미를 부여할 경우, 그는 다른 종류의 발달을 다시 시작할 수 있다. "트라우마로 인해 고통받는 사람은 누구나 바뀌어야만 한다."[5] 그렇지 못하면 그는 계속 죽은 상태로 남아 있게 될 것이다.

프로이트는 '회복'이라고 부르는 것의 가능성에 대해 언급했다. "자아의 놀라운 종합 활동을 고려해볼 때, 나중에 생기는 상처에 관해 논의하지 않은 상태에서 트라우마에 관해 말한다는 것은 거의 불가능한 일이다……."[6]

왜 어떤 사람들은 이처럼 삶으로 돌아갈 가능성을 거부하는지 생각해봐야 할 것이다. 이미 1946년에 르네 스피츠는 애정 결핍으로 인한 손상에 관해 연구하기 시작했다. 우울증이 심각해지면 의존적인 아이가 될 수도 있으며, 감정적으로 의지할 만한 것을 잃어버릴 경우, 아이는 삶의 목표로 삼을 사람이 아무도 없기 때문에 삶을 포기하고 자신을 그냥 죽어가도록 내버려둘 수도 있다. 1958년에 이 정신분석학자는 우울증에 걸린 아이들이 어떻게 하면 다시 한 번 발달을 시작할 수 있는지 연구했다. "의존성 우울증이 치유되는 과정에서 그들의 충동은 부분적으로 '다시 융합된다.' 그들은 다시 활동을 개시하여 활기에 넘치고 쾌활해지고 진취적으로 변한다."[7] 안나 프로이트는 이 책 서문에 이렇게 썼다. "스피츠 박사의 본 저서는 이 문제를 심도 있게 연구하고자 하는 사람들의 희망이 정당하다는 사실을 증명할 것이다."[8] 하지만 그녀는 격렬한 비판을 받았다.[9] 역시 모성 결핍에 관해 연구하는 영국 정신분석협회 회장 존 바울비는 행동생태학에서 영감을 받아 '애착'에 관한 연구를 시작했다.[10] 여기서 바울비는 현실 세계가 아이들의 내적 세계를 형성한다는 견해를 옹호한다. 그의 연구는 트라우마가 현실 세계 속에서는 존재하지 않으며, 어린아이는 "받아들일 수 없는 재현이 출현"[11]하기 때문에 트라우마를 겪는다고 주장하는(이 같은 주장 역시 사실일 수 있다) 사람들로부터 비판받았다. 이 같은 이유로 인해 바울비는 생애 말기에 "개인이 스트레스를 많이 주는 사건들과 맞서 회복되어가면서 따라가는 길은 그가 어렸을 때 형성했던 애착 도식에 의해 크게 영향받는다"[12]고 설명함으로써 이 모든 사람들을 화해시켰다.

상처 입은 사람에 관한 이야기는
그 상처를 치유할 수도 있고 악화시킬 수도 있다

프로이트는 성인이 되어 표면화되는 고통은 그 씨앗이 이미 어린 시절에 뿌려진다고 생각했다. 정신적 상처를 가진 사람의 고통은 주변의 가족과 문화가 그에 대해 어떤 식으로 이야기하느냐에 따라 완화될 수도 있고 악화될 수도 있다.

라틴아메리카와 아프리카, 근동의 소년병들은 거의 트라우마를 겪었다. 다시 살아가는 데 성공한 소년병들은 주변 사람들이 그들에게 붙여놓은 치욕스런 딱지를 떼어내고 '원점에서 다시 출발하기' 위해 살던 마을은 물론 심지어 태어난 나라까지 떠나야만 했다. 많은 소년병들이 평화를 두려워하는 이유는 전쟁하는 것 말고 달리 배운 게 없기 때문이다. 그러나 그중 일부는 이 같은 운명에서 벗어나고 싶어서 병사로 근무하던 장소에서 멀리 떨어진 학교에 다니려고 한다. 이들은 사회단체에서 그렇게 하도록 허용하기만 하면 달라질 수가 있다. 만일 전쟁의 참화를 겪지 않았더라면 무엇이 되었을 것 같냐는 질문을 받으면 그들은 거의 대부분 "아빠처럼 되었을 거예요"라고 하는데, 이건 너무나 당연한 대답이다. 평화 시에는 어른에게 애착을 느끼고 그들을 모델로 삼아 자신과 동일시하기 때문이다. 폭력을 에로스화하는 법을 배운 아이들은 전쟁의 당사자였기 때문에 용병이 되었다. 모든 현대전에서 전투자의 10~15%는 전쟁의 참화를 보며 오히려 환희를 느낀다. 콜롬비아와 중동, 스리랑카에서와 같이 전투 행위에 점점 더 많이 참여하는 여성들 역시 이 같은 감정을 느낀다. 첫해에 트라우마를 겪는 비율은 평균 30% 가량 되는 것으로 추정된다(물론 이 비율은 전쟁의 상황에 따라 다소 달라질 수도 있다). 전투를 치를 때는 흥분하거나 광포해지는 소년병들의 대부분은 전투가 끝나면 흔히 사기가 저하되고 절망에 빠진다.

많은 소년병들은 '인명을 구하기 위해' 의사가 되거나, '증언을 하기 위해' 작가가 되고 싶어 한다. 그러나 사회적 상황은 그들이 오랜 시간이 걸리는 이 길을 가도록 항상 허용하지는 않는다. 가정을 이루거나 의사나 저널리스트가 되는 데 성공한 소년병들은 그들을 고통에 빠트렸던 트라우마를 결코 잊지 못할 것이다. 심지어는 그 반대로 트라우마가 그들이 하게 될 일을 설계하도록 만들기까지 할 것이다. 그들은 진정한 가정이 평화로운 문화 속에서 안겨주는 평온한 행복도 맛보지 못할 것이고, 그들의 마음 깊은 곳에는 여전히 욕창이 남아 있게 될 것이다. 하지만 그들은 살아 있는 자들의 세계에 도달하여 종종 행복의 순간을 만끽하기도 하고, 그동안 겪은 혼란에 의미를 부여하여 그걸 견뎌내기도 할 것이다.

한 인간을 고문하는 가장 확실한 방법은 "이곳에는 아무 이유도 없다"[13]고 말함으로써 그를 절망에 빠트리는 것이다. 이 문장은 그를 사물의 세계 속으로 밀어넣고, 사물들에게 복종시키고, 하나의 사물로 만들어버린다. 정신적으로 죽어가는 사람에게 도움의 손을 내밀고, 그가 인간들의 세계에 다시 자리 잡도록 도와주기 위해서는 반드시 의미를 부여하는 작업이 이루어져야 한다. 이 세계에는 이유들이 있다. "이미지와 감동을 공유할 수 있는 단어와 언어 표현으로 옮겨서 소통 가능한 의미를 부여하는 능력"[14]이 그들의 인간성을 회복시킨다. '이유들'에 대한 사랑은 회복을 가능하게 하는 소중한 요인으로서 갈기갈기 찢겨나간 어린 시절의 관계망을 다시 복원시켜준다.

마그렙 지방 전문가인 민족학자 제르멘 틸리옹은 항독운동에 참여했다는 이유로 라벤스브뤼크로 강제 송환되었다. 그곳에 도착하자마자 그녀는 알제리의 오레스 산맥에 사는 베르베르 족과 접촉하면서 그동안 연마했던 관찰 능력을 발휘했다. 그녀는 수용소가 어떤 식으로 돌아가는지 이해하려고 애썼으며, 밤이 되면 막사에 사람들을 모아놓고 경비병들이 어떤 방법으로 그들을 죽이려고 하는지 설명해주었다.

드골 장군의 조카딸로서 역시 레지스탕스 활동을 벌이다가 강제 송환된 즈느비에브 드 골-앙토니오즈는 말한다. "당신이 그런 얘기를 해준 덕분에 우리는 더이상 '조각난 부품'이 아닌 인간이 될 수 있었지요. 그리고 우리는 싸울 수 있게 되었습니다. 이해할 수 있었기 때문이죠."[15]

이 말을 듣고 제르멘 틸리옹은 이렇게 대답한다. "…… 우리 주변의 현상을 해석할 수 있는 능력은 우리를 정신적으로 보호해주고 두려움을 완화해준답니다. ……집으로 돌아가자마자 나는 강제 송환에 관한 연구에 몰두하기 시작했지요……."[16]

말살당하지 않으려면 이 불합리하고 잔혹한 제도가 기능하도록 하는 눈에 안 보이는 구조와 감춰진 의미를 찾아내야만 한다. 고문하는 자들에게 홀려서 꼼짝 못하게 되면 때로는 공격자와 자신을 동일시하기도 한다. 그러나 대부분의 경우, 희생자가 그들에게 기울인 주의는 강한 기억을 남기고, 나중에 이 기억은 변화를 일으켜서 내적 자유를 위한 공간을 만들어낸다. "그들은 내게서 그걸 빼앗아갈 수도 없고 내가 그걸 이해하지 못하도록 방해할 수도 없어. 그들이 뭘 어떻게 하든지 간에 난 기회만 생기면 즉시 그걸 이용할 수 있어." 만일 우리가 어떤 의미를 정립할 수 있게 된다면, 우리의 정체성을 동일한 단어들과 이미지들을 사용하고 연대감을 조성하는 의식儀式을 존중하는 집단 내에 포함시켜 그것을 보호하고 귀속감을 발달시킬 수 있다. 강제수용소에서 풀려나자마자 이 두 여성은 알제리에서 자행되는 고문과 전 세계에 만연한 기아에 반대하는 투쟁에 뛰어들었다.

"사건이 일어난 후에 다시 관계를 맺고 거기에 의미를 부여하는 것이 트라우마를 겪는 사람들에게 상당히 긍정적인 효과를 미친다는 사실을 지금 우리는 알고 있다."[17] 그러나 그들이 사건을 판단하는 방식은 그들의 개인사 속에 아직도 치유되지 않고 남아 있는 상처에 의해 항상 영향을 받는다.

의미를 정립하는 것보다 더 내밀한 활동은 없다. 트라우마와 함께 각인되었던 모든 것은, 항상 우리의 내적 정체성을 구성하는 기억의 표상들을 제공할 것이다. 이 의미야말로 우리들의 내부에 끈질기게 존재하면서 우리 삶의 주제를 구성한다.

I장
반反운명으로서의 회복

—

모욕감을 안겨주는 오믈렛
공적인 말에 담긴 사적인 의미
머릿속의 대성당
순간순간을 사는 인간에게는 의미가 태어날 시간이 없다
의미로 충만한 화분 이야기
안개등으로서의 이야기
운명의 힘
감정의 적응

Parler d'amour
au bord du gouffre

"다 끝나가면서 의미를 띠다니, 이 얼마나 이상한가……. 바로 거기서 이야기가 시작되는 것이다."[1)]

우리는 말을 하고 또 말을 한다. 단어들이 연이어진다. 하지만 목소리의 음악이 종지부를 예고할 때가 되어서야 결국 우리는 그 단어들이 우리를 어디로 끌고 가는지 이해하게 된다. 살다 보면 사건들은 축적되기 마련이다. 그러나 시간이 흘러 우리 자신을 돌아볼 때만 우리의 삶이 어디로 향하는지를 깨닫게 된다. "의미의 출현이 가능한 것은 오직 단어들이 연이어졌다가 사라지기를 되풀이하기 때문이다."[2)] 어린 시절이 끝나면 우리는 그것을 가지고 하나의 이야기를 꾸며내고, 시간이 지나면 우리가 왜 그렇게 살았는지 그 이유를 발견한다.

우리로 하여금 의미를 깨닫게 만드는 것은 시간이다. 나는 이렇게 말해야 할 것이다. 내가 지각하는 것에 의미를 부여하는 것은, 시간에 대한 표상, 내 기억을 짜 맞추고 마음껏 공상을 즐기기 위해 내 과거를 상기하는 방식이다. 내게 일어난 일로 지어내는 이야기, 앞으로 그렇게 되기를 바라고 행복한 상상으로 그리는 그림은 당장 현존하지는 않지만 나의 내부에 강렬한 체험으로 남아 있게 된다.

모욕감을 안겨주는 오믈렛

모욕감을 안겨주는 오믈렛과 불안감을 불러일으키는 차 한 잔을 통해 나는 우리 삶의 의미가 더이상 어떤 맥락 속에 존재하지 않는 사건들에서 비롯된다는 사실을 이해하게 되었다.

테레즈는 자기가 조금 지나칠 정도로 기복이 없는 생활을 하고 있다고 생각했다. 그렇다고 따분하게 산다고까지는 생각하지 않았다. 그녀가 낮에 하는 일 중에서 가장 큰 일은 오전 열한 시쯤 슈퍼마켓에 가서 장을 보는 것이었다. 그날 그녀가 끄는 카트가 한 젊은 남자의 카트와 부딪쳤다. 이런 일들은 자주 일어나는 일이었다. 하지만 그 남자는 이 작은 사고를 당하고도 짜증을 내기는커녕 오히려 그녀를 상냥하게 대했다. 그러자 그녀는 얼굴에 절로 미소가 지어졌다. 조금 뒤 그 남자는 그녀가 쇼핑한 물건을 차에 싣는 것을 도와주었다. 그리고 잠시 후 그는 주차장에서 나가면서 그녀에게 손짓을 했다. 얼마 뒤에 그녀가 집 앞에 도착했을 때 그 남자도 같은 거리에 차를 주차했다. 잠시 후 그녀는 불과 두 시간 전까지만 해도 얼굴 한 번 본 적이 없는 그 매력적인 남자와 침대에 함께 누워 있는 자신의 모습을 보고 소스라치게 놀랐다.[3]

이런 일이 있고 나서도 테레즈는 자신에게 일어난 일이 여전히 놀랍게 느껴지기만 했다. 그녀는 남자에게 말했다. "열두 시가 됐네요. 오믈렛 만들어줄게요." 그는 좋은 생각이라며, 자동차에서 왜 이상한 소리가 나는지 확인해보고 오겠다고 대답했다. 그런데 엔진이 돌아가는 소리를 듣고 이상한 느낌이 든 그녀가 창가로 나가보니 남자의 자동차가 전속력으로 길모퉁이를 돌아 사라져버리는 것이었다. 그걸 본 그녀는 가슴을 주먹으로 한 방 세게 얻어맞은 듯 울음을 터트렸다. 모욕감을 느꼈기 때문이다.

도망쳐버린 남자가 테레즈가 만든 오믈렛을 먹었다고 가정해보자. 그 남자와의 뜻하지 않은 정사는 전혀 다른 의미를 띠었을 것이다. "내가 잠시 미쳤나봐. 하지만 괜찮았어. 근데 도대체 내가 왜 그랬을까? 그래, 그 일은 더이상 생각하지 말자. 아냐, 그렇잖아도 하루하루가 지루했는데 그 일 덕분에 모처럼 활기를 느꼈다고 생각하자."

몇 시간 전에 있었던 우연한 만남에 의미를 부여한 것은 그 남자의 도망이다. 테레즈는 오믈렛 접시를 손에 든 채 분통을 터트렸다. 그녀는 '굴욕'을 뜻하는 오믈렛을 먹지 않았다. 반면에 만일 그 남자와 그걸 나눠 먹었더라면 이 오믈렛은 '터무니없지만 멋진 정사'를 의미했을 수도 있었으리라. 사건이 전개되는 방식이 오믈렛을 하나의 기호로 바꿔놓았다.

충격을 받은 테레즈는 몇몇 장면을 다시 떠올리고 몇 가지 문장을 기억해냈다. 그녀는 투덜거리면서도 또 한편으로는 욕구를 충족시켰다는 기묘한 즐거움을 느꼈다. 그녀는 몇몇 장면들을 수정하고, 해야만 했을 말을 상상해보았다. "난 그에게 말했어야 했어…… 깨달았어야 했어…… 그를 포기했어야 했어." 그녀는 자신의 과거를 재구성함과 동시에 그 남자와의 짧은 정사를 자신의 인생사 속에 통합시켰다. 그리고 자신의 삶을 어떻게 이끌어나가야 할 것인지를 깨닫게 해줄 유사성과 반복, 혹은 일관성을 찾아내려고 애썼다. "남자들은 항상 날 실망시켜……. 처음으로 사귄 남자 친구도 그랬지." 앞으로 어떻게 살아갈 것인지에 대한 방향을 발견한 그녀는 미래에 더 큰 자신감을 불어넣을 수 있을 규칙을 하나 정했다. "내 생활에 뭔가 변화를 주어야만 해. 나 자신을 너무 신뢰하면 안 돼. 사실 난 남자들을 무작정 믿어버리는 경향이 있어." 테레즈는 지나간 삶에서 되풀이해온 몇 가지 고통스런 일화들을 찾아낸 다음, 기억 속에 새겨진 시나리오를 의식 속에 다시 등장시켜(재현하여) 손질했다. 사실 그녀는 고통 속에서 자신에게 일어난 일을 돌이켜 생각한 것이 아니라 그 반대로 미래를 위한 또 다른 방향을 찾아내려고 애쓴 것이었다. 이 서글픈 회상 작업은 그녀가 미래에 자신의 삶을 더 잘 통제할 수 있게 해줄 규칙을 발견하게끔 해주는 동시에 그녀에게 안정감을 불어넣어 주었다. 그녀의 이야기 속에 통합됨으로써 의미를 갖게 된 이 오믈렛 덕분에 그녀는 장차 어떻게 살아가야 할지 방향을 정하게 된 것이다.

우리에게 일어난 일을 이야기로 만들어 그 일에 의미를 부여하고 그것을 감정적으로 수정할 수만 있다면 회복이 가능해진다. 물론 테레즈는 오믈렛에 반응한 것이 아니라 연속적으로 이루어진 행위가 오믈렛에 부여한 의미에 반응했다. 그녀는 오믈렛 때문에 모욕감을 느낀 것이 아니다. 오믈렛을 만들게 된 상황, 그리고 그녀 자신의 과거사가 그녀로 하여금 그것에 부여하게 만든 의미가 그녀에게 굴욕감을 안겨준 것이다.

인간은 기억도 없고 꿈도 없는 세계에서는 살 수 없을 것이다. 만일 인간들이 현재에 얽매여 있다면 그들의 세계는 아무 의미도 갖지 못하게 될 것이다. 찻잔에 관한 이야기는 이 점을 잘 설명해줄 것이다. 집에서 조용히 정원을 손질하고 있다가 시원한 걸 마시려고 응접실 안으로 들어간다. 아이들이 텔레비전 앞에서 공포에 질려 있는 것을 보고 놀란다. 화면에서는 한 남자가 잔에 담긴 차를 마시려 하고 있다. 아니, 아이들이 왜 저렇게 겁에 질려 있지? 당신은 텔레비전에 방영되는 영화에서 주인공의 아내가 찻잔에 청산가리를 집어넣을 때 정원에 나가 있었기 때문에 그 상황을 이해할 수 없는 것이다.[4] 반면에 아이들은 그 장면을 기억 속에 담아두었으므로 이 남자가 차를 마셨다가는 죽으리라는 걸 예측할 수 있다. 아이들은 탐정 영화의 스릴 넘치는 공포를 느끼는 반면 당신은 그 영화에서 의미가 결여된 평범한 행위밖에는 보지 못한다. 아이들은 공포감을 안겨주는 사건을 체험하고 있지만 당신에게는 아무 일도 일어나지 않았다. 그들의 기억은 찻잔에 의미를 부여한다. 그들은 이 사물이 단순한 찻잔 그 이상을 의미한다는(죽음을 불러오기 때문에) 것을 알고 있다. 그들이 지각하고 있는 현재에는 과거가 스며들어 있으며, 그렇기 때문에 미래에 대해 감미로운 불안을 느끼는 것이다.

공적인 말에 담긴 사적인 의미

우리는 지금까지 살아오는 동안 우리 내부에 흔적을 남겼던 의미를 사건에 부여하는 능력을 이야기를 통해 쉽게 발휘할 수 있다. 개인이 자기 정체성을 드러내는 이야기를 하기 위해서는 시간을 제어해야 하고, 깊은 인상을 남긴 과거의 몇몇 영상을 기억해내야 하며, 그것으로 이야기를 꾸며내야 한다. 그런데 우리가 일상생활에서 나누는 모든 말에도 과거에 획득했던 의미가 배어 있다.

1940년대 폴란드에서 믿기 힘들 만큼 충격적인 어린 시절을 보낸 마리아 노왁은 트라우마를 겪는 사람들의 특별한 기억을 상세하게 진술했다. 그것은 애매모호한 기억들로 구성되어 있지만, 하나의 명확한 회상 혼합물이라 할 수 있다. 이 소녀는 자기 집이 방화로 불타는 걸 두 눈으로 직접 보았고, 폭격을 당했으며, 아버지의 실종과 언니의 체포, 자기도 붙잡힐지 모른다는 지속적인 두려움에 엄청난 고통을 겪어야만 했다. 그녀는 이마에 총을 맞은 친구의 시신이 말에 실려 마구간으로 돌아오는 모습을 목격하기도 했다. 그런가 하면 새하얀 눈에 살짝 덮인 시신들의 아름다움 앞에서 동정을 느낀 적도 있었다. 결국 버려져서 배고픔에 시달리던 그녀는 고아원과 위탁 가정에 맡겨졌다. 물론 그곳에서는 물질적 어려움 없이 지냈다. 하지만 그녀는 자신의 감수성을 어느 정도 키울 수 있게끔 도와줄 만한 사람은 만날 수가 없었다. 폴란드가 러시아군에 의해 해방되자 그녀는 어머니와 재회했고, 어머니는 그녀에게 서로 떨어져 살았던 지난 2년 동안 무슨 일이 있었는지 물었다. 어린 소녀는 이렇게 대답했다. "특별한 일은 없었어요. 정말이에요. 그냥 시간도, 삶도, 애정도 없는 세계에서 살았을 뿐이에요. 그렇게 사느라 너무나 힘들었어요. 그게 다예요."[5] 마리아는 길거리에 혼자 내버려졌을 때보다는 고아원에 있을 때 더 안전하게 보호받았다. 그러나 그녀의 내면은 마치 사막과도 같아서 감정의 동요가 전혀 일어나지 않았다. 그랬기 때문에 그녀의 감수성은 자랄 수가 없었고, 자신의 이야기를 꾸며낼 수 있게 해줄 이미지나 시간 지표, 혹은 기준을 찾아낼 수도 없었다. "시간도 존재하지 않고…… 애정도 존재하지 않는 사막……." 그곳에는 기억할 만한 이미지가 단 하나도 없었다.

이 같은 상황으로 인해 그녀는 그 어떤 이미지나 말도 기억할 수가 없었다. 그렇다고 해서 그녀가 아무 기억도 갖고 있지 않다는 뜻은 아니다. 그러나 그것은 추억이 없는 기억이다. 어린 소녀인 그녀는 어떤 유형의 사건들에 특별히 민감하게 반응했으며, 그 뒤로 그것들에 특별한 의미를 부여했다. 훗날 파리에서 대학에 다닐 때 한 젊은 남성이 그녀를 저녁 식사에 초대했다. 식당에 들어가기 전에 그가 물었다. "배고파?" 그녀가 대답했다. "아냐, 아냐. 이젠 괜찮아. 지금은 하루도 안 거르고 먹는걸."[6] 말이라는 것은 관습에 따라 같은 언어를 사용하는 모든 사람들에게 동일해야 하는 법이다. 그렇지만 그 말은 각 화자의 개인사에서 유래하는 특별한 의미를 띤다.

과거와 미래의 시간을 재현하기 위해서는 우리의 감정 관계가 어떤 사물과 몸짓, 단어들을 드러내어 그것들을 하나의 사건으로 만들어내야 한다. 그렇게 함으로써 우리가 지각하는 세계에 의미를 부여하는 장치가 우리 내부에 자리 잡는 것이다.

그렇기 때문에 의미가 나타나도록 하기 위해서는 문장이 끝나기를 기다리고, 삶이 막을 내릴 때까지 희망해야 한다. 문장이나 삶이 아직 마침표를 찍지 않은 한 그것들의 의미는 언제 어느 때라도 수정될 수가 있다.

머릿속의 대성당

의미는 삶(동물의 삶이건 인간의 삶이건 간에)과 동시에 나타나기 시작한다. 하지만 그 의미는 종種에 따라 다르게 구성되며, 관련된 개인의 발달과 역사에 좌우되기도 한다.

동물은 자신이 살아가는 현실 세계를 이해하고 있다. 그들은 적응된 행동을 통해 그 세계에 반응한다. 그들은 동물 대상들을 지각하고, 그들의 신경계는 그 대상들을 주변 환경으로부터 분리시킨다. 생물학적 기억 과정은 아주 이른 단계에서 이루어지는데, 심지어는 아주 단순한 생물체에서도 그렇다. 예를 들면 거미의 경우, 작은 '뇌' 신경구를 구성하는 수만 개의 뉴런이 교차되기만 하면 그 어떤 생물체도 기억할 수 있게 된다. 그러므로 동물은 변화하는 생태 환경이 야기하는 다양한 문제들을 해결하는 법을 배워서 서로 다른 방식으로 발달할 수가 있다. 그것의 신경계가 과거에 지각한 정보를 기억해내서 거기 반응할 수만 있으면 우리는 지각 재현에 관해 말할 수 있게 된다. 이 기억은 그것이 지각하는 대상에 하나의 감정을 부여하며, 이 감정은 그것이 과거의 정보를 처리하는 방법을 어떻게 학습했느냐에 따라 끌어당길 수도 있고 도망치게 만들 수도 있다.[7]

갓난아이 역시 현실 세계를 이해한다. 분만하기 전 몇 주일 동안 태아는 기본적인 감각 정보(소음, 기계적 충격, 양수의 맛, 어머니의 감정)에 반응하며 거기에 익숙해진다. 이 같은 사실은 왜 태어나자마자 아이의 세계가 특별한 의미를 가진 사물들에 의해 구축되는지를 설명해준다. 즉 갓난아이는 그처럼 눈에 띠는 사물들을 다른 사물들보다 훨씬 쉽게 지각하는 것이다.

그러나 모든 생물체는 도망칠 수도 있고 복종할 수도 있으며 공격할 수도 있고 유혹할 수도 있기 때문에, 어느 정도의 생물학적 자유를 누린다고 볼 수 있다. 이미지나 말이 재현되어야만 인간은 기억 속에 새겨진 의미를 수정할 수 있게 된다. 인간은 진화 과정을 통해 천부적인 회복 능력을 부여받았다.

말이 탄생하면 사물은 패배한다. 사물들은 초기에는 승리를 거두어 우리 기억 속에 강제로 자리 잡는다. 그러나 우리가 상징을 만들어내고, 하나의 사물을 이용하여 다른 사물을 표현하는 순간부터 우리의 내부 세계는 사물을 사고로 대체할 수 있게 된다.

우리 각자가 이 새로운 세계에서 얼마나 의미 있는 삶을 살고 있는지 살펴보기 위해 나는 샤를르 페귀가 쓴 걸로 생각되는 한 가지 우화를 인용하려한다.[8] 페귀는 샤르트르에 가던 중 한 남자가 도로 가장자리에서 커다란 망치로 바위를 깨고 있는 모습을 보았다. 그의 얼굴에는 불행이, 그의 동작에는 분노가 어려 있었다. 페귀는 걸음을 멈추고 물었다. "지금 뭘 하는 거요?" 남자가 대답했다. "보면 몰라요? 내가 할 수 있는 거라곤 이 힘들고 바보 같은 일 뿐이라서 말이오." 조금 더 멀리 가자 다른 남자가 역시 바위를 깨고 있었다. 이 사람의 얼굴은 평온했으며 동작은 균형이 잡혀 있었다. 페귀는 그에게도 역시 같은 질문을 던졌다. "지금 뭘 하는 거요?" 남자가 대답했다. "이 일은 몹시 힘들기는 하지만 그래도 야외에서 할 수 있다는 이점이 있지요. 돈도 벌 수 있고요." 거기서 더 멀리 갔더니 세 번째 남자가 또 바위를 깨고 있었는데, 얼굴이 행복감으로 환히 빛났다. 남자는 미소를 지으며 바위를 깼고, 깨진 조각들을 흐뭇한 표정으로 바라보았다. 페귀는 물었다. "지금 뭘 하는 거요?" 남자가 대답했다. "전 지금 대성당을 짓고 있습니다!"

바위를 깨는 일에 아무런 의미도 부여하지 못하는 불행한 석수는 오직 즉각적이며 실제적인 것에만 복종한다. 그렇기 때문에 망치의 무게와 망치질의 고통밖에 느낄 수 없는 것이다. 반면에 머릿속에 대성당이 들어 있는 남자는 바위를 변모시키면서 자신의 영혼이 고양되는 것을 느끼며, 자신이 짓게 될 아름다운 성당의 모습을 상상하면서 벌써부터 자부심을 느낀다. 그러나 돌을 깨는 사람의 내부 세계에는 한 가지 수수께끼가 숨겨져 있다. 도대체 왜 그들 중 일부의 머릿속에는 대성당이 자리 잡고 있는 반면 다른 사람들은 오직 바위밖에 보지 못하는 것일까?

만일 기억도 하지 않고 희망도 품지 않는다면 우리는 이성이 존재하지 않는 세계에서 살아가게 될 것이다. 그래서 우리는 감옥처럼 느껴지는 현재를 견뎌내기 위해 그것을 즉각적인 쾌락으로 채운다.

이처럼 행동을 적응시키면 쉽게 쾌락을 느낄 것이다. 하지만 일시적인 쾌락은 씁쓸한 결과로 이어질 뿐이다. 영원한 쾌락은 불가능하기 때문이다. 만일 쾌락이 너무 오래 지속되면 우리는 그것에 무관심해지며, 그런 후에는 혐오감에 이어 심지어 고통까지 느낄 수도 있다. 삶으로부터 오직 즉각적인 쾌락만을 기대하다 보면 결국 사소한 실패에도 가시 돋친 반응을 보이며 공격적인 태도를 취하게 될 것이다.[9] 쾌락에 탐닉하는 삶은 쾌락 없는 삶만큼이나 확실하게 우리를 절망 속에 빠트린다.

순간순간을 사는 인간에게는 의미가 태어날 시간이 없다

"우리는 오직 우리가 그것에 부여하는 의미를 통해서만 현실을 체험한다. 사물 그 자체에 의해서가 아니라 해석되는 그 무엇을 통해서 그렇게 한다는 말이다."[10] 그런데 기술이 발전하면서 "순간순간 살아가는 인간"이 탄생했다.[11] 급히 서두르는 인간은 바쁘게 일하는 걸 좋아한다. 그렇게 하면 굳이 생각을 하지 않아도 행동에 나설 수 있기 때문이다. 그러다 보니 그들은 생활방식이 그들과 시간과의 관계를 중심으로 조직되어 현재에 얽매여 꼼짝 못하는 일종의 도형수가 되어버렸다. "우리는 속박받지 않고 즐길 수 있는 수단을 가지고 있다. 쾌락을 추구하는 친구들이여, 우리 집단을 이뤄 우리가 그렇게 못하도록 방해하는 자들과 맞서 싸우자." 이 같은 연대감은 미덕을 위반했다는 즐거움을 안겨준다. "우리는 해를 끼치지 않는다. 단지 삶을 즐기고 싶을 뿐이다." 그러나 이 같은 반응은 의미를 탄생시킬 만큼 오래 지속되지 않기 때문에, 쾌락에 집중하는 이 집단은 얼마 지나지 않아 곧 와해되며, 친구나 아이들에게 아무것도 전하지 못한다. 반면에 대성당 하나를 짓는 데 필요한 4백 년의 세월은 비록 그것이 아직 완성되지 않았다 하더라도 우리를 행복하게 해준다. 의미는 우리에게 지속적인 행복감을 안겨주지만, 고독한 쾌락은 일시적일 뿐이다. 그러나 쾌락이 의미와 조화를 이루기만 한다면 바위를 깨면서 사는 것도 충분히 가치가 있다.

우리는 태어나기 전에 존재했던 것과 죽고 나서 존재하게 될 것, 역사와 공상, 조상들과 후손들을 이용하여 우리 내부에서 의미를 구성한다. 그러나 만일 우리의 문화나 상황이 우리를 감동시키고 추억을 구성할 수 있는 어떤 감정적 유대 관계를 우리 주변에 구축해놓지 않을 경우, 정서 박탈과 의미 상실은 우리를 일시적인 쾌락만을 추구하는 인간으로 만들어놓을 것이다. 우리는 순간의 쾌락을 즐길 수는 있겠지만, 회복을 가능하게 하는 주요한 요소들은 갖지 못하게 될 것이다.

다시 말하자면, 어떤 가족이나 인간 집단, 문화는 회복을 수월하게 하는 반면 또 다른 가족이나 집단, 문화는 그걸 가로막는다. 세계보건기구(OMS)의 최근 연구는 생활 조건의 객관적인 개선과 가족 및 집단의 와해 간에 관계가 있다는 사실을 보여줌으로써 이 같은 생각을 확인시켜준다. "사회가 더 잘 조직되면 될수록 개인들은 서로 간에 더 쉽게 분리된다."[12] 생활 조건이 개선되면 될수록 각 개인은 점점 타인을 덜 필요로 한다는 것이다. 다른 사람들을 보살피다 보면 우리는 자기 개선에는 소홀해질 수밖에 없다. 반대로 그 누구도 혼자서는 살아갈 수가 없는 사회에서는 다른 사람들을 돌보는 것이 곧 자기를 보호하는 셈이 된다.

50년 만에 인간의 상황을 바꾸어놓은 진보를 포기한다는 것은 말도 안 되는 얘기지만, 부작용을 발생시키지 않는 진보는 있을 수 없다는 사실 역시 깨달아야만 한다. 개인 능력이 향상되면서 인간관계는 붕괴되었으며, 트라우마를 겪을 위험이 한층 더 커졌다. 우리가 성공할 가능성을 여전히 가지고 있는 동안은 모든 게 아무 문제없겠지만, 만일 불행이 닥치고 애정도 의미 없는 세계에서 살게 되면 삶이 팍팍해지고 트라우마도 치유하기 힘들어질 것이다.

이 같은 현상은 2차 세계대전이 끝나고 기술 발전이 획기적으로 이루어지기 시작하면서 실시된 젊은이들의 인생 계획에 관한 조사에서 분명하게 드러났다. 패전국인 오스트리아의 젊은이들 중에서는 40%가 목적 없이 되는 대로 살아가고 있었던 반면, 승전국인 미국의 젊은이들은 80%가 자신들의 인생이 아무 의미가 없다고 응답했다.[13] 그리하여 존재의 공허라는 말이 크게 유행했다. 즉 이 젊은이들은 즉각적인 쾌락을 추구하거나 극단적인 성향의 종파나 공동체에 들어가서 유사한 의미를 발견함으로써 그 빈틈을 메우기도 했다.

만일 의미를 구성고자 한다면 우리는 공동의 계획을 가져야 한다. 그러나 우리에게 행복감을 안겨줄 표상을 만들고자 한다면 이 계획은 지속적인 동시에 다양해져야 한다. 만일 어떤 문화가 오직 즉각적인 안락만을 계획한다면, 그 사회 구성원들의 영혼 속에서는 의미가 탄생하지 못할 것이다. 반대로, 만일 어떤 문화가 다른 시간과 장소에만, 즉 언제나 다른 곳에서만 존재하게 될 완벽한 사회만을 미래상으로 제시한다면, 그 문화는 지금 이곳에서의 삶이 줄 수도 있을 즐거움을 희생시킨 채 그저 미래의 희열만을 생각하게 될 것이다. 유토피아는 현실을 말살하고 빛나는 미래의 행복을 과장한다. 그러나 그것은 단지 약속에 불과할 뿐이다.

의미로 충만한 화분 이야기

우리 모두는 재현 능력을 가지고 있다. 그러므로 우리의 역사를 구성하고 우리의 정체성과 관련된 사건들에 어떤 의미를 부여할 수 있다. 어떤 시련에도 의미를 부여할 수 있는 것이다. "지금 생각해보면 시련 속에서도 절망에 빠지지 않은 나 자신이 자랑스럽게 느껴진다." 어떤 실패를 미화할 수도 있다. "청소부였던 우리 어머니는 항상 내게 말씀하셨다. '넌 무슨 일이 있어도 의사가 되어야 해. 너 자신은 원하지 않더라도 말야. 그래야 내가 널 자랑스럽게 생각할 수 있을 테니까.' 난 엄청난 불안 속에서 시험을 치렀고, 결국 시험에 떨어졌습니다. 그리고 어머니가 그것 때문에 돌아가시지는 않는다는 사실을 알게 되었죠. 불안감은 사라졌고, 나는 내가 하고 싶은 걸 할 수 있게 되었습니다."

우리는 심지어 어떤 사물(그것의 순환이 우리의 개인사에 관해 무엇인가를 이야기해주는)의 의미도 변화시킬 수 있다. 사빈은 한 가정에 입양되었다. 그녀가 거기서 큰 행복을 느낀 건 아니었다. 그렇다고 해서 마치 무슨 말을 하는지 알아들을 수 없는 사람들과 함께 싸구려 호텔에서 사는 외국인처럼 불편해했던 것도 아니었다. 그녀는 언젠가는 더 좋은 날이 오겠지 생각하며 살았고, 비정상적일 만큼 얌전하게 행동함으로써 미래의 독립을 위한 대가를 치렀다. 어느 날, 그녀는 양어머니의 생일 선물로 무겁고 값비싼 화분을 산 다음 거기에 근처 공사장에서 주운 라일락 잔가지 몇 개를 올려놓았다. 양어머니는 꽃이 너무 보잘것없다며 짜증을 내며 노발대발했다. "내가 너한테 얼마나 잘해줬는데 이따위 걸 선물이라고 주는 거냐, 응?" 그녀는 꽃을 집어던져 버리고 화분만 가졌다. 사빈은 생각했다. "심지어 꽃의 언어까지도 우리 사이에 오해를 불러일으키는구나."

　몇 년 뒤 경찰이 된 그녀가 한 수습 경찰에게 평범한 물체도 살인 무기가 될 수 있다는 말을 해주고 있을 때 '가족 중 누군가'의 일로 빨리 와주었으면 좋겠다는 병원의 연락을 받았다. 그녀는 수습 경찰과 함께 병원으로 달려갔다. 병원에 도착해보니 양아버지가 방금 경막하硬膜下 혈종 수술을 받았다는 것이다. 뇌의 외상으로 인해 두개골과 뇌 사이에 있는 뇌막에 피가 응고한 것이었다. 사빈이 치료실을 나서려는데 양어머니가 다가오더니 자루를 내밀며 말했다. "저 사람, 하마터면 너 때문에 죽을 뻔했어." 사빈이 자루를 열고 들여다보니⋯⋯ 화분이 있었다! 양어머니가 덧붙였다. "우리는 툭하면 다투곤 했지⋯⋯. 그러다가 내가 화가 나서 화분을 저 사람 머리에 던진 거야." 수습 경찰이 황당하다는 표정을 지었다. 사빈은 화분을 집어들더니 하수구에 던져버렸다. 화분이 산산조각 났다. 수습 경찰이 얼굴에 미소를 지었다.

　사물들이 의미를 띠는 것은, 우리의 기억이 그 사물들 사이의 관계를 설정하고 일관성을 부여하기 때문이다. 의미가 없는 세계에서 우리는 오직 현실 세계의 파편들만을 지각할 수 있을 것이며, 오직 현존하는 자극에만 반응할 수 있을 것이다. 의미 없는 세계는 지속되거나 지속되지 않으며, 나를 매혹시키거나 거부하며, 내 마음에 들거나 들지 않는다. 현실의 파편들을 꿰맬 만한 실도, 영혼도 없이 조각난 이 세계는 조각조각 나눠진 형태로 보일 것이다. 그러나 우리는 사물들의 독재에서 벗어나 우리가 재현해낸 것들을 받아들일 수가 있다. 일체의 상황에서 벗어난(과거의 것이든 미래의 것이든 간에) 정보들을 획득하고, 또한 그 정보들에 감정과 행동, 말로 반응할 수 있는 능력을 가진 종種에 속해 있기 때문이다.

사빈은 어렸을 때 자기가 착한 소녀이며 양부모 집에서 아무 문제도 일으키지 않으려 애쓰고 있다는 것을 알리기 위해 그동안 저금해놓은 돈을 톡톡 털어 그 비싼 화분을 산 것이다. 하지만 그녀의 양어머니는 늘 그랬듯이 이 의미를 이해하는 데 실패했다. 볼품없는 라일락 가지를 보고 짜증을 낸 그녀는 사빈이 일부러 자신에게 살인 무기를 주었다고 생각했다. 화분이 산산조각 났을 때 사빈은 서글픈 기분과 동시에 안도감을 느꼈다. 그러나 사물의 의미는 오직 계속되던 사건이 끝난 뒤에서야 드러난다. "내가 남편을 죽일 뻔한 건 네가 준 화분 때문이야(너 때문이야)."

　이 실례는, 트라우마를 겪는 사람은 정보들에 완전히 압도되고 사로잡힌 나머지 혼란스러운 세계에 반응할 수 없다는 사실을 보여준다. 사빈의 양아버지는 무분별한 폭력으로 인해 하마터면 죽을 뻔했다. 아주 사소한 원인이 엄청난 결과를 낳고, 세계는 그 명료함을 잃어가고 있다. 과연 이런 세계에서 어떤 식으로 행동해야 할 것인가?

안개등으로서의 이야기

　트라우마가 아무 의미도 가지고 있지 않은 한, 우리는 우리가 결정을 내릴 수 없도록 만드는 모순된 정보들의 선풍으로 인해 계속해서 경악하고 망연해하고 혼란스러워할 수밖에 없다. 하지만 우리는 '말을 하는' 사물들과 사실들에 의미를 부여해야만 하고, 우리에게는 트라우마가 퍼트린 안개를 흐트러뜨릴 수 있는 수단이 있다. 그것은 바로 이야기이다.

　이 경우, 이야기를 하는 것은 의미를 만들어내는 하나의 방법이 된다. 그러나 모든 이야기가 다 사회화되는 건 아니므로 그걸 듣는

데 어려움을 느끼는 다른 사람들을 위해 그 이야기를 각색해야 한다. 두 가지 작업을 통해 사건을 이야기로 바꿀 수 있다. 즉 사건을 객관화하고 그것을 시간 속에 위치시키는 것이다. 듣는 사람은 거기 있어야 하지만 대신 침묵을 지켜야만 한다. 이 증인이 단순히 상처를 입은 사람의 상상 속에만 존재할 때도 가끔 있다. 즉 자신의 내밀한 이야기를 스스로에게 하는 동시에 가상의 청자에게 말하는 것이다. 영혼에 상처를 입은 사람들에게 있어 이야기를 한다는 것은 "사건들이 스스로에게 이야기를 하는 것 같다"[14]는 느낌을 불러일으키는 행위다. 이미지들의 기억은, 그 기억에 관해 논평하고 설명하며, 망설이다가 다른 표현들을 사용하여 그 장면을 다시 묘사하기 시작하는 말들에 둘러싸여 그런 사람들의 마음을 통과해 지나간다. 이야기는 이 작업을 통하여 사건을 그 자체로부터 천천히 끌어낸다. 이 같은 이야기 전개는 과거에 우리 마음속으로 뚫고 들어왔던 의미 있는 사건들을 과거 속에 위치시킨다. "이렇게 해야만 과거와 현재, 죽은 사람이 살아 있는 사람들의 현 세계로, 글과 이미지의 무대로, 재현의 무대로 돌아올 수가 있다."[15]

그런데 우리의 내적 세계를 제어할 수 있게 해주는 담화를 구성할 수 있는 능력은 일곱 살에서 열 살 사이에 형성된다. 이 나이가 되기 전에는 눈에 아직 눈물이 가득한데도 웃음을 터트리거나, 사소한 것에 실망해서 절망에 빠져 있다가 나비가 파닥파닥 날아가는 걸 보고 몹시 즐거워하는 어린아이들처럼 상황에 종속되어 있다. 어린아이들은 "오늘 뭐 했니?"라는 질문에 제대로 대답하지 못한다. 대답을 하려면 시간을 재현해야 하기 때문이다. 아이들은 우선 외부의 사건들을 묘사하고 나서야 그들 자신을 위한 내부의 세계를 구성할 수 있는 것이다.

일곱 살에서 열 살 사이의 어린아이들이 자기 자신에 관해 하는 말은 "다른 사람들은 나를 어떻게 생각할까?"라는 질문에 대답하기 위한 일련의 진술이라고 할 수 있다. 아주 어릴 때부터 그들의 이야기에는 성적 의미가 부여된다. "난 여자아이야. 내 이름은 실비야. 내 머리는 금발이고 짧아."[16] 여자아이들은 '좋다'라는 단어를 자주 쓴다. "마들렌이 좋아, 내 옷이 좋아, 내 눈 색깔이 좋아." 남자아이들은 '이다'와 '갖다'라는 단어를 더 좋아한다. "난 키가 커, 난 축구를 잘해, 난 멋진 자전거를 갖고 있어."

아이가 어리면 어릴수록 그가 하는 말은 더 단정적이고 긍정적이다. 어느 정도 시간이 지나야만 서서히 뉘앙스의 차이도 고려하고 의심도 하는 것이다. 여자아이들은 다른 사람들의 시선에 점점 더 큰 중요성을 부여하는 반면 남자아이들은 서열을 나타내는 기준들을 점점 더 자주 언급한다. 이 분야의 연구는 어린아이들이 아주 어렸을 때부터 이야기를 성화性化시킨다는 사실은 밝혀주지만 이 차이의 기원을 설명해주지는 못한다.

우리가 연령과 성별, 그리고 우리가 처한 감정적·문화적 상황에 따라 자기 재현을 자발적으로 수정한다는 것은, 우리 자신의 이미지가 변한다는 것을 증명해주는 동시에 회복이 오랫동안 가능한 이유를 설명해준다. 우리가 자신에 대해 갖게 되는 관념은 이야기 전체의 영향을 받아 변할 수 있기 때문이다. 담화보다 더 정교하고 덜 진부한 이야기를 지어내기 위해서는 우리 주변의 사람들과 문화, 그리고 실제의 혹은 가공의 제삼자를 대상으로 하는 자기 재현을 구성하겠다는 의도를 갖고 사실들을 기억으로 재구성해야 한다.

당사자가 너무 어려서, 혹은 가족들이 그를 침묵시켜서, 혹은 사고를 당하거나 병을 앓는 바람에 뇌를 다쳐 더이상 시간을 재현하지 못해 이 작업을 하지 못할 경우, 회복은 어려워진다. 그러나 심리적·사회적 현실에 관여함으로써 자기 이미지를 바꿀 수만 있다면, 회복은 가능하다. 왜냐하면 그것은 곧 우리가 심리적 죽음 이후에도 계속해서 발달할 수 있다는 것을 의미하기 때문이다.

운명의 힘

시간이 지나 우리 자신과 우리의 과거를 되돌아보는 것이 가능해질 때 의미가 생겨난다. 이 같은 제약은 왜 어떤 사람들은 그들에게 희망의 시작을 알리는 회복을 과대평가하는 반면에 또 어떤 사람들은 그게 자기 운명이라는 듯 불행에 굴복하는지 그 이유를 설명해준다. 이들의 관점에서 보면 운명은 동어반복이기 때문에 항상 이기게 되어 있다. "그는 죽었다. 왜냐하면 죽어야만 했기 때문이다." 이 같은 논리에는 답이 없다. 마치 그것이 어떤 의미를 갖기라도 하는 것처럼 주장되었으며, 결과는 예측 속에 포함되어 있기 때문이다.[17] 이 필연적인 진리는 동의어를 반복하는 사람들에게 생각을 연결시킬 것을 권유한다. "그리하여 그는 의학을 공부했는데, 그런 부모 밑에서는 선택의 여지가 없었던 것이다……." "그는 깐깐한 여성과 결혼했는데, 당신도 금방 상상하겠지만 그처럼 불안정한 어린 시절을 보낸 사람에게는……." 중세 때는 몸이 자꾸 넘어지는 건 원래 넘어지게 되어 있어서라고 설명했다. 지금은 그가 아내를 죽인 것은 살인 충동을 느꼈기 때문이라고 말한다. 과거로 거슬러 올라가는 이 같은 환상은 운명을 믿는 사람들에게는 일관성이 있다는 느낌을 강하게 불러일으킨다. 하나의 슬로건처럼 주어진 의미는 진정 효과를 가지고 있으며 죄의식을 떨쳐버릴 수 있게 해준다. "나는 달리 어찌할 수가 없었어……. 내 마음 깊숙한 곳에 웅크리고 있던 힘이 그렇게 하라고 내게 강요한 거야……. 그렇게 될 수밖에 없었어……. 내 잘못이 아냐." 운명을 숭배하는 사람들은 우리를 지배하는 어둠의 힘에 복종해야 한다고 주장한다. 그들의 관점에 따르면, 결과가 예측을 설명해 준다. "나는 그에게 분명히 말했다. '당신은 당신의 트라우마가 치유되었다고 믿지요. 하지만 그것은 언제 어느 때 다시 되살아날지 모릅니다.'" 운명은 마치 우리들의 내부에 뿌리를 틀고 있는 어떤 악마적인 힘이나, 아니면 모습을 드러내지 않은 채 우리를 은밀히 통제하는 거대한 심적(心的) 기생충처럼 나타나서 우리를 완전히 지배할 것이다.

확실성을 추구하는 문화는 예상치 못했던 사건에 흔히 시시한 의미를 부여하곤 한다. "아우슈비츠에서 목숨을 잃은 유태인들이 신으로부터 그렇게 잔인하게 벌을 받은 걸 보면 대단히 엄청난 죄를 저질렀음에 틀림없습니다"라고 최근에 예루살렘의 한 랍비가 말했다. 미국의 TV 복음 전도자들은 "뉴욕 사람들의 원죄와 사치"로 2001년 9월 11일의 테러를 설명했다. 이처럼 어마어마한 결과가 초래된 것은 엄청난 원인이 있었기 때문이라는 것이다. 이처럼 극단적인 믿음을 가진 사람들은 진리를 강요하는 그 어떤 독단론도 받아들인다. 박해당하고 박해하며, 희생자이자 가해자인 우리는 모든 비극을 설명할 수 있는 냉혹한 힘의 지배를 받고 있다.

트라우마를 겪어본 적이 없는 사람들은 이런 식으로 운명에 복종하면 안전을 보장받을 수 있다고 생각한다. 불확실함으로 인한 불안을 해소하는 동시에 "난 명령을 이행했을 뿐이오"라고 뻔뻔스럽게 말하는 전쟁 범죄자들을 죄의식에서 벗어나게 해주는 것이다. 르완다에서 학교 친구들을 지명해서 처형시키거나 팔이 잘려나가게 만들었던 소녀들은 나중에 한숨을 내쉬며 이렇게 말했다. "내가 그런 게 아니었어요. 그냥 악마에게 사로잡혔던 것일 뿐이라고요." 에디트 우와니일리지라는 이야기한다. "도망치는 동안 우리는 줄곧 침묵만 지키고 있었죠. 모욕당한 사람들처럼 말예요. 우리가 지나가는 곳마다 이런 말이 들려오더군요. '투치 족이로군…… 몸에서 무슨 고약한 냄새가 그렇게 나는지 원…… 저것들은 다 죽여버려야 해. 아예 씨를 말려버려야 한다니까.' 심지어는 초등학교에 다니는 애들까지 우리들에게 돌을 던지며 소리치더군요. '투치 족이야. 바퀴벌레나 다름없는 것들…….'"[18] 집단 학살로 인해 생존자들이 정신적으로나 육체적으로 너무나 황폐해지는 바람에 증인들이 그들을 보고 혐오감을 느낄 정도였다. 이런 상태가 될 정도면 얼마나 끔찍한 범죄가 저질러졌겠는가! 원인을 설명하는 결과 역시 집단 범죄를 정당화했다.

또한 괴물이 상처 입은 어린아이들의 마음 깊은 곳에 웅크리고 숨어 있다가 언젠가 거기서 불쑥 나타날 것이라고 생각하는 사람들의 잘못된 생각이 트라우마를 겪는 사람들의 영혼을 좀먹는 깊은 상처에 관한 설명에 영향을 미칠 수도 있다. 즉 어렸을 때 학대받은 사람은 성인이 되면 또다시 자기 자식을 학대하게 되며, 자신을 괴롭힌 사람을 사랑하게 된다는 것이다. 그리고 자신의 마음속에서 살고 있는 악마의 충동질을 받아 잔혹한 범죄를 저지르게 된다는 것이다. 괴롭힘을 당한 사람을 생각하면서 그를 오직 희생자의 형태로만 마음속에 그릴 경우, 폭력을 행사한 사람과 폭력을 당한 사람이 서로 가까운 사이였다는 느낌이 든다. 가해자와 가까웠기 때문에 희생자가 되었다는 것이다. 이 같은 논리는 성폭행을 가한 남성과 성폭행을 당한 여성이 한통속이라는 편견을 조장한다. "그 여자는 희생자야. 하지만 분명히 그 여자가 남자에게 먼저 추파를 던졌을 거야. 그러니 그 여자도 어느 정도는 책임이 있는 거지." 희생된 여성들은 뭔가 수

상쩍다. 그들이 그렇게 된 것은 죽음의 신과 친하기 때문이다. 그들은 가해자의 품에 꼭 안겨 있었다. 우리는 그들을 믿을 수 없다. 그러니 중세 때 그랬던 것처럼 가해자와 희생자 모두 자루 속에 집어넣어 강물에 던져버려야 한다. 가해자와 희생자가 은밀한 관계였음에 틀림없다는 생각은 자동적으로 다음과 같은 논리로 이어진다. 즉 희생자들은 그들의 마음속에 주입된 악을 부끄러워해야 한다는 것이다. 왜냐하면 "매우 유감스러운 악덕의 가르침이 희생자들의 영혼에 타락의 씨앗을 뿌려놓았기"[19] 때문이다. 놀랍게도 19세기의 법관들 중에는 악이 정신적 상처를 입은 어린아이들의 영혼 속에 웅크리고 있으며 언젠가는 거기서 악마가 튀어나올 것이라는 생각을 갖고 있는 사람들이 있었다. 희생자는 추잡하다는 것이다!

이처럼 단조로운 논리에 함축되어 있는 극단적인 믿음은 저주하기를 좋아하는 사람들에 의해 표현된다. 이들은 정신적 상처가 여러 세대에 걸쳐 전해지며, 어떤 비밀에 의해 다음다음 세대의 후손이 정신병에 걸릴 수도 있다고 주장한다. 심리적 상처는 부모의 인격을 특별한 방식으로 구성하고, 이 인격이 그의 아이를 덮어씌운다는 것이다. 그것은 장애를 일으키기도 하지만 또한 수수께끼를 풀어나가는 즐거움을 맛보도록 이끌 수도 있는 유령을 물려준다.

감정의 적응

회복은 오직 트라우마로 인해 생긴 상처를 치유하는 방법에만 관심을 가진다. 그러나 회복을 생각하려면 자신의 이야기를 가지고 매번의 만남이 하나의 실존적 선택이 되는 관점을 만들어내야 한다. 우리의 삶에 다양한 의미를 부여하는 이 같은 방식은, 우리가 내적 자유를 획득할 수 있는 능력을 가지고 있다는 것을 증명해준다. 그 방식은 온갖 망설임과 요행수, 일체의 선택이 불러일으키는 불안감으로 이루어진 수많은 시나리오를 탄생시킨다. 이런 식으로 생각하는 사람들은 "그들의 삶을 쉽게 위험에 맡길 수 있는"[20] 불확실성의 문화 속에서 편안함을 느낀다. 이 작은 자유는 일종의 수공업과도 같아서 동작 하나하나, 말 한마디 한마디가 우리를 이끌어가는 현실을 뒤바꾸어놓을 수 있으며, 또한 회복을 반(反)운명의 수단으로 만들 수가 있다.

커플을 이루는 것은 분명히 우리가 살아가면서 하게 되는 주요한 선택 중의 하나다. 살아오면서 상처를 받은 사람들은 누구나 자신의 과거와 꿈, 그리고 의미를 부여하는 방식을 가지고 커플 형성을 시작한다. 그의 짝 역시 그의 상처와 앞으로의 커플 생활에 대해 품고 있는 희망의 이미지를 자신을 위해 만들어낸다. 각자는 상대의 내부 세계와 타협하고, 성숙해가고, 서로에게 용기를 주고, 화해하고, 때로는 싸워야 할 것이다. 이 같은 감정적·역사적 결합은 앞으로 태어날 아이를 위한 감각의 보호막이 될 것이다. 몸짓과 고함, 웃음, 흉내, 단어로 이루어진 이 보호막은 아이가 성관계를 가질 나이가 될 때까지의 발전에 영향을 미치게 될 것이다.

- 상처 입은 영혼들은 어떻게 서로 만나는가?
- 커플 형성은 회복에 도움이 되는가, 아니면 오히려 상처를 악화시키는가?
- 회복 중인 부모들은 그들 사이에서 태어나게 될 아이들에게 무엇을 전해주는가?

2장
만남이 재회가 될 때

—

경이와 구더기
청소년기: 위험한 방향 전환
감정의 수정
다른 식으로 사랑해야 할 의무
행운을 가져오는 어린아이와 초인
왜 사랑하는 사람과 헤어지는가?
의미의 시초는 성에 따라 달라진다
감옥에서 주는 음식을 먹을 자격이 없는 아이들
별이 없는 별자리
응석받이 아이, 썩은 과일
덩치 큰 젖먹이들의 이상한 자유
어린아이들이 법을 만든다
사랑이 일체의 권한을 줄 때
씁쓸한 자유: 3막짜리 코미디
마음의 감옥
반복이냐, 자유냐?
자기 이미지에 지배당하다
우리는 우리의 기억에 의해 형성되고 우리의 기억을 형성한다
탈출의 메커니즘

Parler d'amour
au bord du gouffre

경이驚異와 구더기

끝없이 이어지는 사춘기는 건전한 성장의 징후가 될 수 있는가?
어린아이들이 자기 자신에 대해 만족스러워하느냐 불만족스러워하느냐는, 그들이 정상적으로 성장할 수 있게끔 주변사람들이 얼마나 잘 돌보느냐에 달려 있다. 그들이 그때까지 느끼지 못했던 감정을 어느 순간 불현듯 느낄 날이 언젠가 찾아온다. 어린아이는 소녀가 소년이 아니라는 것, 여성이 남성이 아니라는 것, 엄마가 완전히 여성은 아니라는 것을 알고 있었다. 그러나 몇 달 전부터 이 같은 성 개념은 상이한 정서적 의미를 띠게 되었다. 사춘기 소년들은 여성들의 육체를 보면 기분이 좋으면서도 또 한편으로는 문득 몹시 불안한 감정을 품게 된다. 여자아이들은 불과 몇 주일 전까지만 해도 우스워 보였던 남자아이들을 새로운 시선으로 바라보며 관심을 끌려고 한다.
이 새로운 감정, 이성에게 마음이 끌리는 이 강렬한 느낌은 성호르몬의 분비로 인한 것으로서, 사춘기에 접어든 청소년들은 아주 최근까지만 해도 그들에게 아무 의미가 없었던 유형의 정보에 극도로 민감해진다. 하지만 이 같은 생물학적 변화는 사춘기의 전조前兆가 될지 모르지만 그 자체를 설명해주지는 못한다. 소년은 소녀의 육체에 대해 문득 기묘한 욕망을 느낀다. 그런데 그는 관계를 만들어나가는 온갖 기술과 바로 그 순간에 갖게 된 감정 유형, 그리고 그 전에 획득한 온갖 사랑의 방법 등을 다 동원해야만 소녀에게 접근할 수 있다. 그는 그녀에게 더 가까이 다가가기를 원하지만, 아직은 그 방법을 확실히 모른다. 사춘기가 꼭 위기를 불러올 만큼 혼란스러운 시기는 아니다. 하지만 감정의 방향이 바뀌는 시기인 건 사실이다.

이성에게 마음이 끌리는 것을 느끼고 그 사람과 특별한 종류의 관계를 맺고 싶어 하는 청소년은 '그(그녀)가 나를 받아들일까?'라는 의문을 품지 않으려야 않을 수가 없다. 그 경우 이 청소년이 어렸을 때 형성한 자기 재현이 문제시된다. 그것은 이미지의 재현이 될 수도 있다. "내 몸매가 이러니 그 어떤 남자도 날 원하지 않을 거야." 그런데 그건 또 말의 재현이 될 수도 있다. "내가 어렸을 때 학대받으면서 자랐으니 그(그녀)는 분명히 날 거부할 거야."

우리는 첫사랑을 기다리고 있으며, 우리가 타인에 대해 가지는 이미지는 우리들 마음속에 만들어진 자기 이미지에 따라 조금씩 구체화되어간다. "여자들은 꼭 요정들 같아. 난 그들만 보면 마음이 떨려. 그러니 그렇게 완벽한 여자들이 구더기나 다름없는 나 같은 남자를 좋아할 리가 없지." 또 이렇게 생각할 수도 있다. "난 여자들을 내 맘대로 이용할 수 있어. 그들은 연약하고 보잘것없는 존재들이니까. 난 그들보다 강하고 대담하니까." 누군가를 사랑할 준비를 할 경우, 우리가 어린 시절에 형성한 자기 재현이 영향을 미친다. 이때 과거의 기억이 이용된다. "내 부모님들은 누구인가? …… 나는 학교생활을 잘 했던가? …… 나는 우정을 소중하게 생각했는가? …… 나는 슬픈가? …… 나는 머리가 좋은가?" 자기 이미지는 우리가 인생에서 가장 큰 위험이 따르는 선택을 할 때, 즉 사랑과 사회생활을 시작할 때 투자하는 자본이다.

이 자기 재현은 우리가 무엇인가에 참여하도록 결심하게 만드는 하나의 믿음이다. "난 학교 성적이 엉망이야. 난 바보 멍청이야. 그러니 얼간이들에게나 어울리는 직업을 갖게 될 거야." 이런 식으로 생각하는 소년은 쓰라린 고통을 받을 것이라는 각오를 하고 자기 자신과 자신의 과거, 자신의 미래에 대해 상상하는 것을 이미 실행해나가고 있다. 그렇기 때문에 과거에 감정 조절이 실패를 거듭했다는 사실을 기억하고 있는 청소년은 한편으로는 사랑을 간절히 원하면서도 또 한편으로는 미래의 사랑을 절망적으로 원하고 다른 한편으로는 그걸 두려워하는 경향을 보인다. 그는 무슨 대가를 치르더라도 반드시 자신에게 정서적 안전을 보장해줄 소녀를 꿈꾼다. 그와 마찬가지로 비참한 어린 시절을 보내고 그로 인해 고통받았던 소녀 역시 또다시 배고픔에 시달리지 않을 수만 있다면 무슨 일이든지 닥치는 대로 하고 말겠다는 간절한 희망 속에서 위안을 구한다. 그러므로 청소년기는 하나의 전환점이라고 할 수 있다. 우리가 자기 이미지에 따라 무엇인가에 몰두하는 민감한 시기다.[1] 이때 우리는 자라면서 축적해온 지적·역사적·감정적 자본을 투자하여 크고 작은 성공을 거둔다. 그러나 우리 또한 미래와 자기 이미지를 수정할 수 있는 가능성을 놓고 내기를 하기도 한다. 그 내기의 성패는 우리가 바로 이 순간에 어떤 환경에서 어떤 사람들을 만나느냐에 좌우된다.

청소년기: 위험한 방향 전환

'민감한 시기'가 곧 '병적인 시기'를 의미하는 것은 아니다. 어린아이들이 우울증으로 고통받는 경우는 2%가 채 안 된다(어려운 상황에서 살 때도 그렇다). 부모가 가난하거나 병을 앓고 있는 아이들도 축구 경기를 하거나 학교수업을 받는 동안에 우애감을 느낄 수 있으며, 이것만으로도 그들은 행복해한다. 청소년이 감정적인 동시에 성적인 또 다른 관계를 시작하기 위해서는 애착 대상을 다시 정하고 혈연관계에서 벗어나야 한다. 이것은 정상적인 상황에서도 큰 위험을 무릅쓴다는 것을 의미한다. 계속 변화하면서 성장하고 싶으면 자신의 안전한 토대를 떠나야 하기 때문이다. 그때 우울증의 발병률이 증가하여 10%를 넘어선다. 병적이지 않은 청소년들(90%)이라고 해서 반드시 안전한 것은 아니다. 증례의 30~40%는 강렬한 감정과 격렬한 표현이 그들의 부모들을 자극하여 갈등으로 이어진다.[2] 청소년기는 민감한 시기지 비탄의 시기가 아니다. 청소년이 감정을 가라앉히고 인생 계획을 시작할 수 있도록 환경을 제공하면, 감정적 관계는 변화할 수 있다.

청소년의 경우, 가정에서의 이 같은 갈등이 애착 형성에 장애가 되는 것은 아니다. 이 나이 때에 자기표현이 지나칠 정도로 이루어진다는 사실은, 어떤 설문 조사에서는 청소년들의 80% 이상이 부모를 사랑한다는 결과가 나오고, 또 다른 설문 조사에서는 50% 이상이 가정에서 갈등을 겪는다는 결과가 나오는지 그 이유를 설명해준다. 아이에 대해 정상적인 애착을 느끼는 부모는 갈등을 악화시키지 않고 아이를 진정시킨 다음, 그가 다시 애정을 표현할 때까지 기다린다. 그러나 부모가 자신의 과거 때문에 아이에게 과도하게 집착할 경우,

아이의 격렬한 반응에 상처를 입고 자기가 부모로서의 자격이 없다고 느끼게 된다. "난 네가 계속 같은 고등학교에 다닐 수 있도록 내 소중한 경력도 포기했어! 그런데 네가 나한테 이럴 수 있는 거야?" 그리고 사소한 갈등은 고통스런 관계로 바뀐다.

청소년기라는 민감한 시기에 감정을 수정하는 방식은 남자냐 여자냐에 따라 다르다. 나는 툴롱과 레사블레트 간을 운행하는 소형 유람선에 탑승한 적이 있다. 그 배에는 가만히 있지 못하고 무척이나 수선스런 소년, 소녀들도 타고 있었다. 인솔자가 말했다. "전 13세 반을 맡고 있습니다." 여자아이들은 남자아이들보다 두 배는 더 커 보였다. 그들은 성적 욕망 그 자체로 보였다. 이제 갓 피어난 그들은 가슴이 깊이 패인 상의를 입고, 두드러지게 커 보이는 브래지어를 하고, 배꼽에 피어싱을 하고, 엉덩이가 보일 만큼 짧은 치마를 입는 등 자신들의 여성스러움을 드러내 보이기 위해 온갖 수단을 다 동원하여 안간힘을 쓴 듯했다. 손톱과 눈, 입술, 머리 등 여성의 특징을 드러낼 수 있는 부분은 전부 다 두드러져 보이게 했다. 아직 소녀에 불과한 그들이 이런 식으로 차려 입은 것은 성적 매력을 뽐내기 위해서라기보다는 자기가 여자라는 사실을 자랑스럽게 확인하기 위해서인 듯했다. 남자아이들은 이 키 큰 여자아이들 옆에 서니 왠지 어려 보였다. 아직 수염도 안 나고 피부도 뽀송뽀송해서 귀여워 보이는 남자아이들은 여자아이들이 자신을 팔로 껴안은 채 꼭 어머니처럼 행동하는 것을 그냥 내버려두고 있었다. 여자아이들은 키 작은 남자아이들이 별안간 자기 배를 주먹으로 치며 장난을 치자 깔깔대며 웃었다. 귀여운 소녀들은 서투르고 요령도 없이 싸울 태세를 취했다가 곧 다시 남자아이들과 친구 사이로 돌아갔다. 이제 막 변모하기 시작한 소년들과 어울려 노는 그 열세 살짜리 소녀들은 이미 2, 3년 전에 사춘기에 접어들었다. 육체적·감정적·지적 성숙도가 사회적 적응에 중요한 역할을 하는 나이에 이 같은 차이는 엄청나다. 그렇지만 이 시기에 우리는 분위기가 바뀌는 것을 확인할 수 있다. 여자아이들에게 눌려 지내며 침울한 표정을 짓던 남자아이들의 성격은 몇 달이 채 지나지 않아 명랑하고 긍정적으로 변하며, 때로는 그보다 조금 더 발전하기도 한다. 반면에 사춘기가 되기 전에는 남자아이들보다 덜 의기소침하던 여자아이들은 걱정이 많아지고, 자신감도 없어지며, 훨씬 더 불안해한다. 여자아이들은 흔히 성인에게 칭찬을 받으려고 애쓴다. 왜냐하면 그렇게 함으로써 그 어떤 형태의 문화에도 쉽게 적응할 수 있기 때문이다.[3] 다시 말해, 똑같은 상황이 그것을 받아들이는 사람의 성별과 연령에 따라 달라진다는 것이다. 부모의 이혼에 더 큰 상처를 입는 소년들은 아버지가 없을 경우 자신의 정체성을 확인하는 데 어려움을 겪으며, 위험을 무릅쓰는 행위들이 입문시련入門試鍊의 역할을 하는 상황을 만들려고 애쓴다. 반면에 육체적·지적으로 앞서나간 소녀들은 부모의 이혼을 더 잘 견뎌내지만, 어머니와 둘이서만 있게 되면 자기가 구속받는다고 느낀다. 이 사춘기 소녀들은 아주 어린 나이에 어머니가 됨으로써 자신의 독립성을 찾았다고 생각하기도 한다. 퀘벡에서는 16세 소녀들 중 50%가 이미 성관계를 가졌으며 (16세 소년들의 경우는 25%에 불과하다), 나이가 아주 어린 이 소녀들의 5%는 임신 경험이 있다.[4]

그러므로 성관계의 시작은 연령과 성에 따라 달라지는 생물학적 성숙도, 사춘기 소년이나 소녀가 상대를 만날 당시의 가족과 문화적 상황, 개인사, 그리고 성행위를 하기 이전에 자기 자신에 대해 만들어놓은 이미지 등 여러 가지 요인의 영향을 받는다. 가난한 집에서 태어나 좁은 공간에서 살고 있는 소년은 학교 공부에 중요성을 부여하기보다는 몸을 쓰는 직업을 선택하게 될 것(만일 사회적 환경이 그 중 한 가지를 선택하라고 할 경우)이다. 반면에 가난하고 고립된 어머니에게 얽매어 있다고 생각하는 사춘기 소녀는 어린 나이에 임신함으로써 학교와 인간관계에서 겪은 실패를 보상받으려 할 것이다. 이처럼 생물학적·역사적·가족적·문화적 정보들을 수집하면 트라우마를 겪지는 않았지만 힘겨운 시련을 겪으며 성장해나가는 청소년 집단에 대해 설명할 수가 있다. 정신적 외상을 입은 청소년들은 앞서 말한 여러 가지 요인의 영향을 받지만, 이들의 경우에는 인격이 이미 갈기갈기 찢겨져 있다.

이 같은 유형의 논리는 출처가 서로 다른 정보들을 통합한 것이기에 한 가지 원인이 한 가지 결과를 낳는다는 직선적 논리와는 상반된다. 기분이 좋지 않을 때 우리는 직선적 논리로 추리함으로써 해결책을 발견하고 싶어 한다. 이 그릇된 설명이 부분적으로 진리를 드러내 보여주기 때문에 우리는 일시적으로 위안을 받을 수 있지만, 고통의 다른 뿌리들에 대해서는 알 수 없다. 그 어떤 원인도 완전하게 설명해줄 수는 없는 것이다.

감정의 수정

정신적 상처를 입은 아이는 사춘기가 되면 필연적으로 자신의 감정을 수정하게 된다. 이는 호르몬이 분비되고 근친상간이 금지되기 때문이다. 그때 그는 자신만의 독특한 방법을 사용한다. 그는 어린 시절에 상처를 받았기 때문에 어떤 특별한 유형의 정보에 우선적으로 민감한 반응을 보인다. 전쟁을 치르는 나라에서 자라난 아이들은 차 문이 꽝 하고 닫히는 소리라든지 자동차의 폭발음 등을 다른 아이들보다 더 잘 듣는다. 이들은 테이블 밑으로 기어들어 가든지, 아니면 자기가 우스꽝스런 행동을 했다고 느끼거나 부끄러워하지 않고 테이블 밑에서 다시 나옴으로써 이 의미 있는 소음에 반응한다. 왜냐하면 이것이 단지 살아남기 위한 행동일 뿐이라고 생각하기 때문이다. 전쟁 중인 나라에서 성장했기 때문에 그들은 오직 자신들에게만 의미를 갖는 소리에 관해 이 같은 유형의 정보를 우선적으로 지각하는 법을 배웠던 것이다. 평화로운 나라에서도 그들은 자신들의 기억 속에 새겨진 이 의미심장한 소리에 똑같은 반응을 보인다. 하지만 상황에 어울리지 않게 테이블 밑으로 기어들어 가는 걸 이 나라 사람들이 본다면 웃음을 터트리고 말 것이다.

우리는 이 같은 행동이 되풀이되는 것을 보면서 어떤 즉각적인 자극에 대한 반응이 과거에 겪은 경험의 관점에서 설명될 수 있다는 사실을 이해하게 된다.[5] 갓 태어난 아이들은 "주변의 현실 세계에 존재하는 요인들에 반응하지만"[6] 5개월이 지나면 갓난아이의 기억 속에 구축된 정신적 모델, 즉 MOI(내적 실행 모델)에 반응한다. 아주 어린 아이는 이 단계에서 주변 환경에 대한 어머니의 지각에 의해 구성된 우선적인 형태를 주변 환경으로부터 도출해내는 법을 배운다. 이 형태가 기억 속에 새겨지는 순간, 아이는 자기감정에 빠져든다. 만일 어머니가 아이를 학대하고 거칠게 다룰 경우, 학대를 받거나 거칠게 다루어질 경우 아이는 난폭한 행위를 예고하는 표정과 소리, 동작을 매우 민감하게 지각하는 법을 배우게 된다. 아기는 행동을 예고하는 아주 사소한 징후에도 불편해하며, 움츠러들거나[7] 시선을 피하거나 이제 곧 자신을 엄습하게 될 우울한 기분을 표현하는 슬픈 표정을 지음으로써 거기 반응한다.

어린아이의 내적 세계에서는 자기 자신의 모델과 타인들의 모델이 동시에 형성된다. 학대받은 어린아이는 나중에도 계속해서 이렇게 획득된 표상에 반응한다. 아이는 변화에 저항하며, 그의 내적 모델들을 변화시킬 수도 있을 새로운 경험들을 통합하는 데 어려움을 느낀다. 필연적으로 감정을 수정하면서 "어린 시절에 획득한 재현들이 달라질 수도 있는"[8] 순간을 맞게 되는 사춘기는 예외다. 사춘기는 존재의 전환기다.[9] 이 예민한 시기에는 너무나 감정이 강렬하기 때문에 생물학적 기억이 또 다른 감정 스타일을 배우는 것을 가능하게 만든다. 물론 주변 환경이 그에게 그럴 기회를 제공해야만 할 것이다. 애정 결핍인 아이는 나중에 감정의 방어기제를 배울 수가 있다. "원래의 가족으로부터 벗어나서 관계를 수립하게 되면 현존하는 애착과 관련된 가설이 바뀔 수 있기 때문이다."[10]

브뤼노는 자기가 얼마나 더러운지를 모르고 있었다. 그는 일곱 살 때 양호 시설에 보내졌다가 한 농가에서 농사일을 돕게 되었다. 이 농가의 여주인은 그를 열네 살 먹은 형과 함께 집 밖에 있는 헛간의 건초더미에서 재웠다. 그들은 우물에서 물을 긷고, 불을 피우고, 양들을 감시하는 일을 했다. 물거름 속을 걸어 다니고 헛간에서 잠을 자다 보니 두 사람은 몇 달이 지나지 않아 온몸이 그들의 더러운 옷처럼 새까만 때로 뒤덮이게 되었다. 어느 일요일, 한 부인네가 나타나서 브뤼노를 데려가더니 진짜 집 같은 집에서 하루를 지내게 해주었다. 말하자면 일종의 후원 가정 같은 곳이었다. 하지만 이 어린 소년에게 목욕을 시키려고 했던 이 관대한 부인네는 혐오감으로 인해 자기도 모르게 얼굴을 찡그리지 않을 수가 없었다. 브뤼노는 난생 처음 자기가 더럽고 보기 흉하다는 느낌을 갖는 동시에 자기를 경멸하는 타인의 모델을 식별했다. 그는 이렇게 생각했다. "친절한 어른의 시선이 내가 더럽다는 사실을 가르쳐준 거야." 바로 그날부터 이 소년은 자신이 더럽다는 느낌을 갖게 만들지 않는 소외된 소년들과 함께 있을 때만 편안한 기분을 느끼게 되었다. 그는 자신을 더럽다는 듯 쳐다보는 친절한 어른들을 피하기 시작했다. 이런 식으로 적응하다 보니 브뤼노는 그의 회복을 가로막는 사회화 과정의 세계 속에 머무르게 되었다.

다른 식으로 사랑해야 할 의무

"고아원 출신 아이는 거칠고 더러운 농사꾼밖에는 될 수 없다"라는 고정관념이 바뀌지 않는 이상 굳건히 유지되는 환경에서 어린아이는 바뀌려야 바뀔 수가 없다. 사회와 사람들의 시선이 고정되어 있을 때는 또 다른 관계 유형을 획득하는 것이 힘들어진다.

원하든 원하지 않든 간에 청소년기는 정서적 변화에 유리한 순간을 만들어낸다. 호르몬 효과로 인해 신경계가 새로운 발달 단계에 접어들고, 생물학적 학습을 시작할 수 있는 새로운 가능성이 열리는 것이다.[11] 근친상간이 금지되어 있기 때문에 젊은 사람은 부모 곁을 떠나 새로운 관계를 형성할 수밖에 없다. 그렇게 해야만 근친상간에 대한 두려움을 더이상 느끼지 않게 되는 것이다.[12] 무릇 모든 변화가 다 그렇듯이 이 새로운 발달 단계에서는 성공이든 실패든 위험을 감수해야만 한다. 청춘기는 젊은이들이 성숙하는 시기이기도 하지만 엄청나게 많은 불안의 에피소드들이 일어나는 시기이기도 하다.

이 새로운 민감한 시기가 어떻게 제어되는지를 알고 싶다면 우리는 외부 세계에 대해서 생각하고 그것을 탐험하는 데서 가장 큰 즐거움을 느끼는 어린아이들이야말로 안정된 애착을 획득한 아이들이라는 사실을 상기해야만 한다. 청소년들은 그들이 태어나서 자란 가정을 조용히 떠나 결혼 관계라는 새로운 모험을 시도하기 위해 아주 어렸을 때 획득했던 기술을 되살려낸다.

100명의 청소년들을 관찰해보면 우리는 그들 중 66명이 어렸을 때 평온한 관계를 유지했다는 사실을 확인하게 된다. 그렇지만 그중에서 15명은 삶의 전환점을 도는 데 실패하여 심리적으로 억압받고 불안해할 것이다. 역설적으로 말하자면, 청소년들의 환경은 그들에게 지나친 안전을 보장해줌으로써 서서히 싹트기 시작하는 그들의 두려움을 은폐하고, 그들이 문제와 직접 맞서는 것을 가로막는다. 지나친 애정은 애정 결핍만큼이나 확실하게 청소년의 발달을 저해하는 것이다.

반대로, 우리가 어린 시절에 불안정한(회피성이거나 양면적이거나 혹은 혼란스러운) 애착을 경험했던 34명의 청소년들을 정기적으로 관찰해보면, 놀랍게도 그들 중 10명이 바로 그 순간에 안정을 찾았다는 사실을 확인하게 된다. 이 같은 변화를 겪은 젊은이들은 남자(여자) 친구나 가까운 친구 덕분에 부모들이 그들에게 줄 수 없었던 안정적인 감정의 토대를 쌓을 수 있었다.

출발이 좋지 않았던 이 젊은이들 중 절반은 우연한 만남에 의해 자신들이 변화했다고 설명하는 반면 나머지 절반은 새로운 사람을 만나기를 간절히 원했기 때문에 성공을 거두었다고 말한다. 이처럼 명백히 모순된 조사 결과가 나온 것은, 호르몬의 배출이 사춘기에 접어든 젊은이들의 내부 세계를 변화시킨 동시에 그들이 전에는 둔하게 반응했던 정보에 극도로 민감해지게 만들었기 때문이다. 사춘기 소년들의 경우, 남성 호르몬이 왕성하게 분비되면 갑자기 조급해지면서 간절히 행동하고 싶어하고 그 어떤 욕구불만에도 격렬하게 반응하게 된다. 반면에 사춘기 소녀들의 경우에는 여성 호르몬이 보다

느리게, 그러나 불안정하게 분비되기 때문에 때로는 감정이 격해져서 거친 말을 퍼붓다가도 때로는 정반대로 몹시 사근사근하게 굴기도 한다.[13]

그런데 이 민감한 시기 내내 그들은 새로운 시련에 더 잘 맞서기 위해 가진 능력을 평가해볼 것을 권유받는다. 젊은이들은 자기가 어떤 사람인지, 그리고 인생을 어떻게 시작할 것인지를 더 잘 이해하기 위해 과거를 돌아보고, 자신의 이야기를 하든지 아니면 그 이야기를 상상 속의 법정에서 설명한다. 이 작업을 하면 단편적인 정보들을 취합함으로써 세계를 일관성 있게 만들어주는 정연한 사고와 연역 논리에 접근할 수 있게 된다. 바로 이 순간부터 청소년은 가족과 무관한 사람들을 간절히 만나고 싶어 한다. 이웃이나 사회가 무엇을 제공해주느냐에 따라 그들은 범죄자 친구를 만날 수도 있고, 반대로 그들을 사회화시켜줄 친구를 만날 수도 있다. 그러나 이 같은 만남들은 수동적이지 않다. 왜냐하면 젊은이들은 원하는 사람들과 사건들을 발견하기 위해 열심히 세계를 탐험하기 때문이다.

마지막으로 사춘기가 될 때까지 관찰해본 100명의 어린아이들 중에서 출발도 좋지 않았고 계속해서 곤경에 처했던 5명은 결국 해결해야 할 수많은 문제들을 감당하지 못하고 지금 이 순간에는 완전히 자포자기한 상태다.

다시 말하자면, 우리가 관찰해온 100명의 어린아이들 중에서 안정된 애착을 형성한 아이들은 66명이었고, 그중에서 오직 50명만이 행복한 사춘기를 맞이했다. 어렵게 출발한 34명 중에서는 10명이 사춘기 들어 행복을 누렸다. 반대로 출발이 좋았던 어린아이들 중에서 16명은 출발이 좋지 않았던 24명과 똑같은 상황을 맞아 비관적인 청소년기를 보냈다.[14] 그렇지만 그들은 변화를 가져올 수 있는 탁월한 능력을 갖고 있었다. 그래서 어려움에 처해 있던 이 청소년들 중 30명은 고통스런 몇 년을 보내고 난 뒤, 다시 안정되어 더욱 편안하고 유쾌한 삶의 방식을 되찾았다. 말하자면 자연적으로 회복된 것이었다. 그러나 그들 중 10명은 정신적으로나 사회적으로나 심각한 어려움을 겪었다. 그리고 서양에서는 청소년기의 이미지를 이 소수와 연결시키는데, 그건 잘못된 일이다.

10번의 비극, 30차례의 중요한 시기, 60번의 행복한 청소년기 — 이 젊은 사람들은 위기와 위험한 시기를 강조하는 문화적 고정관념과 거의 일치하지 않는다.[15] 이 상투적인 문구는 부분적인 진실을 말해줄지는 모르지만 결국은 잘못된 일반화에 도달한다. 그러나 1,400만 명에 달하는 청소년 인구의 10%는 무려 140만 명이며, 이렇게나 많은 젊은이들이 여전히 어려움을 겪고 있다.

청소년기는 통상 모든 젊은이들이 미래로 진입하기 위해 과거에 배웠던 것을 이용하는 감정의 수정기修正期이기 때문에 이 시기에는 회복이 순조롭게 이루어질 수 있다. 그러므로 트라우마를 겪는 사람은 이 시기를 잘 이용하여 새롭고 건설적인 인생의 모험을 다시 시작해볼 수 있다.

젊은이들이 획득한 정서적 유형과 그들이 정신적 상처에 부여한 의미는 일종의 정신적 자본으로서, 그들은 이것을 이용하여 미래에 무슨 일을 할 것인가를 상상하고 거기에 맞게 행동한다. 안정적인 청소년들이 친구가 훨씬 더 많고, 조금 늦게(17.5세) 첫번째 성관계를 가지며, 파트너 숫자도 더 적다(2명 혹은 3명).[16] 자신의 감정을 표현하기를 두려워하고(회피성 애착), 두려움 때문에 사랑하는 사람을 공격하고(양면적 애착), 사랑하는 대상을 가두어둬야만 마음이 편하고(불안해하는 애착), 늘 정신적으로 고통스러워하는(혼란스러운 애착)

2장 만남이 재회가 될 때 65

청소년들은 관계를 맺는 데 어려움을 느끼기 때문에 친구가 거의 없다. 이들은 거기서 자신들에게 부족한 관계를 발견할 수 있을 거라는 희망을 갖고 제대로 억제되지 않는 성생활에 전념한다. 우리는 바로 이런 청소년들 가운데서 경솔하게 위험을 무릅쓰는 소년들과 어린 나이에 임신을 하고 성병을 앓는 소녀들을 발견한다. 이 청소년들에게는 파트너가 많다(12~18세 나이에 7명). 이들은 자신의 정체감을 되찾아 정신적 외상을 치료할 수 있도록 도와주는 사건들을 찾아 헤매고 마약의 연극을 연출해서 어떤 역할을 맡아보기도 하지만, 그래 봤자 어릴 때 입은 수많은 상처에 또 하나의 상처만 덧붙여질 뿐이다. 회피성 애착을 형성한 청소년들은 내면의 혼란을 억제의 가면 뒤에 감추고 있다. 그들은 일반적으로 상당히 늦게 첫번째 성관계를 갖지만, 그런 다음에는 돌연히, 그리고 격정적으로 성에 눈을 뜬다. 그러나 또 한편으로 보면 감정의 변화가 이루어져 회복 과정이 진행되는 경우가 가장 많이 발견되는 것이 바로 이처럼 어려운 상황에 처한 청소년들이기도 하다.[17]

행운을 가져오는 어린아이와 초인

오늘날 지구상에는 20억 명의 버려진 아이들이 길거리를 배회하고 있다. 그들은 가족도 없고 정규교육도 못 받는다. 게다가 정서적 무관심으로 인해 고통받는 아이들도 있고, 집에서 제대로 보살핌을 받지 못하자 도망쳐 나와 길거리에서 부랑자 생활을 하는 아이들도 있다. 점잖은 부모들이 사는 멋진 집은 편안하기는 하지만 인정이 느껴지지 않는 반면 거리에서는 활기찬 사건들도 많이 일어나고 더 진한 애정도 느낄 수 있기 때문이다.[18] 그들 대부분은 사회에서 고립된 채 발달 장애를 앓고 있었지만, 만일 이 거대한 집단의 30% 이상에 달하는 어린아이들의 결핍된 정서 구조가 개인이나 집단의 정서 구조와 결합될 수만 있다면 그들은 다시 회복되어 계속 발달해나갈 수 있을 것이다.

육체적인 학대는 상상하기는 힘들지만 쉽게 관찰할 수 있다. 반면에 애정 결핍은 관찰하기가 훨씬 더 어렵다. 정신적 상처를 입은 어린아이가 자신에게 무슨 일이 일어났는지를 거의 의식하지 못할 때는 더더구나 사건의 실체를 파악하기가 쉽지 않다.[19] 육체적 고통도, 모욕도 가해지지 않았다. 엄청난 피해를 끼친 것도 아니다. 감정 손실이 의식적으로 이루어지지 않고 완만하고 음험하게 이루어지기 때문에 상처가 한층 더 깊다. 구타라든가 성폭행, 전쟁, 혹은 파열된 애착을 다룰 때 우리는 이 같은 폭력에 형태를 부여할 수 있다. 반면에 우리가 지금 이야기하고 있는 경우에는 세상 사람들이 냉정해져가고, 소실이 완만하게 이루어지며, 애착 대상 인물들이 은밀히 지속적으로 사라져간다.

그런 식으로 정신적 상처를 입은 아이가 그 상처를 그냥 내버려둔 채 사랑을 시작할 나이가 되면 점점 더 불안해한다. 왜냐하면 제대로 봉합되지 않은 상처 가장자리에서 욕망이 치솟아오르기 때문이다. 그는 첫사랑에 실패할 수도 있다. 반면에, 어렸을 때 건설적인 방어기제를 구축했던 젊은이는 사랑하는 사람을 만남으로써 회복을 위한 변모를 시작할 수도 있을 것이다.

모든 고아원에서 발견할 수 있는 '마스코트 어린이'가 그 좋은 예다. 그들은 깊은 비탄에 빠져 있을 때도 우리를 웃겨준다. 견디기 힘들 만큼 슬플 때도 시를 써서 몰래 건네준다. 버려졌을 때도 주변의 어린 친구들을 끌어 모으고, 그들에게 힘을 북돋아주려 애쓴다.

이 건설적인 방어 수단이 폐허가 된 세계에 감정의 가교架橋를 유지시킨다. 비탄에 빠진 이 아이들은 자기들 내부의 방어 수단 덕분에 아름다움의 섬을 보존할 수 있다. 절망에 빠진 이 아이들은 몇 시간 동안 공상에 잠겨 그들이 찾던 행복을 느낀다. 그들은 꼭 자신들을 즐겁게 만들어주는 어떤 작은 행복과 데이트라도 하는 것처럼 보인다. "어서 서둘러. 내가 지난밤에 꾼 꿈속에서 도달했던 지점으로 되돌아가자고." 그들은 현실 세계의 슬픔과 일상생활의 남루함을 견딜 수 있게 해주는 터무니없는 계획을 짬으로써 미래의 삶을 설계한다. 그들의 이해 욕구는 외부 세계로부터 단절되지 않으려고 애쓰면서 거기에 형태를 부여한다. 그들은 '나중에 나이가 들면' 그 외부 세계를 지배하기 위해 그것을 보고 분석하려고 한다. 이 같은 호기심과 정신 능력을 가지고 있기 때문에 그들은 이 세계와 계속 관계를 유지할 수 있고, 언제 어느 때 그들을 덮칠지 모르는 우울증에 걸려 파멸하는 것을 피할 수도 있다. 그들은 그림을 그려 전시하기도 하고, 이야기를 지어 발표하기도 하며, 촌극을 꾸며 공연하는 등 창의력을 발휘하여 고통을 떨쳐버린다. 그리고 이렇게 해서 사람들의 관심을 한 몸에 받는다. 다른 고아원 아이들은 그들 주변에 모여 분위기를 돋운다.

모든 사람들에게 사랑받으며 마스코트 노릇을 하는 아이들은 어린 초인이 아니다. 전혀 아니다. 큰 불행을 당해서 고아원에 들어오기 전에 그들 주변 환경은 어린 그들의 마음속에 어떤 흔적을 남겨놓았고, 이 흔적은 그들의 기억 속에 회복을 가능하게 할 잉걸불 하나를 떨어뜨려 놓았다.[20] 그들은 꼭 이렇게 생각하는 듯하다. "난 사랑받을 수 있어. 언젠가 사랑받았었으니까." 상처와 잉걸불은 그들의 기억 속에 함께 존재하고, 그들은 이렇게 자신을 재현하며 사랑의 모험을 시작한다.

알린은 내게 이렇게 이야기했다. "난 부모님이 안 계신 게 부끄러웠어요. 그래서 한 소년이 내게 접근했을 때 거짓말을 했죠. 훌륭한 부모님이 계신다고 꾸며내어 그 이야기를 자주 하곤 했답니다. 타산적인 거짓말을 한 거죠. 전화 요금이 너무 많이 나와서 걱정이라고 그에게 말한 적도 있었죠. 내게 친구가 많다고 그가 믿도록 하기 위해서였죠. 난 훌륭한 부모를 꿈꾸었답니다. 공무원인 아버지와 가정주부인 어머니를 말예요. 하지만 그 소년이 '널 사랑해'라고 말하자 나는 그를 매몰차게 떨쳐버렸지요. '넌 지금 날 놀리고 있는 거야.' 그러자 그는 화를 냈습니다."

왜 사랑하는 사람과 헤어지는가?

브뤼노 역시 자기 이미지에 반응을 보였다. 그러나 그는 남성의 언어로 말했다. "나는 성적 욕망을 느끼기 이전부터 여성들에게 매혹을 느끼고 있었습니다. 그 이유는 잘 모르지만 열 살 때 일어났던 어떤 사건을 줄곧 생각했어요. 그때 나는 열네 살 먹은 형의 어떤 물건을 훔쳤어요. 그는 고아원 운동장으로 날 쫓아와서 내 얼굴에 강펀치를 날렸지요. 나는 휘청거렸습니다. 한 소녀가 달려오더니 내 목에 팔을 두르며 몇 마디 위로의 말을 해주더군요. 그 뒤로 나는 그 장면을 자주 떠올리곤 했습니다."

우리를 둘러싸고 있는 수많은 사실과 사건, 행위, 말들 중 거의 대부분은 잊힐 것이며, 우리가 깨닫지 못하는 사이에 우리를 형성하는 주변 환경 속으로 융합될 것이다. 그리고 바로 그때, 그 극적인 전개가 결말로 이어지는 어떤 시나리오가 우리 의식 속에 돌연 나타나서 추억의 형태로 머무른다. 브뤼노는 소녀들이 애정을 전달한다는 사실을 의미하는 그 장면을 즐겨 회상했다. 소녀들은 잃어버린 것을 메워주고, 사라져버린 사랑의 흔적을 다시 찾아내어 되살리는 힘을 가지고 있다. 그 때문에 브뤼노는 여자들에게 아주 상냥하게 대했지만, 어느 날 욕망이 불현듯 치솟아오르면서 다른 행동을 하기 시작했다. 여자들과 함께 있으면 그들에 대한 욕망을 도저히 주체할 수가 없었던 것이다. "난 어떤 여자에게 다가갈 때마다 내가 엄청난 위험을 감수하고 있다는 느낌이 들곤 했지요. 너무나 절실하게 애정을 필요로 했기 때문이었습니다. 그로 인해 불안해할 지경까지 되었습니다. 내게 여자들은 너무나 많은 걸 의미했기 때문에 '오늘 날씨가 좋네.' 같은 말을 한다는 게 바보처럼 느껴졌다니까요. 여자에게는 오직 특별한 말만 해야 하는 법인데, 나는 그런 말을 할 수가 없었습니다. 여자에게 다가가기만 하면 곧 자존심이 무너지면서 내가 우스꽝스럽게 느껴지는 것이었어요. 내가 아무 쓸모없는 인간이라는 생각이 드는 거였죠……. 그래서 여자를 더 깊이 사랑할수록 내 기분은 점점 더 엉망이 되어갔습니다. 여자와 헤어졌습니다. 고통에서 벗어나기 위해 그런 것이었죠. 그리고 절망에 빠졌습니다."

이 젊은이들이 사랑을 하는 데 어려움을 느끼는 것은 불안정한 정서적 유형을 학습했기 때문이다. 이 같은 자기 재현은 우연에 별로 의지하지 않는 몰입으로 이어진다. "내가 행복하다고 느끼는 건 오직 묘지에 있거나 장례식에 참석할 때뿐이었죠. 다른 사람들의 고통에 감동을 받는 것이었습니다. 고통받는 사람들과 함께 있으면 내가 비정상적이라는 생각이 안 들었으니까요." 내게 이렇게 말한 여성은 장차 남편이 될 남자를 보는 순간 첫눈에 사랑에 빠졌다고 털어놓았다. "난 단번에 그가 좋아졌어요. 왜냐하면 그가 가장 슬퍼 보였거든요." 그러고 나서 그녀는 낭만과 고상함 운운하며 자신의 선택을 정당화하더니 이렇게 덧붙였다. "난 잘생긴 남자를 두려워해본 적이 결코 없었어요. 그리고 명랑한 남자를 보면 괜히 한번 괴롭히고 싶어진답니다." 정신적 상처를 입은 청소년들은 몹시 고통스런 개인사를 갖고 있기 때문에 감정의 영역에 과도하게 열중하는 경향이 있다. 그들은 감정의 영역에 상당히 많은 의미가 내포되어 있다고 생각하여 다른 성별을 가진 상대를 두려워하기 시작한다. "누군가를 사랑하기 시작하자마자 금방 몸이 아파와요." 정신적 상처를 가진 소년은 이렇게 말한다. 그리고 이렇게 덧붙인다. "나는 여자들이 두려운 나머지 절망에 빠져 외톨이가 되고 맙니다." 이 소년들은 좋아하는 소녀들에게 감히 다가가지 못한다. 독신 상태는 성별에 따라 그 의미가 달라진다. 사춘기에 접어들면서 과거의 상처가 더 악화된 소년들에게 독신 상태는 관계의 실패이자 절망이자 고독이다. 또한 사춘기 소녀들이 남자와 침대에 함께 누워 그냥 말만 하고 싶어 하는 것은, 성에 대한 오해에서 비롯된 정서적 불안정성과 공격성 때문이다.

소년들은 독신 상태를 고통스러운 어떤 것으로 체험하는 반면 소녀들은 감정의 공격적인 불안정성을 추구하려 하는 것은 일련의 적응 과정에서 비롯된 결과이다. 정신적 상처를 입은 소년들은 좋아하는 여성들을 피해 도망치는 반면 정신적 상처를 입은 소녀들은 그들을 이용하는 남성들에게 공격적으로 반응한다.

도망치는 것은 퇴행적인 적응이며 무엇인가의 반복이지, 발전이 결코 아니기 때문에 회복에 도움이 되지 않는다. 그렇지만 이 같은 정서적 취약성은 여전히 상황에 따라 변한다. 정신적 상처를 가진 소년들은 과거에 오랫동안 여러 기관을 전전했고, 그 결과 다양한 정서적 유형을 형성했다. 어떤 어른을 만나느냐에 따라 귀여움을 받기도 하고, 내쳐지기도 하고, 칭찬받기도 하고, 무시당하기도 하고, 학대받기도 하고, 상을 받기도 했다. 어떤 아이들은 항상 똑같은 정서적 유형(다정하든지 아니면 적대적이든지)을 되풀이하지만, 대부분은 어떤 관계냐에 따라 표현을 달리한다. 그들이 주변 사람들에게 다른 방식으로 반응할 수 있는 능력을 가지고 있다는 것은, 만일 새로운 환경에서 정서적 안정을 되찾아 변화할 수 있는 시간만 주어진다면 사랑하는 법을 배울 수 있다는 것을 뜻한다.

사회가 정신적 상처를 입은 젊은이들에게 공부할 수 있는 장소나 다른 사람들을 만날 수 있는 클럽, 함께 나눌 수 있는 꿈 등 몇 가지 안정된 문화적 구조를 제공해주면 이들 중 많은 수는 차츰차츰 안정을 되찾으면서 다른 성을 가진 파트너에게 길들여져 간다. 독신 생활에 대한 성향은 정치적이거나 예술적인 계획을 중심으로 결합된 집단 내에서는 그다지 중요하지 않다. 정신적 상처를 입은 젊은이들은 사적인 일보다는 애타적인 일에 더 쉽게 참여한다. 그러나 이성과의 만남을 너무나 고통스럽게 만들었던 감정의 허약함이, 이 경우에는 안정성의 한 요인이 되기도 한다는 사실을 확인할 수 있다. 이 젊은이들은 이렇게 말하는 듯하다. "나는 파트너를 찾는 것이 너무나 어렵다는 것을 알았기 때문에 이런 식으로 사랑하는 법을 계속 밀고나가는 것에 대해 기꺼이 비싼 대가를 치를 용의가 있다. 왜냐하면 내가 천천히 발전하는 것이 느껴지기 때문이다." 이런 커플들은 일단 힘겨운 정착 과정을 거치기만 하면 그 뒤부터는 정상적인 사람들보다 더 잘해낼 수도 있다.[21] 정신적 상처를 입은 청소년은 파트너와 함께 있으면 자신이 발전하기 때문에 파트너가 자신에게 영향을 미치도록 내버려둔다. 반면에 정신적 상처를 입지 않은 안정되고 확립된 인격을 가진 청소년은 같은 사랑의 계약이 자신의 원래 모습을 훼손하거나 너무 큰 대가를 치르게 만든다고 느낄 것이다.

정서적으로 혼란스런 상태에 있는 사람들은 예측불가능하다. 왜냐하면 그들이 자기 내부에서 이루어진다고 느끼는 감정의 수정修正은 어떤 섹스 파트너를 만나느냐에 따라 그들을 반대 방향으로 데려갈 수도 있기 때문이다. 어떤 파트너들은 자신에게 정신적 외상을 입힌 사건으로 인해 중단되었던 발달 과정을 계속 이어가게 해줄 것이고, 또 어떤 파트너들은 그들의 상처를 더욱 악화시킬 것이다. 이 "사랑의 식인종들"은 어렸을 때 정신적 상처를 입는 과정에서 어떤 정서적 유형을 획득했지만, 사랑의 감정이 수정되는 민감한 사춘기에 접어들면, 획득한 정서적 유형으로 인해 자신이 서서히 발전할 수도 있고 반대로 파멸할 수도 있다. 높은 덕을 갖춘 모럴리스트가 될 수도 있고, 아니면 충동적인 범죄자가 될 수도 있는 것이다.[22]

의미의 시초는 성性에 따라 달라진다

남성과 여성 간의 불균형은 그 어느 때보다도 사춘기 때 확실해진다. 왜냐하면 "임신은 소녀가 자기 어머니와 대등한 사람이 되고, 자기 남편의 아내가 되고, 자기 아이의 어머니가 되는 발달상의 정상적인 '위기'로 간주될 수 있기 때문이다."[23] 이 순간, 소녀는 자신의 여체와 여성으로서의 상황이 시련을 겪는다고 느낀다. "내 육체가 과연 아기를 밸 수 있을까? 내가 우리 어머니 같은 어머니가 될 수 있을까? 내 남편을 믿을 수 있을까?" 한 세대나 두 세대 전부터는 다음과 같은 의문이 더 생긴다. "사회 조직은 이 결정적인 순간을 이용하여 나를 어머니의 역할로 축소시킬 것인가, 아니면 나를 개인적으로 성숙해지도록 허용할 것인가?" 임신으로 인해 어린 시절에 획득한 애착 유형, 사춘기 때 수정되는 사랑의 감정, 그리고 계속해서 자기 자신을 조금이나마 사랑하든지, 아니면 그걸 포기하고 가정을 위해 헌신하든지 할 수 있는 여성의 권리 등 모든 사랑의 형태를 의심하게 된다.

남성들에게도 같은 논리가 적용될 수 있지만, 남성들의 경우에는 육체적 속박이 갖는 무게가 여성과 다르다. 여성은 임신한 아기를 상상할 때 자기 몸속에 두 사람이 있다고 느끼지만, 남성은 어떻게 가족을 부양할 것인가, 혹은 도망쳐버릴 것인가를 상상할 때 자신이 그 어느 때보다도 더 개별화되어 있는 것을 느낀다. 부부간의 학대는 많은 경우 여성이 임신했을 때 시작된다. 남성이 두려워하기 때문이다. 아내가 감정의 감옥을 지을 준비를 하고 있다고 믿는 것이다. "아내는 아이를 가진 걸 이용해서 날 노예로 만들려는 거야. 그녀는 날 위해 헌신하는 척하고 있어. 그렇게 하면 모든 걸 다 지배할 수 있을 테니까 말야." 지배를 당할지도 모른다는 두려움이 격렬한 반항으로 이어지지만, 남편은 자신의 행동을 뉘우치며 용서를 받으려고 애씀으로써 그가 빼앗아오겠다고 조금 전에 그 난리를 쳤던 힘을 아내에게 다시 넘겨주게 된다.[24] 그렇게 되면 회복을 가로막는 반복 과정이 시작된다.

이 민감한 시기는 사람들을 반대방향으로 데려갈 수도 있다. 마약 복용자나 범죄자, 인생 낙오자와의 이롭지 않은 만남으로 인해 도대체 어떻게 해야 될지 모르는 채 정체성을 잃고 파멸의 길로 들어서는 많은 젊은이들은 아버지가 되어 세계가 새로운 의미를 띠는 순간부터 다시 회복을 향한 항해를 시작할 수 있다. "난 무슨 일을 하든지 지겹기만 했고, 오직 얼간이들만 함정 속으로 떨어진다고 생각했지요. 지금 난 행복합니다. 우리 아기를 위해 일을 한다는 것이 나의 노력에 의미를 부여한 거죠. 아기에겐 내가 필요합니다. 지금 난 누구를 위해 내가 아침 일찍 일어나야 하는지를 알고 있답니다." 이 남자에게 아기는 앞에서 나온 바위 깨는 사람의 대성당 역할을 한 셈이다.

그러므로 정신적 상처를 입은 청소년을 그냥 방치할 경우, 그들은 회복을 가로막는 반복을 향해 떠내려갈 가능성이 무척 높다. 그러나 성적 욕망이나 임신을 통해 감정의 수정이 이루어지는 이 민감한 시기를 이용해 그들을 회복의 길로 인도할 수도 있다. 정신적 상처를 가진 어린아이들 중 28%는 사춘기를 보내면서 '자동적으로' 호전될 수 있을 것이다.[25] 자연적인 것으로 보이는 이 같은 변화는 실제로는 감정적·성적·문화적으로 의미를 가진 인물과의 건설적인 만남을 통해 이루어진다. 몇몇 사회집단과 기관은 회복을 가능하게 하는 이 요소에 주목한 결과, 28%라는 수치를 무려 60%까지 끌어올리는 성과를 거두었다.[26]

청소년기의 위험한 전환이 성공적으로 끝난다 하더라도 과연 회복이 지속적으로 이루어질 것인가는 불확실하다. 인간이 처한 상황으로 볼 때 그 어떤 효과도 영원히 지속되지는 않기 때문이다. 감기를 치료하고 바이러스에 면역될 수는 있지만, 그렇다고 해서 그 다음 해에 감기에 안 걸리는 건 아니다. 큰 재산을 모았다가 빈털터리가 되는 경우도 있다. 그리고 정신분석을 받아서 상태가 나아졌는데 다시 몇 년 뒤에 또 다른 문제가 생기는 바람에 환자용 침상에 드러누워야 할 때도 있다. 인간의 상황을 결정짓는 요소들의 대부분은 사실 우리의 인생 역정을 즐겁게 하거나 고통스럽게 만드는 관계 유형이나 삶의 도정으로 향하게 하는 성향들에 불과하다. 우리 존재의 각 단계에서 삶의 새로운 원천이 출현한다. 어린 시절에는 누군가에게 애착을 갖지만, 사춘기가 되면 성적 욕망이 솟아나는 것이다. 가족의 구성은 사회적 모험과 동시에 이루어진다. 그리고 나이가 들면 우리가 획득한 지혜는 결국 왜 그렇게 우리가 열렬하게 사랑을 했고, 열심히 일했으며, 극도로 고통을 받았는지 그 이유를 깨닫게 해준다. 단계가 바뀔 때마다 어려움을 이겨내야만 했었다. 미리 결정되어 있는 건 없다. 우리가 편견에 사로잡혀 정신과 현실 세계, 그리고 사회 간에 끊임없이 이루어지는 교류를 보지 못한다면 몰라도…….

이 같은 갈등은 새로운 것이 아니다. 수천 년 동안 사람들은 사회의 계급제도가 자연적 질서에 의해 정당화된다고 생각해왔다. 부유하고 건강한 사람들이 높은 사회적 지위를 차지하고 있는 것은 그들이 우월한 혈통을 타고났기 때문이라고 주장했던 것이다.

감옥에서 주는 음식을 먹을 자격이 없는 아이들

프랑수아즈 돌토는 2차 세계대전 이전에 처음으로, 어린아이들은 말을 할 수 있게 되기 훨씬 전부터 많은 것을 이해한다고 주장했다. 제니 오브리는 어머니가 결핵에 걸리거나 범죄를 저지르거나 이혼을 하거나 아주 가난해서 1946년부터 생뱅상드폴 병원의 아동구호센터에 맡겨진 어린아이들을 돌보게 되었다. 체질 이론이 성행하던 이 시기에는 사람을 튼튼한 육체를 가진 개인과 허약한 육체를 가진 개인으로 구분했다. 간호사들은 그들과 일체의 감정 관계를 맺지 말고 오직 깨끗이 씻기고 잘 먹이기만 하라는 요구를 받았다. 이런 문화 환경에서는 애착을 갖기가 힘들다. 이 아이들은 육체적으로는 건강했지만 많은 사람들이 가지고 있는 편견으로 인해 감정의 건강은 손상되어 있었다. "그들은 투덜거리거나 소리를 질러댈 뿐 결코 서로를 쳐다보지 않았다. 어떤 아이들은 오랫동안 꼼짝도 하지 않았고, 또 어떤 아이들은 몸을 좌우로 흔들어댔으며, 쇠로 된 침대 살을 핥는 아이들도 있었다."[27] 20년이 지난 지금, 우리는 많은 행동생태학적 실험을 통해 감정이야말로 어린아이를 둘러싸고 있는 동작과 고함, 말에 의해 이루어지는 주변적 생물학이라는 사실을 알게 되었다. 이 감정이라는 자양물을 섭취하지 못하는 어린아이들은 죽고 만다.[28] 바로 그때 "가족과 헤어져 어머니의 보살핌을 못 받고 사는 어린아이에게 눈에 잘 안 띄거나 심각한 징후들"[29]이 나타난다. 입원성入院性 장애에 관한 르네 스피츠의 연구, 어머니와 떨어져 사는 어린아이들에 관한 존 바울비의 연구, 애정 결핍에 관한 도널드 위니콧의 연구, 고아들과 가족이 없는 어린아이들에 관한 안나 프로이트와 도로시 버릴헴의 연구 등을 모든 의과대학과 심리학과에서 교육하기 시작했다. "미리 결정되어 있는 것은 아무것도 없다." 안나 프로이트를 만났고, 정신분석학자이자 행동생태학자로서 회복에 관한 연구의 선구자 노릇을 했으며, 존 바울비와 함께 연구했던 존 오브리는 이렇게 말했다.[30]

애정이 결핍된 이 어린아이들이 보살핌을 받지 못하고 그냥 방치되면 나중에 범죄자가 되거나 일종의 자폐증에 걸릴 것이라고 많은 행정가들과 정치인들을 설득해야만 했다. 그러다가 별안간 우리 문화가 이 주장을 너무 쉽게 받아들였고, 애정 결핍이 모든 장애를 설명할 수 있게 되었다. 50년이 지난 뒤에도 여전히 운명을 믿는 일부 사상가들은 처음 출발을 잘못했거나 트라우마로 인해 고통받는 어린아이들은 원래 그런 운명을 타고 났기 때문이라고 주장하고 있다. 이런 식으로 말하는 사람들은 "이 아이들은 감옥에서 주는 물도 마실 자격이 없고 빵도 먹을 자격이 없다"[31]고 말하는 성직인들의 대열에 합류한다.

장기간의 인과관계를 도출해내는 것은 어렵지만, 아무런 조치도

취해지지 않을 경우 버려진 아이들이 치료를 받은 아이들보다 더 많은 범죄를 저지르리라는 것은 분명하다. 그러나 범죄가 이 버려진 아이들의 애정 결핍 때문일까, 아니면 실패로 끝난 그들의 사회화 때문일까? 미카엘 뤼테르는 부모들이 정신병을 앓고 있어서 그들을 돌볼 만한 힘을 갖고 있지 않기 때문에 애정 결핍에 걸린 아이들의 변화를 관찰했다. 애정 결핍에 걸리기는 했지만 그들의 가정이 사회 보조를 받은 덕분에 탈사회화되지는 않은 이 어린아이들은 범죄자가 되지 않았다.[32] 그러나 부모들의 고통은 그들의 애착 유형에 큰 영향을 미쳤다. 그들 중 일부는 성장과 관련된 어려움을 극복했지만, 대신 그들의 생존 전략은 엄청난 대가가 필요했다.

카를로타는 내게 이렇게 말했다. "어머니의 폭력보다는 사랑을 잃었다는 사실이 저를 더 고통스럽게 만들었어요. 어머니가 제게 전혀 관심이 없었기 때문에 전 이 세상에서 외톨이나 다름없는 신세가 되었죠. 심지어는 옷 입는 법도, 머리 빗는 법도 배울 수가 없었답니다. 어머니가 제게 아무 말도 하지 않았으니까요." 어두운 밤을 연상시키는 카를로타의 절망적인 감정 속에 별 하나가 여전히 반짝거리고 있었다. "전 아버지를 더욱 사랑하고 싶었어요. 그는 사랑받을 준비가 되어 있었죠. 하지만 그는 거기 있지 않았어요. 어느 날 배가 아프다고 말하자 그는 나의 응석을 받아주었죠. 아버지는 맹장염에 걸린 건 아닐까 불안해했어요. 나는 그가 불안해하는 걸 보고 기뻤어요. 수술을 받았습니다. 나는 그게 진짜 수술이 아니라는 걸 알고 있었어요. 그때 저는 여덟 살이었죠. 심지어는 지금도 저는 그런 식으로 다른 사람이 나를 사랑하게 만들면서 불안해한답니다."

별이 없는 별자리

앞에서 자식을 학대하는 어머니가 그랬던 것처럼 애정의 별자리에서 가장 큰 별이 사라져버리면 아이는 아직 빛나는 아무 별에 집착하여 특별한 정서적 유형을 학습한다.

최소한 프랑스 문화에서는 학대가 행동과 관련하여 가장 쉽게 확인할 수 있는 판단 기준을 제공해준다. 그러나 잠행성 상처에서 기인하는 애착 장애 역시 심각하다. 아가트는 말한다. "저는 현기증이 날 때까지 몸을 흔들어대곤 했죠. 유모에게 애착을 갖고 싶어도 그럴 수가 없었어요. 어머니가 유모를 질투했거든요. 집에서는 상냥한 어머니가 유모 집에만 가면 쌀쌀맞게 굴었고, 유모를 사랑하는 것은 큰 잘못이라고 내게 귀가 닳도록 얘기했지요. 나는 남동생과 함께 유모 집에 맡겨지는 날에는 몸을 앞뒤로 흔들지 않았습니다. 동생은 내게 이렇게 말하곤 했어요. '우리, 결혼하기 전까지는 함께 지내자.'" 그녀가 불가능한 선택을 해야만 했기 때문에, 그리고 어머니를 배신하지 않기 위해 유모에게 애정을 품는 것을 스스로 금했기 때문에 아가트의 세계는 갈기갈기 찢어졌다. 이 주관적 애정 결핍(어머니와 유모가 다 이 아이를 사랑했기 때문에 이렇게 불린다)은, 딸이 다른 여성을 사랑하는 것을 견디지 못하는 어머니의 정신 구조에 뿌리를 두고 있다. 다행스럽게도 두 개의 별이 빛을 잃어버린 이 세계에서 아가트의 남동생은 그녀의 회복을 도와줄 후견자 역할을 해내고 있으며, 그것만으로도 그녀의 내면세계는 가득 메워질 것이다. 일반 가정의 자살률보나 쌍둥이 가정의 사살률이 너 낮고, 커플이 독신들보다 삶의 시련을 더 잘 극복하는 것은 이처럼 감정이 근접해 있기 때문이다.

중요한 것은 애정의 존재다. 아무것도 말해지지 않을 때조차도 그것의 효과가 느껴진다. 그렇기 때문에 애정이 결핍된 많은 아이들이 애완동물을 지나칠 정도로 귀여워하는 것이다. "날 위로해주는 건 내가 키우는 개예요. 슬플 때면 그 개를 생각하지요. 몇 시간이고 그 개에게 말을 걸기도 한답니다." 사실 조엘은 5년 전에 결혼했지만, 키우던 개의 존재가 그녀의 기억 속에 깊이 새겨져 있었다. 이 젊은 여성은 이렇게 말하곤 했다. "슬픈 일이 있을 때마다 난 개 옆에서 마음을 달래곤 했어요. 남편을 사랑하는 것보다 개를 사랑하는 게 더 쉬웠거든요." 사실 그녀는 애정을 너무나도 중요시했기 때문에 남편과 아무리 가벼운 부부싸움을 해도 그가 자기 곁을 떠날까봐 불안에 빠지곤 했고, 그래서 그녀가 정에 아쉬워할 때마다 그녀의 개는 항상 그녀에게 반응을 보였다.

"'얘야!' 노인이 책상 위로 몸을 구부리며 소리쳤다. 올리버는 그 소리를 듣고 소스라치게 놀랐다. 그는 그렇게 한 걸 용서받을지도 몰랐다. 노인이 상냥하게 말을 했던 것이다. 그런데 그런 식의 말투는 그를 두렵게 했다. 그는 격렬하게 몸을 떨기 시작하더니 울음을 터트렸다."[33] 찰스 디킨스는 평상시와는 다른 친절이 두려움을 불러일으킬 수도 있다고 설명한다. 애정 결핍이 심각한 장애를 일으키므로 많이 사랑해주기만 하면 고통을 없앨 수 있다고 자동으로 결론을 내려버리는 단조로운 논법과는 상당히 거리가 먼 것이다. 『올리버 트위스트』는 완전히 다른 어떤 것을 우리에게 제안한다. 내 인생 경험으로 볼 때, 애정 관계를 맺지 못하고 하루 열 시간씩 19세기 영국의 구두약 공장에서 노동을 한 이 가엾은 소년은, 그동안 너무나 절실하게 필요로 하고 있었지만 한 번도 받아보지 못했던 애정 표현을 받는 순간 틀림없이 극도의 절망을 느꼈을 것이다. 카를로타는 이 같은 생각을 부연해준다. "누군가가 나를 사랑하는 순간, 나는 지나칠 정도로 그것에 중요성을 부여하고 그 사람을 반드시 만족시키려 하기 때문에 혹시라도 그를 실망시키게 될까봐 불안해한답니다. 그래서 나는 나를 사랑하는 사람들을 거부하지요. 누군가가 나를 거부하면 내가 느끼던 불안은 사라집니다. 그리고 그렇게 하면 내가 훨씬 더 쉽게 죽을 수 있을 거라고 생각한답니다." 그녀는 일상적으로 쓰는 언어를 사용하여 사랑은 자신을 불안에 빠트리므로 사랑을 하지 않으면 불안감 없이 죽음을 향해 서서히 떠내려갈 것이라고 말했다.

한 남자가 사랑을 고백하던 날, 그녀는 그를 공격적으로 대했다. 그러고 난 뒤 그녀는 자기가 그를 불행하게 만들었다며 절망했다. 그녀는 자신을 학대하는 어머니에게는 그렇게 다정하게 대했으면서 왜 자기를 깊이 사랑하는 남자를 그렇게 불행하게 만들었는지 이유를 알 수 없었다. 그녀는 어머니는 사랑하지 않았지만 그 남자는 열렬히 사랑했다. 그러나 자신의 감정을 제어하는 법을 배우지 못했기 때문에 흔히 인간관계에서 서로 주고받는 사랑을 그에게 줄 수가 없었다. 그녀가 어머니에게 친절하게 대한 것은 적을 진정시키기 위한 하나의 전략에 불과했다. 반면, 사랑하는 남자에게 그런 식으로 난폭하게 행동한 것은 그 사랑이 불안감을 불러일으켰기 때문이었다.

놀라움을 불러일으키는 많은 행동들은 사실은 어렸을 때 애착 유형을 자신도 모르는 사이에 획득한 것에서 비롯된 결과다. 장-마리는 이렇게 썼다. "그녀의 몸을 바라보았는데, 정말 매혹적이더군요. 그녀는 내 귀에 대고 속삭였습니다. '아! 오르가즘을 느끼게 해줘……' 오르가즘을 느끼게 해달라는 그 말이 나를 두려움에 빠트렸습니다. 오르가즘이 과연 얼마만큼의 쾌감을 제공해주는 것인지를 알지 못했으니까요. 나는 그녀가 내게 얼마나 실망할 것인지 생각조차 하지 않은 채 그 자리에서 도망쳐버렸죠. 언젠가 그녀를 다시 만나게 되면 용서를 구할 겁니다."³⁴⁾ "살아가는 법을 배우는 시간"이라는 표현은 회복이 가져다줄 수 있는 희망을 간단하게 요약해준다. 우리는 언제 어느 때라도 살아가는 법을 배울 수 있다. 그리고 설사 언젠가 정신적으로 한 번 죽은 적이 있었다 하더라도 살아가는 법을 다시 배울 수가 있다. "늦었다고 생각했을 때가 가장 빠른 것"이다.³⁵⁾

응석받이 아이, 썩은 과일

응석받이 아이는 다른 식으로 사랑하는 법을 배울 수 있다. 이는 청소년기의 비논리적인 행동에서 기인한다. 이처럼 기형적인 감정은 애정 결핍뿐만 아니라 애정 과잉에서도 비롯된다. 그런데 우리는 부모와 자식 간의 관계를 외부에서 관찰할 때에만 애정 과잉에 관해서 말할 수가 있다. 마치 영화에서처럼 부모는 자식에게 헌신하면서 오직 그만을 생각하고, 그에게 선물을 안겨주고, 성인인 자신의 삶 전체를 그의 게임과 오락에 짜 맞춘다. 그러나 어린아이가 무엇을 느끼고 있을지를 상상해본다면, 우리는 그들의 내부 세계에서는 이런 식으로 사랑받는 것이 곧 다른 누군가를 사랑하는 법을 배우지 못하도록 가로막는 것임을 이해하게 된다. 애정의 포로가 되는 것이다. '지나친 애정'은 과잉이 아니라 오히려 그 반대다. 즉 그것은 일종의 애정 결핍을 야기하는 감옥인 것이다. 이 같은 무감각은 버려진 아이들이 걸리는 애정 결핍과 크게 다르지 않다. 애정 과잉은 빈곤하게 만든다. 지나친 자극이 단조로운 감각으로 연결되어 영혼을 잠재우고 우리가 무엇인가를 욕망하는 것을 가로막기 때문이다. 애정 결핍은 절망감을 안겨주고 계속해서 살아가야 할 의미를 소멸시켜 버리지만, 애정의 감옥은 우리를 둔하게 만들고 우리에게서 탐험의 즐거움을 빼앗아가 버린다. "어머니가 나를 상냥하게 대할 때마다 나는 그녀에게 매몰차게 굴었다. 그녀의 사랑하는 방식이 나를 숨 막히게 했기 때문이었다." 이 같은 방식의 애정은 우리를 질식하게 만들고, 일상생활의 교훈을 배우는 것을 가로막는다. "내게 지나친 관심이 쏟아질 때 나는 내가 억압당한다고 느꼈다. 어머니는 내가 열네 살 때까지 고기를 썰어서 내 앞에 놓아주었고, 할머니는 내가 열아홉 살 때까지 그렇게 해주셨다. 나는 사춘기 때 내 기분이 나아지게 하기 위해 그들을 실망시켜야만 했다. …… 나는 실패를 거듭했고, 그들에게 공격적인 태도를 보였다. 이제 그들은 내게 실망하여 날 그냥 내버려둔다. 그리고 그들은 '네 인생 네가 사는 거니까'라고 말한다. 그리하여 나는 해방되었고, 기분이 훨씬 가벼워졌다."

정신적 상처를 입은 어린아이들은 자기들이 받지 못한 것을 자기 아이들에게 주기 위해 완전한 부모가 되겠다는 꿈을 꾸지만, 완벽한 부모보다 더 불완전한 것은 없다는 사실은 알지 못한다. 어린아이들을 격분시키는 실수와 실패는 부모에게 맞설 수 있는 용기를 가르쳐준다. 부모가 저지르는 실수는 그를 자율로 이끌어간다. "어머니가 잘못한 거니까 이제부터는 제가 저 자신을 돌보아야 해요. 우리 부모님들은 제게 지나칠 정도의 애정을 갖고 계셨죠. 절 끔찍이 사랑하세요. 하지만 전 그분들이 그냥 절 사랑하기만 하면 좋겠습니다. 잘못 자라서 엉덩이도 좀 맞고 그랬으면 차라리 좋았을 텐데요. 그랬더라면 반항도 하고 그랬을 텐데 말예요. 하지만 실제로 제 일상생활은 지루하기 짝이 없었습니다. 왜냐하면 부모님들은 저를 위해서라면 무슨 일이든 다 하셨거든요."

애정이 결핍된 환경에서 살아남은 어린아이는 그 자신의 외부 대상이, 자신의 유일한 외부 대상이 된다. 타자가 없기 때문에, 외부도 내부도 없기 때문에 그는 오직 자기 자신에게만 집중하며 성장하는 것이다. 그에게 있어 타인을 사랑한다는 것은 '낯선 것에 대한 두려움'을 의미한다. 그 반대로 주변 환경이 지나친 애정으로 어린아이를 숨 막히게 할 경우, 그는 세계의 중심이 되는 법을 배운다. 타인들의 내적 공간을 발견할 필요를 느끼지 못하기 때문이다. 그곳에도 역시 타자는 없으며, 따라서 주체도 없다. 어린아이에게 애정은 '알려진 것의 감옥'과 '알려지지 않은 것에 대한 무관심'을 의미한다. 이 같은 유형의 정서 구조는 욕망을 억누른다.

애정과 관련한 이 두 가지 난관은 비록 겉으로는 상당히 달라 보이지만 사실은 불모의 결과이며, 우리는 이런 식으로 사랑받은 어린아이들이 도대체 어떻게 사랑하는 법을 배울 수 있을까 생각해봐야 한다. 감정적으로 고립된 이 어린아이들은 결국은 항상 한층 더 자기중심적으로 행동하게 된다(몸을 앞뒤로 흔들기, 자해, 자위). 그들은 애정 결핍에 적응하고 무관심해짐으로써 덜 고통받는다. 그러나 말없이 그냥 옆에 있어주기만 해도 그들의 감정 표현을 변화시킬 수 있다. 지속적이어서 그들이 친밀감을 느끼기만 한다면 말이다. 그렇게 되면 어린아이들은 때로는 삶에 새로운 관심을 갖고 자기 자신을 다른 사람들에게 드러내 보여줄 수 있게 된다. 그럴 경우 지나칠 정도로 격렬하게 화를 내기도 하고 몹시 불안해하면서 누구에겐가 애착을 보이기도 한다.[36] 그들은 무의식 속에서 부모를 대신하는 권위자에 이어 친구들, 파트너, 자식들과의 유대 관계에 지나칠 정도로 열중하면서 자신을 회복시키려고 애쓴다. 파트너는 이 같은 애정의 열기를 통해 어떤 특별한 느낌을 갖게 된다. 그는 이 느낌으로 인해 흔히 화를 내지만 한편으로는 회복의 길잡이 노릇을 하는 후견자 역할을 부여받음으로써 즐거움을 느낄 수도 있다.

온실에서 자란 것과 다름없는 애정의 포로 역시 다른 사람에게 열중할 필요가 없기 때문에 자기중심적으로 변할 수 있다. 그들에게는 눈에 띄는 트라우마가 없다. 아무것도 건설하지 않았기 때문에 파괴된 것도 없다. 그것은 트라우마의 붕괴에 해당하지만, 붕괴는 이루어지지 않는다. "난 전혀 받은 게 없어. 하지만 난 작으나마 무엇인가를 이루어내는 데 성공했어"라고 애정 결핍에 걸린 어린아이가 말할 때 그는 작은 승리감을 맛본다. 회복이 시작되는 것이다. 그러나 사랑에 숨 막혀 답답해하는 어린아이들은 "그들은 내가 인생을 살아가도록 무장시켜주지 않았어……. 그들은 내게 모든 걸 주었지만 난 그걸 갖고 아무것도 하지 않은 거야……"라고 생각한다. 그들은 자기 자신을 존중하지 않으며, 그들의 유일한 위안거리는 가까운 사람들에게 공격적인 태도를 보이는 것뿐이다. 나중에 사춘기가 되어서야 자신에게 헌신적이었던 공격자가 누구였는지 알아낼 수 있기 때문에 그들은 회복을 시작하는 것이 어렵다고 생각한다. 누구와 맞서야 할 것인지를 알지 못하기에 그들은 자신을 제대로 방어할 수가 없다. 격렬한 반항만이 그들이 인격화될 수 있는 유일한 길이다.

덩치 큰 젖먹이들의 이상한 자유

애정 결핍은 만일 우리가 제대로 된 사람들을 만나면 바뀔 수도 있는 사랑의 방식을 우리들에게 가르쳐주는 반면, 애정의 감옥은 더 오래 지속되는 것처럼 보이는 관계 성향을 우리에게 주입시킨다. 자기 자식들에게 지나친 애착을 보이는 허약한 부모들은 애늙은이들을 만들어낸다. 이들은 자기 부모의 부모가 됨으로써 이 발달의 후원자들에게 적응한다.[37] 그러나 지나친 애정으로 자식들을 숨 막히게 만드는 부모들은 자식을 또 다른 방식으로 키워 "덩치 큰 젖먹이들"을 만들어낸다.[38] 기술적인 동시에 심리적인 현대 세계는 아이들이 이런 식으로 성장해나가도록 부추기는 듯 보인다. 즉 아이들로 하여금 자신과 부모 모델을 상대적으로 동일시하게 만들고, 애착 관계가 복합적인 동시에 파열된 가족과 사회를 조직하게 하는 것이다. 부모들이 집에서 멀리 떨어진 곳에서도 일할 수 있게 하고, 짧고 다양한 애착 관계를 조직하는 기술은 일대일의 관계를 해체시키며, 어른이 자신의 흔적을 아이의 기억 속에 남기는 것을 가로막는다. 사회적으로나 물질적으로나 잘 보살핌을 받는 이 덩치 큰 젖먹이들은 매력적이고 탐욕스럽고 수동적이고 겁이 많으며, 젖병의 행복과 욕구불만의 분노 사이에서 갈피를 못 잡는다. 이 같은 상황은 어린아이의 기억 속에 새겨질 만큼 유대 관계가 오랫동안 계속되는 다양한 애착 방식의 그것과는 다르다. 애정의 감옥에는 오직 하나의 지속적인 유대 관계만 존재하며, 바로 이것이 어린아이를 마비시키고 세계로부터 고립시킨다. 반면에 애정의 사막에서는 이따금씩 따뜻한 흔적이 어린아이의 기억 속에 새겨진다. 이 두 가지 방식은 유사하다. 아이는 애정의 이삭들을 여기저기서 몇 개씩 주울 수밖에 없는 것이다.

애정 결핍을 느낄 때 그렇듯이, 청소년들은 성적 욕구가 생겨 사랑의 대상을 만나고 싶을 때도 좋아하는 사람에게 자기가 종속될까 봐 두려워한다.

존 바울비는 이 모순된 문제를 이해하려고 애썼던 최초의 인물들 중 한 명이었다. 즉 '세계의 중심'인 이 어린아이들은 애정 결핍 상태로 성장하고, 타인에게 복종함으로써 관계를 형성한다. 이 영국 출신 정신분석학자는 너무나 불안해서 어머니 옆에서 떨어질 수가 없는 6세의 어린아이 26명으로 이루어진 소집단에 관한 연구를 인용한다.[39)] 어떤 어른들은 어린아이들의 이 같은 행동을 사랑의 증거로 해석했다. "세상에! 저 아이는 어머니를 끔찍하게 사랑하나봐." 반면에 그 점을 불안하게 생각하는 사람들도 있었다. "아직도 어머니 치마폭에 싸여 있다니……." 그중에서 정서적으로 어머니에게 예속되어 있는 6명은 어머니가 "아이를 위해서라면 무슨 일이든지 다 하는" 안정된 가정 출신이었다. 그리고 14명은 아이가 꼭 무슨 탁구공처럼 어머니와 할머니, 이웃 사람들, 친구들, 직업적으로 아이를 돌보는 사람들에게 돌아가며 맡겨지는 불안정한 가정 출신이었다. 이 14명의 아이들 중에서 12명은 유대 관계를 맺을 시간이 없었기 때문에 매우 불안한 상태의 애착 대상을 얻었다.[40)] 26명 중에서 17명은 의존적인 사랑의 방식을 획득했는데, 지나친 애정으로 그들을 숨 막히게 함으로써 고립시켰거나(6명), 아니면 그들을 애착의 대리인들에게 맡김으로써 그들이 사랑하는 것을 가로막았기 때문이었다(11명). 연구자들은 자아를 상실하지 않은 채 사랑하게 만드는 안정적인 애착 관계를 형성할 수가 없었던 이 어린아이들을 사춘기 때까지 관찰함으로써 그들이 친구와도, 첫사랑과도 똑같은 유형의 유대 관계를 맺는다는 사실을 확인했다. "그는 정말 멋진 사람이야. 그는 뭐든지 나보다 더 잘 알아. 난 그냥 그를 따라가기만 하면 돼." 이 소심한 청소년들은 오직 친구나 연인에게 굴복함으로써 근친상간에 대한 불안감에서 벗어날 수가 있었다. 그들은 누군가에게 복종함으로써 자율성을 갖게 되어 태어난 가정을 떠날 수 있을 것이라고 믿었다. 이 청소년들은 자신들을 과소평가하고 있었다. "난 내가 사랑하는 누군가와 함께 있을 때만 안정감을 느끼고, 그것이 그 사람 가까이 머물러 있을 수 있는 한 가지 방법이기 때문에 그의 행동과 이념적 가치를 모방합니다." 이 이상한 '자율'을 선택한 청소년들은 다들 꼭 어린아이들처럼 결별에 대한 두려움으로 인해 고통받고 있었다.[41] "나는 복종함으로써 사랑하는 사람 곁에 머물러 있을 수 있다. 나는 내가 안정되어 있다고 느끼고 있으며, 애정의 사막에 나 혼자 있다는 불안감을 느끼지 않고 부모님 곁을 떠날 수가 있다." 덩치 큰 젖먹이들의 패러독스, 그것은 그들이 복종함으로써 자유를 획득했다는 사실이다. 아마도 이 같은 사실은 아무 문제없이 잘 자랐으며 너그러운 부모들로부터 세심한 보살핌을 받은 젊은이들이 왜 느닷없이 근본주의 종교 단체나 극단적인 성향의 정당에 들어가겠다는 이상한 결심을 하는지 그 이유를 설명해줄 수도 있다. 그들은 말한다. "베일을 쓰는 것은 나의 선택이에요." 아니, 그들은 이렇게 말한다. "나는 나 자신을 감옥에 가둠으로써 자유를 발견했어요." 이 청소년들 중 소수는 결별이나 반복되는 상실, 혹은 끊임없이 계속되는 슬픔을 실제로 겪었다. 그러나 그들 중 다수는 어렸을 때 자신을 어머니와 너무나 밀접하게 동일시하는 바람에 자기 자신의 인격을 발달시키지 못했다. 그래서 그들은 베일이나 극단적 성향의 슬로건 등 사회 참여를 가능하게 하여 그들로 하여금 태어난 가정을 떠나는 동시에 인접한 사회 집단에 남아 있게 해줄 수 있는 대안을 찾아낸 것이다. 부모들에게 매달려 있을 때만 안정감을 느끼는 이 청소년들은 오직 극단적인 선택을 함으로써 근친상간에 저항할 수 있다. 즉 복종했으니 누군가가 항상 곁에 있을 것으로 생각한다.

애정이 결핍된 아이들은 그를 사랑하고자 하는 사람과 접촉을 유지하기 위해서 복종한다. 그리고 애정 과잉을 경험한 아이들은 근친상간에 대한 두려움을 떨쳐버리는 동시에 낯선 것에 대한 두려움을 피하기 위해 태어난 가정 밖에 있는 애착 대상에게 복종하려고 애쓴다.

프로이트는 응석받이 아이들에 관한 이론에서 "우리가 알고 있다시피 지나친 애정을 보이는 경향이 있으며, 애무를 통해 어린아이의 신경증에 대한 소인素因을 일깨우는 신경병 증상의 부모들"에 관해 말했다.[42] 그러므로 우리는 지금 부모의 애정 과잉에 관해서가 아니라 상실에 대한 불안감을 어린아이에게 불어넣는 무의식적 학습 과정에 관해 말하고 있는 것이다. 무엇인가가 일상적 행동의 은밀한 현실 속으로 전달된다. 그것이 죽음과 병, 부재에 의한 상실이건 아니면 완전히 정반대로 보상을 위한 과도한 열중이건 간에, 어린아이가 갖고 있는 사랑의 방식이 이처럼 변질될 경우 그가 지각하는 현실은 빈약해질 수밖에 없다. 부모들의 행동, 혹은 그들이 만지고 웃고 끌어당기고 밀어내는 '방법'은 고립이나 감정의 융합을 야기한 '이유'보다 더 큰 영향을 어린아이의 성장에 미친다. 반대되는 '이유들'은 동일한 '방법'의 원인이 될 수 있다. "나는 내가 내 아이를 싫어한다는 게 부끄러워서 그를 정성껏 보살필 것이다"는 "나는 오직 내 아이를 돌볼 때에만 기분이 좋아진다"라든가 "나는 내가 아무것도 받지 못했기 때문에 그에게 뭐든지 다 줄 생각이다"와 동일한 지각 세계를 구성한다. 이 모든 경우에, 어린아이의 성장을 후원하는 지각 세계는 변질된다.

잠행성 트라우마에 의해 깊은 상처를 입은 아이의 회복 과정을 다시 시작하고자 한다면 아이뿐만 아니라 아이의 주변사람들에게도 영향을 미쳐야 한다. 어머니가 자기 아이가 아닌 다른 수단을 사용하여 두려움을 떨쳐버리기 위해서는 그녀가 안정감을 느끼도록 해주어야만 한다. 대부분의 경우에는, 남편 역시 한 개인이라는 사실을 어머니가 이해하도록 도와주는 한편 그를 끌어들여서 일상적인 일에 참여하여 지각 환경을 풍요롭게 하고 애정의 감옥으로 통하는 문을 열어젖히라고 요구해야만 한다. "이렇게 할 수만 있다면 우리는 불안정하게 성장한 청소년들을 도와줄 수 있을 뿐 아니라 다른 청소년들이 그렇게 되는 것도 막을 수 있을 것이다."[43]

어린아이들이 법을 만든다

그런데 기술이 문화를 변화시킬 경우(지금 전 세계에서 이런 현상이 벌어지고 있다) 문화적 압력은 더이상 같은 방식으로 가족을 조직하지 않는다. 가장권家長權이 소멸되면서 누가 누구에게 생명을 빚졌는지 그 관계가 뒤바뀌는 것이다. 아이는 이제 더이상 자신의 생명을 부모들에게 빚지지 않는다. 오히려 그 반대로 아이가 부모들에게 의미를 부여한다. 이제는 아버지가 아닌 아이가 금지 사항을 선고한다.[44] 단순히 이 세상에 태어났다는 이유만으로 아이는 부모들이 헤어지는 것을 금하거나, 함께 살아갈 수 있도록 노력하라고 그들에게 명령한다. 두 세대 전만 해도 여성들은 아이를 남편에게 주려고 했다. 그런데 지금 여성들은 아버지를 아기에게 주려고 한다. 가족의 가치가 아이를 중심으로 형성되는 것이다. 미국 아이들의 정서적 환경을 구성하고 있으며, 얼마 전부터 유럽으로 확산되고 있는 이 '어린 시절에 대한 열정'은 이상 발달된 자기도취증을 가진 덩치 큰 젖먹이들을 만들어낸다. "이제는 아이가 명령을 내린다."[45] "나무랄 데 없이 완벽한 부모들에게 순응하는 동시에 반항하며 자율을 획득하려고 시도할 경우 불가능한 결별의 함정에 빠지고, 어쩔 수 없이 만족하거나 터무니없는 부채에 시달려야만 하는 아이는 오직 거부의 폭력에 의해서만 자신의 차이를 보여줄 수 있게 될 것이다."[46] 이 같은 폭력은 이따금 소름끼치는 상황들을 야기하기도 한다. 그리고 정상적인 발달 과정이 맞게 되는 온갖 시련들을 제거해버리고자 하기 때문에 아이가 승리감을 느끼는 것을 가로막고 아이의 가족에게 정서적 재난(아이들에게 얻어맞는 부모들)을 일으키는 문화의 존재가 그 같은 상황을 통해 드러난다.

"지금으로부터 10년 전, 우리가 자식들에게 얻어맞고 위협당하며 꼼짝 못하는 부모들을 발견하고 증언했을 때 우리 동료들은 반신반의했고 일반인들은 아예 들은 척도 하지 않았다."[47] 이처럼 회의적인 태도는 오직 일반인들이 이야기하는 것만을 믿으려고 하는 사람들이 보여주는 통상적인 반응이다. 우리의 교육제도는 배운 것을 외우는 데 지능을 사용하라고 권하면서 암기를 잘 하는 학생들에게 좋은 점수를 준다. 그러나 소위 우수하다고 알려진 학생들은 그들이 이미 알고 있는 것, 오직 현실 세계에 존재하는 것만 볼 뿐 그 현실을 재현한 것은 보지 못한다. 죽음의 수용소에서 돌아온 사람들은 거기서 무슨 일이 있었는지를 말하는 데 어려움을 느꼈다.[48] 미셸 마니코는 의학 아카데미 회원들이 어떻게 학대받는 아동들의 현실에 관해 의심을 품었는지를 이야기한다. 마르슬린 가벨과 로젠스베이그 판사는 근친상간은 그냥 어떤 욕망의 환상적인 실현일 뿐 현실 세계 속에서는 존재하지 않는다고 주장하는 정신분석학의 대가들과 벌였던 논쟁에 관해 증언한다.

자식들에게 얻어맞는 부모들의 현상은 단 한 세대 만에 전 세계로 확산되었다. 미국의 경우에는, 학대방지센터에서 이루어지는 전화 상담의 25%가 자식들에게 얻어맞는 부모들에게서 걸려온 전화이다. 프랑스와 퀘벡에서도 이 비율은 매우 높다. 이 같은 사실로 미루어볼 때 우리는 자식들의 부모 학대가 실제로 일어나는 일이지만 거기에 대해 공개적으로 말하기는 쉽지 않다는 것을 알 수 있다. 왜냐하면 희생자들은 도움을 청하고 싶은 욕구는 느끼지만, 그렇다고 해서 경찰서에 가서 자기 자식들을 고소하려고 하지는 않기 때문이다. 이 문제를 처음으로 공론화시킨 것은 일본인들이었다. "소년소녀들은 사춘기가 되면 통제할 수가 없다."[49] 어리광도 부리고, 고분고분하고, 학교생활도 잘 해나가고, 차분한 애착 유형을 형성한 것으로 보이던 아이가 집안에서 아주 사소한 사건이 일어난 뒤부터 갑자기 폭력적으로 변했다. 그는 어머니를 때리고, 값비싼 선물과 복종의 동작을 요구한다. "내게 먹을 걸 줄 때는 얼굴을 돌려. 내가 학교에서 돌아오면 무릎 꿇어." 이처럼 극단적인 행동은 "유아기로의 갑작스런 퇴행과 울음 …… 음료수와 함께 먹여달라는 요구" 등과 번갈아가며 이루어진다. 일본에서는 엄청난 사회 문화적 격변으로 인해 가족 구조가 바뀌면서 어린아이들을 지나칠 정도로 애지중지하는 바람에 집에서는 대접받는 반면 학교생활에는 겁을 먹는 덩치만 큰 아이들이 늘었다. 기술 발전이 이루어진 덕분에 여성들은 더 많은 여가를 누리고 더 큰 힘을 갖게 되었다. 그리고 남편은 가족들이 더 사치를 부리고 더 편안한 생활을 할 수 있도록 보장해주는 돈을 더 많이 벌기 위해 더 오랫동안 일을 해야만 했다.[50] 기술 혁명과 풍속의 변화는 이 '애늙은이'에게 하나의 모델을 제공해주었고, 그는 이 모델을 통해 아버지가 자기를 위해 일하고 있다는 사실을 잊어버리는 대신 어머니는 자기를 즐겁게 해주기 위해 시간을 보내고 있다고 믿게 되었다.

똑같은 현상이 중국에서도 일어났다. 이 나라에서는 독자獨子에 관한 법이 그 다음 세대부터 어린아이의 발달을 완전히 변화시키는 바람에 이 어린 천사들이 너무나도 불행한 가정 폭군들의 세대가 되고 말았다. 단 한 세대 만에 지나치게 활동적인 소년들의 숫자가 엄청나게 증가하여 부모들을 피곤하게 만들고 있는 것이다. 아이들이 뚱뚱해지고 자살할 위험이 높아졌고, 인생 계획이라는 게 아예 없어

졌기 때문에 쉽게 절망에 빠져든다.[51]

사랑이 일체의 권한을 줄 때

일반적으로 형제들과 자매들은 자신들의 욕망을 어디까지 표현할 수 있는지 그 명확한 한계를 그을 수 있는 방법을 찾아낸다. 그러나 외아들이나 외동딸, 혹은 과도한 애정을 받은 어린아이는 억제하는 법을 배울 수가 없다.[52] 아버지가 없거나 사망했거나, 있다고 해도 일에만 매달리기만 하고 어머니가 이 애늙은이를 위해 헌신하기로 결심할 경우, 자기가 원하는 걸 다 할 수는 없다는 사실을 아이에게 가르쳐주는 일상적인 의식들은 더이상 존재하지 않게 된다. 하나의 행위가 어떤 계획을 실행하기 위한 준비 과정이 되기보다는 즉각적인 만족을 위한 수단이 되어버리는 것이다. 그 뒤로는 환경 때문에 억제하는 법을 배우지 못한 청소년의 정신세계에 먹고 자고 놀고 때리는 것만 가득 차게 된다.

이 같은 현상은 엄청난 문화적·기술적 격변 이후에 태어난 세대들에게서 자주 관찰된다. 어떻게 정의하느냐에 따라 부분적으로 달라지기 때문에 정확한 수치는 아직 나오지 않았지만, 대략적으로 볼 때 미국은 5~16%[53], 일본은 4%[54], 프랑스는 0.6%[55]로 추정된다.

이처럼 여기저기 흩어져 있는 자료를 취합하기 위해 그룹을 이뤄 협력한 결과, 우리는 사춘기에 접어든 자식들에게 얻어맞는 100명 이상의 부모들로 코호트〔통계 인자를 공유하는 집단 — 옮긴이〕를 구성할 수 있었다.[56] 우리는 정신병을 앓고 있어서 확실한 아버지의 이미지를 갖고 있지 못한 어린아이나 성인이 된 자식들에게 학대받는 나이든 부모들, 폭력 행위가 되풀이될 수 없는 모친이나 부친 살해자는 이 조사에 포함시키지 않기로 결정했다.

부모를 학대하는 사춘기 남녀의 비율은 거의 비슷한 것으로 나타났다(남성 60%, 여성 40%). 그러나 그르노블 연구팀의 연구 결과만은 예외적으로 사춘기 남성이 여성의 세 배에 달했다.[57] 부모를 학대한 청소년들 중 60%는 대학입학자격고사에 합격했고, 50%는 대학 교육을 받았으며, 5%는 대학교수가 되었다. 부모를 학대하는 이 청소년들은 몇 년 동안 지옥 같은 생활을 하고 난 뒤, 가족들 곁을 떠나 기숙사나 임대용 원룸에 들어가거나 친지와 함께 살고 있다.

입양된 어린아이들은 이 코호트 안에 거의 없다. 양부모를 학대한 몇 명 안 되는 청소년들의 정서적 발달은 친부모를 학대한 청소년들의 그것과 거의 유사하다. 그들은 거의 대부분 심리적으로 불안하고, 고분고분한 아이였다가 자신도 의식하지 못한 상태에서 잔인한 요구를 하는 청소년이 되었다. "그들은 집안에서는 견딜 수 없을 만큼 끔찍한 존재이지만 집 밖에 나가면 사랑스러운 존재로 돌변한다. …… 그러다가 결국은 가정에서 신체적 폭력을 행사하고, 부모가 제재를 가하면 자기를 학대한다며 항의한다."[58] 그러므로 차이를 만들어내는 것은 입양이 아니다. 차이를 만들어내는 것은, 심리적으로 불안하기 때문에 순응적인 태도를 보이며 나중에는 자신도 의식하지 못한 상태에서 폭군이나 다름없는 청소년이 되어버리는 어린아이의 발달과정인 것이다.

자식에게 학대받는 부모들은 나이가 아주 많다. 거의 대부분이 사회적 위치가 꽤 높으며, 직업도 법률가가 가장 많고(30%) 그 다음이 의사, 심리학자(20%) 순이다. 실제로 학대받는 부모들 전부가 높은 수준의 교육을 받았으며, 민주적인 방식으로 아이들을 키우겠다는 포부를 밝혔었다.[59] 그중에서 20%가 싱글맘이었는데, 이 정도면 높은 수치다. 하지만 샤르티에 연구팀의 연구 결과에는 그 수치가 무려 60%로 나와 있다. 어디서 정보를 수집했느냐에 따라 수치가 달라진다. 함께 사는 부부들은 개인 병원을 선호하는 반면 개인적으로나 사회적으로나 절망적인 상태에 있는 싱글맘들은 상황이 어려운 청소년들을 도와주기 위한 기관을 더 자주 찾는다.

씁쓸한 자유: 3막짜리 코미디

여성이 아기를 낳을 경우, 위니코트가 말하는 "미친 듯이 사랑에 빠지는 처음 100일"은 매혹의 순간으로서, 이때 어머니와 자식은 서로에게 대단히 민감하기 때문에 "서로에 대해서 아주 빨리 배운다." 일단 이 순간이 지나가면 가족제도는 아이가 애정의 감옥에 갇히는 것을 금지하는데, 이는 아버지나 할아버지 같은 제삼자가 있기 때문에 가능한 것이다. 나중에는 탁아소와 학교, 이웃들이 개입한다. 그리고 아이가 청소년기에 접어들면 대학이나 직장이 그 역할을 맡는다. 주변에 남자나 어머니, 친구들, 혹은 다른 시설들이 있을 경우 싱글맘은 고립되지 않을 수도 있다. 이런 싱글맘은 아이와 함께 감옥에 갇히지 않는다. 부모가 한 명밖에 없어도 이런 가정에서는 문제가 일어나지 않는 것이다.

반대로 남녀가 아이를 낳았으나 의식도 치르지 않고, 친구도 초대하지 않고, 사회적인 모임에 뛰어들지도 않은 채 폐쇄된 가정을 꾸릴 수도 있다. 이런 일은 근친상간이 일어난 가정에서 자주 발생한다. 심지어는 위반 행위가 일어나지 않았을 경우에도 이 같은 신체적·정서적 근접으로 인해 근친상간의 분위기가 조성되며, 젊은이들은 증오나 물리적 폭력을 통해 이런 분위기에서 벗어나려고 시도한다.

내가 만난 부모를 학대하는 청소년들 중 어느 누구도 이 같은 분리 효과를 체험할 기회를 갖지 못했다. 성적 욕구를 느끼는 나이가 되자 그들은 기묘하게 조직된 세계에서 살았다. 이 세계에서 그들은 구역질이 날 만큼 자신을 과보호하는 가족 환경과 불안으로 인해 온 몸이 마비될 정도로 두려움을 안겨주는 사회적 모험 중 하나를 선택해야만 했다. 부모로부터 학대받은 어린아이는 나중에 자기 아이를 학대하는 부모가 될 것이라고 생각하는 문화적 고정관념과는 달리, 아이들에게 너무 관대하며 지나친 애정을 쏟는 부모들 중 많은 수 (58%)가 어렸을 때 부모로부터 학대를 받았다. 이런 부모들은 그들 자신이 고통스런 개인사를 가지고 있기 때문에 더욱 아이들에게 지나친 관심을 쏟음으로써 결국 자신도 원하지 않은 상태에서 애정의 감옥을 건설하게 되는 것이다!

성적 욕망이 솟아오르면 젊은이는 어쩔 수 없이 부모 곁을 떠나야만 한다. 그렇게 하지 않으면 끔찍한 불안에 시달리게 되기 때문이다. 그러나 가족을 떠나 밖에서 성장해나가면서 모험을 해보라고 이 젊은이에게 권유하여 멀리 보낼 수 있는 아버지나, 가정, 이웃, 사회가 어머니 주변에 배치될 경우, 애정의 감옥이 건설될 가능성은 전혀 없다. 이런 식으로 분리되고 개인화된 청소년은 애착에 성적 요소가 전혀 없다. 또한 상이한 방식으로 다른 여성을 사랑하는 법을 배우기 때문에 계속해서 평온하게 어머니를 사랑할 수 있다. 사춘기 소녀의 경우도 이 같은 격리-개인화 과정 덕분에 아버지가 자신에게 욕망을 품었다거나 혹은 다른 사람을 사랑하지 못하도록 어머니가 가로막았다는 생각을 더이상 하지 않게 된다.

부모들이 살아온 삶이나 사회적 상황으로 인해 폐쇄적인 정서 영역을 창조하게 될 경우, 분리 효과는 증오에 근거하게 된다. 때로는 어머니가 영웅이 되고 아버지는 희생된다. 이 정서적 매혹의 메커니즘은 아이가 멀리 떠나 위협적인 사회적 상황에 둘러싸인 보호막을 만드는 것을 완전히 불가능하게 만들어버린다. 이 같은 상황에서 청소년은 자신을 둘러싸고 있는 사회적 환경이 위협적이거나 황량하기 때문에 숨 막히는 가정으로 몸을 피한다. 지나친 애정 결핍으로 인해 자신에게 뭔가가 부족하다는 것조차 느낄 수 없고, 그 공백을 꿈이나 갈망, 욕망 등으로 채워넣을 수도 없다. 이 같은 종류의 현실은 희망을 없애버린다. 청소년들은 삶의 즐거움을 잃어버리고 이제 더이상 싸우지도 않는다. 과거에 진창 속에 빠져서 미래에 대해 아무런 꿈도 품고 있지 않던 젊은이가 섹스를 할 나이가 되면 부모들에게 환멸을 느끼게 된다. "당신들은 내가 살아가도록 무장시켜주지 않았어요. 당신들 때문에 나는 다른 사람의 도움을 받아야만 살 수 있는 얼간이가 되어버렸다고요." 그는 자신에게 그토록 많은 걸 주었던 사람들을 이런 식으로 비난한다. 우리의 기술 문화와 어린 시절의 맹목적인 숭배에 의해 세상에 태어난 이 덩치 큰 젖먹이는 가정에서는 폭군 노릇을 하지만 사회적으로는 순종적이다. 부모들의 병적인 애정 과잉은 지배 관계라는 결과를 낳았으며, 이 같은 사랑의 방식이 그의 마음속에 감정적 오해를 불러일으킨 것이다. "우리 부모들은 내가 원하는 건 뭐든지 다 줌으로써 날 불안에 빠트렸어. 오직 그들만 살아가는 법을 알고 있는 거야. 난 받는 것 말고는 아는 게 없다고."

오노린은 태어나서 몇 년이 지난 뒤에 나무랄 데 없이 완벽해지고자 하는 어머니의 욕망이 자기 마음속에 어떻게 증오를 불러일으켰는지를 내게 설명해주었다. "어머니는 아침에는 나를 위해 우유 한 잔을 준비해주고, 저녁에 잠자리에 들기 전에는 잠옷을 오븐에 집어넣어 따뜻하게 덥혀주었지요. 어머니가 날 위해서라면 뭐든지 다

해줄 거라고 기대했답니다. 어머니를 숭배하다시피 했지요. 그러다가 별안간 열두 살 때부터 어머니를 싫어하게 되었어요. 난 철자법이 서툴렀는데, 그건 어머니 때문이었어요. 왜냐하면 날 위해 뭐든지 다 해줄 거라고 기대했던 어머니가 가르쳐주기만 할 뿐 자기가 직접 하지는 않았거든요. 내가 글씨를 제대로 못 쓴 건 다 어머니 때문이라고요." 조제 역시 이처럼 사랑이 증오로 반전하는 것을 경험했다. "어머니는 이 세상 전부나 다름없었어요. 나는 항상 어머니 곁에 있었죠. 그러다가 열두 살 때 어머니가 내 일에 간섭한다고 느꼈습니다. '너, 털이 나기 시작하는 모양이로구나?' 어머니가 나의 성징을 거론함으로써 내게 혐오감을 불러일으킨 것이었습니다. 나는 어머니를 거부해야만 했지요. 어머니는 여전히 나를 사랑하고 있었지만, 바로 그날부터 나는 어머니 때문에 숨이 막힐 듯 답답하고 불안해졌습니다. 사랑의 지옥이었던 거죠. 난 어머니가 죽기를 바랐습니다. 그래야 내가 더이상 어머니를 미워하지 않게 될 테니까요." 20년 뒤, 오노린과 조제는 자기들을 귀찮게 한 부모의 행동이 그들의 개인사가 낳은 결과라는 사실을 알게 되었다. "전 어머니가 어렸을 때 학대받았다는 사실조차 모르고 있었어요"라고 오노린은 내게 말했고, 또 조제는 내게 이렇게 설명했다. "난 그들을 모르고 있었어요. 그들이 누군지조차 알지 못했다고요. 그들이 삶에 대해 어떤 생각을 갖고 있었는지도 몰랐지요. 스물다섯 살 때 난 어머니가 스페인 내전 당시 가족을 잃었다는 것, 어렸을 때 감옥에 갇히는 바람에 도망쳐야만 했고 학비를 벌기 위해 세탁부로 일해야만 했다는 사실을 우연히 알게 되었죠. 어머니는 나의 행복을 너무나도 간절히 원했기 때문에 그런 이야기를 하지 않았던 겁니다. 만일 그 이야기를 해주었다면 다른 식으로 어머니를 사랑했을 텐데요. 어머니는 이 세상 무슨 일이 있어도 나를 보호해주려다가 나의 모든 걸 망쳐버린gâché 겁니다……." 이렇게 말하고 난 그는 자신의 말실수에 당황해하면서 다시 고쳐 말했다. "내게 모든 걸 숨긴caché 겁니다."

고전 연극에서와 마찬가지로 애정의 감옥이라는 코미디도 3막으로 공연된다. 달콤하고 감상적인 정체성을 만들어내는 제1막의 목가牧歌가 끝나고 나면 제2막의 사랑의 지옥은 자율을 획득하기 위한 격렬하고 절망적인 시도를 연출한다. 씁쓸한 자유는 제3막에서 공연되는데, 여기서 어머니는 이렇게 말한다. "어느 날, 딸이 나를 때리더군요. 다음 날 나를 위해 보석을 사러 갔지요. 15년 동안 그 아이에게 주려고 악착같이 모았던 돈을 갖고 말예요." 또 다른 어머니는 한숨을 내쉬며 말한다. "딸이 내 뺨을 갈긴 날, 나는 억장이 무너져내리는 걸 느꼈답니다. …… 그 아이가 나 때문에 다른 무용 학교로 전학을 가야만 하는 일이 일어날까봐 다른 도시의 영업부장으로 승진시켜주겠다는 제안을 막 거절하고 들어왔는데 말예요. 나는 내가 자유로워졌다는 걸 느꼈지만, 또 한편으로는 너무나도 슬펐습니다."

마음의 감옥

사회는 부모를 학대하는 청소년들에 대해서 특이한 예측을 내놓는다. 그들은 대부분 법률가라든지 경찰, 혹은 해결사 등 폭력이 법률에 의해 조직화되는 직업을 선택한다. 고분고분 말을 잘 듣는 어린아이였던 이 가정의 폭군들은 어른이 되면 진정된다. 어느 제도의 일원이 되어 그것의 가치 전부를 받아들이는 것이다. 이것 역시 또 다른 형태의 복종이다. 그들이 계급으로 이루어진 제도 내에서 한 자리를 차지할 수 있도록 해주는 담화와 상징, 규칙에 대해 아무 비판도

가하지 않은 채 모든 걸 다 용인하기 때문이다. 자기가 혁명주의자나 테러리스트라고 말하는 사람들까지도, 회의懷疑의 자유를 그들에게 제공할 수도 있을 일체의 사유를 거부한 채 한 단어 한 단어 깡그리 암기한 문화 이야기에 순응한다. 어렸을 때는 애정의 포로였던 그들이 이제는 기꺼이 이야기에 순응하는 것이다. 그들은 그것에 복종할 때 위안을 느낀다. 감옥은(애정의 감옥이건 아니면 언어의 감옥이건 간에) 확실하다는 것에서 비롯되는 안도감을 그들에게 준다.

헌신적인 부모가 있는 가정에서 아무 간섭 안 받고 살았던 그들은 이제 자신들의 모든 문제를 개인들을 대신하여 해결해주겠다고 주장하는 사회 기관에 복종한다. 가정 내에서의 폭력적인 행동은, 그들이 근친상간에 대한 두려움과 싸우도록 해주는 자립의 시도였다. 그러나 부모들이 가지고 있던 사랑의 지배 충동에 따랐었던 이 젊은이들은 그 같은 위험이 일단 제거되자마자 즉시 주변 문화에 순응한다. 이 같은 변화는 반反회복의 예를 잘 보여주는데, 이런 식으로 성장한 젊은이는 자유를 다시 획득할 수도 없고 다른 형태의 발전을 계속해나갈 수도 없기 때문이다. 이런 젊은이들은 그동안 배운 것을 예외 없이 반복한다. 따라서 우리는 트라우마의 충격(우리가 쉽게 보고 이해할 수 있는)이 회복을 가능하게 하는 요소들을 더 잘 받아들인다는 것을 알 수 있다. 반면에, 기억 속에 새겨지는 잠행성 트라우마는 비非의식적인 입문 과정의 형태로서, 발전을 억제하여 회복을 가로막는다.

"대립과 반항, 언쟁으로 점철된 사춘기를 거친 50명의 젊은이들 가운데 20명은 사회적으로 용인될 수 없는 형태의 행동을 할지도 모르는 위험에서 벗어났다. …… 그리고 난 그들은 성숙하여 일자리를 찾고 결혼을 했다. …… 그들은 자기들이 극도로 공격적이고 반항적이었다는 사실을 잊어버렸다. …… 그들은 자기들에게 아무 문제가 없었다고 말한다. …… 그리고 주변의 젊은이들이 제대로 된 교육을 받지 않았다며 비난한다!"[60]

이 젊은이들은 회복 과정을 거친 덕분에 자신들의 관계를 변모시킨 반면 미셸 르메이의 표현대로 "유복해 보이지만 사실은 애정 결핍에 걸린 젊은이들"은 복종을 되풀이하고, 비회복 과정 덕분에 강력해지게 된다. 아돌프 히틀러의 가정과 사회에서의 궤적을 살펴보면 이 복종적인 폭군들이 어떤 길을 가게 될 것인지 알 수가 있다.

아돌프 히틀러의 인격을 구축한 첫번째 단계의 특징은 그의 출생을 둘러싼 혼란이다. 할아버지인 네포묵은 그의 어머니 클라라의 할아버지이기도 했다.[61] 아버지인 알로이스는 존경받는 세관원으로서 사생활이 매우 문란했으며 결혼을 세 번이나 했다. 알로이스의 아내 중 한 명은 연상이고 부자였으며, 다른 두 명은 그의 딸들과 같은 세대였다. 알로이스는 클라라와 결혼하기 위해서 교회법 적용 면제 신청을 해야만 했다. 두 사람은 사촌지간이었던 것이다. "결혼을 하고 나서 한참이 지났을 때까지도 클라라는 그를 '아저씨'라고 부르는 습관을 버리지 못했다."[62] 이처럼 뒤엉킨 친족 구조와 "근친상간에 가까운 가계"[63]로 인해 어린 아돌프의 마음속에는 아마도 혼란스럽고 제대로 개인화되지 않은 표상이 새겨진 것으로 짐작된다.

그가 어린 시절을 보낼 때 그의 가정은 죽은 아이들에 대한 고통스러운 기억에 잠겨 있었다. 클라라의 네번째 아이인 아돌프만이 처음으로 살아남은 것이다. 그리고 나서 그의 남동생 한 명도 세상을 떠났다. 알로이스는 클라라와 아이들에게 폭력을 행사할 뿐 가정에 거의 관심이 없었기 때문에 집에 잘 붙어 있지 않았다. 클라라의 유일한 행복이 있다면 그건 아돌프에게 지나치게 열중하는 것이었다.

"…… 그녀는 살아남은 두 명의 아이, 아돌프와 파울라를 과보호하며 숨이 막힐 정도로 과도하게 헌신적인 애정을 쏟아부었다."[64] 그녀의 여동생 조안나도 "어머니가 지나치게 애지중지하는 아들"[65]을 과잉보호했다. 가족의 유대인 주치의인 에두아르드 블로흐는 증언한다. "가장 관심을 끌었던 것은 어머니에 대한 그의 사랑이었다. …… 나는 그처럼 강한 애착은 본 적이 없다." 나중에 『나의 투쟁』에서 히틀러는 분명하게 밝힌다. "나는 아버지는 존경했지만 어머니는 사랑했다."[66] 벙커에서 숨을 거두었을 때 그는 여전히 그녀의 사진을 간직하고 있었다.

아돌프는 '고통스런 이행기'인 사춘기 때 자율적인 존재가 되는 데 큰 어려움을 느꼈다. 그가 어머니와 너무 오랫동안 떨어져 있고 싶지 않아서 레온딩그에 있는 집에서 린츠에 있는 학교까지 매일같이 통학한다는 사실을 알고 교사들은 깜짝 놀랐다. "초등학교를 다닐 때 늘 행복해하고 놀이도 잘했던 아이는 게으르고 성 잘 내고 반항적이고 찌무룩하고 고집 세고 아무 목표도 없는 청소년이 되었다……."[67] "그리고 그의 행동은 미숙의 전조를 확실하게 드러내 보여주었다."[68] 베를린 기록 보관소에서 작업할 수 있었던 역사학자 이안 커쇼는 이렇게 썼다. 그는 '덩치만 큰 젖먹이'를 묘사하고 있는 것이다.

평소에는 수동적이다가 별안간 폭발하는 사춘기 소년 아돌프가 아프리카에서 태어나 14세가 되자 신체적 용기를 증명해 보임으로써 자신의 집단에 들어갔다거나, 혹은 이누잇 족으로 태어나 얼음 위에서 사냥과 낚시를 하다가 사회화되기 위해 놀이를 발명해야만 했었다고 상상해보라. 만일 1930년대에 이탈리아와 폴란드 이민자들의 아이들처럼 프랑스에 왔다면 그는 열두 살이 되자마자 햇빛을 거의 못 볼 것이라는 사실을 알면서도 갱도로 내려가야만 했을 것이다. 극도의 신체적 헌신과 관계를 유지하는 능란한 기술을 젊은이들에게 요구하는 이런 사회에서 사춘기 소년 아돌프는 아무 쓸모도 없는 인간이 되었을 것이다. 어떤 사회적 의미도 전혀 갖지 못했을 것이기 때문이다. 그러나 "게으르고 오만한" 이 소년도 범게르만주의가 경멸과 빈정거림을 조직의 원칙으로 내세우는 역사적 맥락에서는 열렬히 환영받았다. 왜냐하면 그는 오만함의 문화를 전파하는 대변인이 되었기 때문이다. 젊은 아돌프 히틀러는 이처럼 특수한 사회 문화적 환경에서 모든 문화가 젊은이들에게 제안하는 자아 이상에, 그리고 그 문화가 권장하며 사회적 담화에 가장 잘 순응하는 개인들에게 우선적으로 부여하는 가치에 도전함으로써 전성기를 맞았다.

반복이냐, 자유냐?

반회복에 대한 이 같은 성찰은 정신분석학자들에 의해 관찰되는 반복 현상을 설명해준다. 반대로, 회복은 불행을 예고하는 가족과 제도, 혹은 문화의 담화에 따르지 않아야만 이루어진다. "그런 일을 당하다니, 그 사람 인생 망친 거야……. 가족도 없는데 어떻게 공부를 하겠어? 그 여자, 성폭행을 당했으니 불감증을 앓든지, 창녀가 될 거야……."

그렇지만 1940년대부터 정신분석학자들은 우리를 과거에 얽매여 사는 노예로 만드는 신경성 반복 현상과, 거기서 벗어나도록 해주는 탈출의 메커니즘을 구분하기 시작했다. 반복 충동은 임상 사례에서 빈번하게 관찰된다. 마치 어떤 힘이 그들을 비논리적으로 행동하게 만들기라도 하듯 고통스러운 상황을 계속해서 되풀이하는 사람들이 있다. "그녀는 그 일당에게 다시 돌아갔으며, 또다시 성적으로 공격받게 될 것이다. …… 그는 학대받았기 때문에 고통스러워했으며, 지금은 자기가 자식을 학대하는 아버지라는 것 때문에 고통스러워한다……." 이 현상을 최초로 발견한 프로이트는 무의식에서 비롯되는 이 제어 불가능한 과정에 관해 이야기했다. 불행의 추구가 죽음 충동에 의해 야기되기 때문에 쾌락 원칙으로는 이 과정을 설명할 수 없다. "트라우마성 신경증에서 비롯되는 터무니없는 반복의 폭력."[69] 어떤 사람들은 큰 파문을 일으킨 사건을 당한 후부터 자기가 도대체 무엇을 할 수 있는지, 자신의 인생을 어떻게 조직화해야 하는지 등을 알지 못하기 때문에 일상생활에서 일어나는 문제들을 더이상 해결할 수가 없다. 그 사건에서 헤어나지 못하기 때문에 앞으로 부딪치게 될 여러 가지 상황에 더이상 대처할 수가 없는 것이다.

심적 트라우마의 특징 중 한 가지는, 끊임없이 공포의 이미지가 낮에는 의식 속으로 침입하고 밤에는 악몽이 되어 다시 나타난다는 것이다. 정신적 외상을 가지고 있는 사람은 '마치 그 일이 방금 일어난 것처럼' 쉴 새 없이 공포를 체험하기 때문에 시간 자체가 멈춰버린다. 그리고 그 사람은 자신을 고통스럽게 만든 행위를 자기도 모르는 사이에 되풀이한다. 폭력을 당한 사람은 다시 폭력을 행사하고, 모욕을 당한 사람은 다시 다른 사람을 모욕한다. 정신적 외상을 가진 사람이 자신의 가족과 사회 집단 내에서 다시 자기 자리를 차지하면 이 심적 트라우마는 거의 대부분 서서히 사라진다. 그러나 그것이 잔존해 있으면서 개인의 삶을 망가뜨리는 경우도 증례별로 다양하게 나타난다. 그 이후에 받게 되는 고통은 다른 형태들을 띠는데, '평범한' 우울증과 삶에 대한 무관심에서부터 고통스런 슬픔을 신체적으로 느끼는 것, 불면증, 쉽게 감염되는 것, 초기 단계의 마약중독, 트라우마를 일으키고 끊임없이 의식 속으로 뚫고 들어오려는 사건의 부활 등 다양하다. 통계 수치는 언제 어디서 조사했느냐, 데이터를 어떤 식으로 수집했느냐에 따라 달라진다. 정신적 외상을 입은 사람들은 얼굴을 직접 보며 대화를 나누기보다는 전화로 자신들의 고통을 더 쉽게 표현할 수 있다고 생각하는데, 그건 체면을 잃고 싶지 않아서다.[70] 전체적으로 볼 때, 정신적 상처를 입은 사람들 중에서 10%는(남성의 경우는 6%, 여성의 경우는 13%) 트라우마를 당한 이후 6개월이 지나도 여전히 심적 트라우마로 인해 고통받고 있는 것으로 확인되었다. 심적 트라우마는 모든 정신병 중에서 네번째 자리를 차지한다.

이 같은 현상을 어떻게 설명하느냐는 의사가 어떤 교육을 받았느냐에 따라서 달라진다. 정신분석가들은 죽음 충동이라는 개념을 그다지 쉽게 받아들이지 않는다.[71] 프로이트는 이 개념이 쾌락 원칙을 넘어서며, 이 억압된 충동이 꿈과 징후, 행위로 재발한다고 주장했다. 이 같은 설명이 사실은 프로이트의 직업 생활에서 매우 힘들었던 시기의 이론적 표현과 일치하는 것일 수도 있다. 그는 치료가 빈번히 실패로 돌아가자 자신의 방법에 의심을 품었던 것이다.[72] 환자들의 병이 재발하자 그가 내세운 정신분석학적 해석의 치료 효과는 완전히 쓸모가 없어졌다. 그러나 프로이트가 1차 세계대전 후인 1920년에 생각해낸 이 개념은 심적 트라우마를 환상이 아닌 실제 사건으로 설명한다. 이처럼 끔찍한 상황에서 프로이트는 자기 자신의 트라우마를 이해하려고 애썼다. 전쟁 통에 죽은 사촌, 우정을 쌓아왔던 환자 안톤 폰 프로인트의 죽음, 제자인 빅토르 타우스크의 자살, 딸 소피와 그가 깊이 사랑했던 소피 아들의 끔찍한 죽음. 프로이트는 자기 자신의 우울증을 이론화시킨 것이 아닐까?[73] 자신의 온갖 고통에서 벗어날 수가 없었던 그는 도처에서 반복을 보았다. 그의 고통은 물론 현실적인 것이었다. 전쟁, 자식들의 죽음, 정신분석학자들의 자살, 치료의 실패, 텅 빈 진찰실. 어쩌면 프로이트는 잔인했던 시기에 대한 그 나름의 진실을 이론화하고 일반화함으로써 절망에 저항했는지도 모른다.

그렇다고 해서 반복이 존재하지 않는다는 것은 아니다. 그것을 이해하는 다른 방법이 있을지도 모르며, 회복이라는 관점에서 볼 때 그것을 피하는 다른 방법이 있을지도 모른다. "어머니는 내가 워낙 빨리 뛰었기 때문에 결코 나를 붙잡지 못했다. 그래서 그녀는 밤에 내가 잠들기를 기다렸다가 내 방으로 와서 혁대로 나를 때리곤 했다. …… 나는 애정을 받아보지 못했기 때문에 그걸 줄 수도 없었다. 사실 나는 사랑한다는 말을 딸에게 할 엄두를 내지 못한다. 그래서 그 아이를 위해 나 자신을 희생한다. 단어로써 말할 수 없는 것을 행동으로 보여준다. 아무도 몰래, 아무 말 없이 주는 것이다. 그 아이가 이해해주었으면 좋겠다." 되풀이해서 애정을 서투르게 전달하는 것은 자기표현을 가로막고 어머니와 딸 간의 정서적 관계를 왜곡시키는 일종의 방어 전략이다. 그럴 경우 감정상의 오해가 빚어지게 된다. 이 예에서 어머니의 반복 충동은 그녀로 하여금 쌀쌀맞고 어쩌면 몹시 냉담하게 느껴질 수도 있을 회피성 애착을 보여주지 않을 수 없게 만든다. 딸에 대한 애정을 말로 표현하는 걸 두려워하기 때문이다. 딸은 자식에게 헌신하고 복종함으로써 지배당하는 어른의 입장을 택한 부모와 함께 살고 있다. 딸이 자라서 이 행동 전략의 의미를 이해할 수 있을 때까지 기다려야만 할 것이다. 그리고 어머니가 위축되는 바람에 덩치만 큰 젖먹이가 되었으므로 아마도 이 아이는 수십 년이 지난 뒤에야 그것의 의미를 깨닫게 될지도 모른다.

자기 이미지에 지배당하다

이 문제는 관계 성향을 수월하게 만들어주는 각인 과정이나 무의식적인 학습 과정으로 간주될 수도 있다. 아이는 매일같이 다른 사람들과 상호 작용을 되풀이하면서 "다른 사람들과 함께 있는 자기 자신"에 대해 구축한 개념에 부합하는 법을 배웠다. 살아 있는 모든 존재는 필연적으로 지각 대상에 반응하지만, 어린 아이는 태어난 지 6개월이 지난 후부터 그의 기억 속에 새겨지면서 형성된 "다른 사람들과 함께 있는 자기 자신"의 재현에도 반응한다.[74] 신생아는 애착의 대상이 자기 주변에 있어야만 살아남을 수 있다. 혼자서는 발전해나갈 가능성을 전혀 갖지 못하는 것이다. 생물학적 현상의 자연 발생적인 본질로 볼 때 애착의 대상은 거의 항상 어머니다. 그러나 다른 여자나 남자, 혹은 어떤 기관 등 갓난아이를 돌보고자 하는 사람 역시 이 아이를 대상으로 하는 이미지와 감각 반응, 행동 등으로 구성된 애착 대상으로서의 기능을 수행해낼 수가 있다. 몸짓의 반복은 지각된 현실을 어린아이의 기억에 각인시키며, 이 애착 대상이 어떤 행동을 취할 테니 기다리라고 가르친다. 자신의 개인사와 남편, 혹은 사회적 배경으로 인해 불행해진 여성은 우울증 환자의 감각 반응을 보일 것이다. 즉 얼굴에는 표정이 거의 없으며 몸짓도 잘 취하지 않는 것이다. 상대를 똑바로 쳐다보지 않으며 목소리도 힘이 없다.

이처럼 어머니의 정신세계를 반영하는 지각 반응 환경에서 살게 될 경우 아기는 움츠림으로 반응하는 법을 배우게 된다.[75] 태어난 지 1년이 다 되어갈 때쯤에는 이 불행한 애착 대상을 지각하기만 해도 슬픈 어머니의 반응을 기대하게 된다. 아기는 자신이 지각하는 것에만 반응하는 것은 아니다. 그는 자기가 살펴보고 있는 것에도 반응하고, 자기가 배운 것을 예상하기도 한다.

    태어난 지 3년째가 되면 어린아이는 감정이입을 할 수 있는 나이가 되어 어머니의 정신세계와 그녀의 동기, 그녀의 의도, 심지어는 그녀의 믿음을 재현한 것에 대해 자기 자신이 만들어낸 이미지에도 반응하게 된다. "어머니는 이번에도 내가 초콜릿을 먹었다고 생각할 거야. 사실은 형이 먹은 건데 말야." 차가운 세계에서 성장해나가는 아이는 다른 사람들이 자신에게 얼음을 갖다주리라고 예상한다. 그는 이렇게 생각하는 듯하다. "모든 정서적 관계는 차가울 수밖에 없어." 반대로, 사랑받는다고 느끼는 아이는 사랑을 받았었기 때문에 자신이 사랑받을 만하다고 믿는다. 이 같은 지각은 생존을 위한 평범한 몸짓들에 의해 그의 기억 속에 각인되었기 때문에 아이에게 믿을 만하고 사랑스러운 자기 이미지를 부여하며, 아이는 관계를 맺기 시작할 때 이 같은 자기 이미지에 반응한다.

    이 같은 학습 과정은 지속적인 정서적 유형을 만들어내며, 이 유형은 처음으로 사랑의 대상을 만날 때 다시 표현된다.[76] "내가 누구인가를 생각해보면 난 그녀가 날 경멸할 것이라고 예상할 수 있다." 또 다른 젊은이는 이렇게 생각할 수도 있다. "내가 누구인가를 생각해보면 난 그녀가 날 받아들일 것이라고 예상할 수 있다." "다른 사람과 함께 있는 나 자신"의 재현은 우리가 누구를 만나느냐에 따라 다르게 구성되는 개념이다. 그러나 그것은 기억과 관련되는 모든 현상들이 다 그렇듯 바뀔 수 있으며, 또한 지워질 수도, 강화될 수도, 변모할 수도 있다.

우리는 우리의 기억에 의해 형성되고 우리의 기억을 형성한다

이 같은 유형의 학습 과정은 재현되지 않는 기억이다. 그것은 반드시 의식적이지 않은 육체적이거나 정신적인 능력의 획득으로 이어진다. 바로 이것이 절차 기억이다. 즉 지각 반응 정보는 시각과 음성, 운동과 관련된 유형의 정보들을 다루는 피질의 신경 부위를 형성하는 것이다. 그리하여 뇌는 그 같은 유형의 정보에 우선적으로 민감하게 반응한다. 이런 정보는 다른 유형의 정보보다 더 쉽게 초기 단계에서 지각되기 때문이다.

동일한 논거가 우리의 서사적 정체성을 구성하는 역사적 사건들에도 적용될 수 있다. 그러나 이 인격 형성 단계에서 우리의 기억은 더이상 생물학적이지 않다. 그것은 삽화적이고 의미론적이며, 따라서 필연적으로 의식적이다. 이 '자전自傳'은 시간과 관계 속에 위치하는 이미지와 일화들에 대한 기억으로 구성된다. 우리는 이런 유형의 기억 덕분에 의도적으로 환기할 수 있는 자기 이미지를 갖게 된다. "내가 여섯 살 때 그들이 나를 사방으로 찾아다녔던 일이 기억난다. 나는 훔친 토마토를 먹으려고 숨어 있었다. 내 얼굴은 토마토로 온통 더럽혀져 있었다." 의미론적인 기억은 보다 더 일반적인 담화들로 이루어져 있다. "나는 수학 성적이 항상 안 좋았다." 우리의 인생 계획, 그리고 우리가 매일같이 다른 사람들과 관계를 맺는 방식은 이 같은 자기 이미지들에 부합한다. 우리는 과거의 현실로 돌아가는 것이 아니라 바로 이렇게 구성된 기억에 반응한다. 이미지와 대화의 시퀀스들을 잘라내는 대본의 개념은, 우리의 감정과 행동, 언어 반응을 변화시키고 우리의 자기 재현에 서사적 형태를 부여하는 이야기의 전개 속에 포함된다.[77]

한편으로, 우리의 서술적이거나 명시적인 기억은 말과 기억의 측두골과 해마상 융기 구조에 의지하고 있다. 이 같은 신경학적 능력은 주체로 하여금 과거로 되돌아가서 자신의 감정을 구성하는 이미지 요소들을 찾고 그것으로 이야기를 꾸미도록 해준다. 다른 한편으로, 내재된 기억은 언어 구역 주변의 연상 피질과 시간을 처리하는 우뇌에 단순히 그려지거나 촉진되므로 의식에 접근할 수 없다(프로이트의 표현).[78] 말을 하기 이전의 체험은 우리가 어떤 유형의 세계를 우선적으로 지각한다는 사실을 우리가 깨닫지 못하기 때문에 의식적으로 될 수 없는 우선적인 감각을 뇌에 불어넣는다. 즉 우리는 그것을 볼 수 있기 때문에 그것을 믿는 것이다. 그것은 정신분석학자들이 말하는, 억압되어 갈등을 일으키는 무의식은 아니다. 그러나 어떤 유형의 정보를 선택함으로써 개인의 정서 생활에 영향을 미치는 이 각인은, 프로이트가 말하는 "무의식의 생물학적 기반암基盤岩"[79]을 생각나게 한다. 이 기반암은 꿈을 꾸거나 실수를 저지르거나 어떤 행동을 실패할 때 무의식의 샘플과 사절使節의 형태로 다시 불쑥 솟아오를 수도 있다.

    이 같은 논거는, 우리의 뉴런에 새겨진 무의식적인 절차 기억이 강화되거나 지워질 수 있으며, 모든 생물학적 과정이 그렇듯이 변화할 수도 있다는 것을 의미한다. 우리는 자기 이미지의 각본에 대해 말함으로써 그것들을 다시 손질하거나 고쳐 만들 수 있다. 역사학자들 역시 새로운 기록을 발견하면 사회의 비극에 대해 이야기하는 문화적 서사敍事를 수정한다. 예술가들도 트라우마가 불러일으키는 느낌을 미화하고, 공포를 예술작품으로 승화시킨다. 진한 우정이나 관계는 개인의 자기 이미지를 바꿔놓을 수 있다. 이 같은 언어 표현 작업을 통해서 정서생활과 사회생활에 대한 참여 방식이나 자기 이미지를 뒤바꿔 놓을 수 있는 것이다(어떤 경우에는 완전하게). "이야기는 개인들이 자신의 운명에 도전하기 위해 사용하는 도구다."[80] 바로 이것이야말로 회복이 추구하는 바다.

우리는 개인과 가족, 사회라는 언어 표현의 세 가지 원천으로 접근할 수 있다. 문화적 고정관념은 예술작품과 소설, 영화, 혹은 철학서에 의해 뒤바뀔 수가 있다. 주위 사람들 역시 이웃들끼리의 모임이나 신문 기사, 가족 치료에 의해 달라질 수 있다. 우리는 정신적 외상을 입은 견딜 수 없을 만큼 지리멸렬한 기억의 토막들을 정리하여 다시 이어붙임으로써 토막 나고 격렬한 이미지가 불러일으킨 감정을 제어하는 훈련을 할 수 있다. 글쓰기와 심리요법 그리고 문화적 참여는, 결국 우리와 가까운 사람들과 문화에 의해 받아들여질 수 있는 명확하고 평화로운 자기 이미지를 만들어내게 될 "일관성 있는 이야기"[81]를 꾸며낼 수 있게 도와줄 것이다.

탈출의 메커니즘

회복을 도와줄 수 있는 후견자들은 얼마든지 있다. 다만 주변사람들과 문화가 그들을 좌절시키지 않아야 하며, 또한 정신적 상처를 입은 아이가 불행을 당하기 전에 획득했던 몇 가지 내적 자원을 이용할 수 있어야 한다.

아메데는 아주 착한 소년이었다. 어찌 보면 조금 지나치다 싶을 만큼 고분고분했고, 품위 있게 행동하려고 신경을 썼다. 지각은 절대 하지 않았고, 공책은 항상 깨끗하고 말끔히 정돈되어 있었으며, 셔츠 단추는 언제 봐도 단정히 채워져 있었다. 이상하게도 이 같은 순응적인 태도가 그를 탈사회화시켰다. 너무나 정상적이다 보니 모든 것이

명료해져 버린 것이었다. 그는 어머니를 사랑하지 않았지만 그녀에게서 벗어날 수가 없었다. 그의 청소년기는 고통스러울 정도로 지루했다. 왜냐하면 남편과 아들의 존재가 무색할 만큼 능수능란하게 모든 일을 혼자서 처리하는 어머니의 지배를 받았기 때문이었다. 그러던 어느 날, 아메데는 자신이 더 강하다는 느낌을 갖기 위해 어머니의 강한 성격을 조금이라도 눌러보기로 결심했다. 몇몇 친구들과 함께 따분한 저녁 시간을 보내고 나서 밤늦게 집으로 돌아가야만 했던 그는 목소리를 바꿔서 어머니에게 전화했다. "B부인이시죠? 여긴 병원인데요. 유감이지만 아드님이 사망했다는 말을 전해드리지 않을 수가 없군요." 그러고 난 그는 전화를 끊고 같이 있어봤자 따분하기만 한 친구들에게 다시 돌아갔다. 그러나 이 순간부터 그의 마음은 가벼워졌다. 어머니가 드디어 약해지기 시작했을 거라는 생각이 들었던 것이다. 그 뒤로 그는 어머니에게 큰 고통을 안겨줄 수 있는 비슷한 방법들을 수없이 고안해냈고, 그때마다 즐거워하곤 했다. 그는 자살 소동도 벌였고, 에이즈에 걸려서 치료를 받아야 된다고 어머니에게 거짓말을 하기도 했으며, 어머니가 싫어하는 이웃의 트럭 운전사를 사랑하게 되었다고 선언하기도 했다. 가족 관계는 점점 더 붕괴해갔고, 때로는 갈등이 폭발하기도 했다.

그러던 어느 날, 2차 세계대전 당시 르클레르 장군이 이끄는 프랑스군이 쥐앙레팽에 상륙한 것을 기념하는 날, 그의 어머니가 해방 당시 영웅적인 활약을 했다는 내용의 기사가 한 지역신문에 실렸다. 모든 이웃들이 그 기사에 관해 아메데에게 이야기했고, 아메데는 그때서야 비로소 어머니가 어떤 사람인지를 알게 되었다. 그때까지만 해도 그는 어머니를 이해할 기회를 갖지 못했다. 왜냐하면 그녀가 오직 독재적인 하녀의 역할만 한다고 믿고 있었던 것이다. 일상적인 가정

생활이 그녀의 어머니 역시 인격을 가진 사람이라는 생각을 할 기회를 주지 않았기 때문에 그는 어머니의 개인사에 관해서 알지 못했다. 그 누구도 아이에게 정치 이야기를 하지는 않으니 말이다. 그러고 나서는 일상생활이 이 가족을 불화의 늪 속에 빠트렸다. 아메데의 가정 주변에는 그의 어머니의 개인사에 관해 말해줄 사람이 아무도 없었다. 사촌들도, 친구들도, 이웃들도 그럴 수가 없었다. 그런데 신문이 제삼자의 역할을 했다. 사건이 일어나고 25년이 지난 뒤에 신문을 통해 그 사실을 알게 된 것이다. 아메데가 신문을 읽은 다음 날부터 그와 어머니의 관계는 바뀌었다. 2차 세계대전 당시 프로방스 지방의 해방에 큰 흥미를 느낀 그는 그것에 대해 쓴 글을 읽거나 증인들을 만났고, 어머니를 찾아가 그에 대한 이야기를 나누었다. 그리하여 그는 어머니의 개인사와 내부 세계를 발견하게 되었다.

아메데가 느꼈던 극도의 괴로움과 어머니에 대한 가학은 고통스러운 관계를 되풀이함으로써 이해 부족을 악화시켰을 뿐이었다. 변화를 꾀하게 하고 탈출 과정을 가능하게 한 것은 가족 주변에서 일어난 사건, 신문, 문화적 이야기였다. 이 오래된 개념은 1943년에 이미 영국의 한 정신분석학자에 의해 대략적으로 규정된 바 있다. 그는 이렇게 말했다. "이드는 반복되는 경향이 있다." 오직 하나의 프리즘을 통해 세계를 보고, 오직 하나의 주제를 중심으로 그것을 읽는 법을 가르쳐주는 것은 기억에 새겨진 트라우마의 흔적이나 자취다. 그러나 "나의 자아 역시 사물을 원래 상태로 돌리고 그 상황을 회복시키는 경향이 있다. ······트라우마는 기억 속에 새겨지기 때문에, 본래 상태로 되돌아간다는 것은 하나의 환상에 불과한 희망이다. 그러나 트라우마는 자아를 위해 사용되어 긴장을 서서히 완화시킬 수가 있다."[82] 이 같은 논거는 신경 생물학이 뇌의 한 부분에 그려지면서 세계를 보는 방법을 가르쳐주는 잠재적 기억을 구분해내고, 그것을 이미지와 말의 재현을 생산해내는 명시적 기억과 대립시킬 때 말하는 것을 정신분석학 용어로 표현한다. 탈출의 메커니즘은 실제 트라우마가 불러일으키는 감정을 다시 손질하고 새로운 모양으로 고쳐 만드는 데 사용될 수 있다.

회복 이론도 이와 다르지 않다. 반복은 지속성과 기대를 만들어 냄으로써 우리의 정체성을 구성한다. "그런 타입의 남자를 만날 때마다 나는 항상 분노로 반응한다." 우리가 배우는 모든 것은 시간이 흐르면서 잊혀지거나, 말과 이미지에 의해 다시 만들어질 수 있다. 반복 덕분에 우리는 주변 환경이 바뀌는 것과 상관없이 우리가 우리 자신으로 남아 있다는 느낌을 갖게 된다. 그러나 회복 덕분에 우리는 그 같은 자기 이미지를 다른 식으로 경험하여 알 수 있다. 우리는 우리의 문화에 영향력을 행사하여 그 어떤 상처도 배제를 정당화할 수 없도록 그것을 설득할 수 있으며, 또한 정신적 상처를 입은 사람들이 새로운 발달의 방법을 발견할 수 있게 해줄 회복의 후견자들을 그들 주변에 배치해줄 것을 사회에 요구할 수 있다. "탈출의 메커니즘은 그 자신에 대해 깊이 작업할 것을 환자에게 요구한다. 그는 심리적 작업을 통해 억제를 극복하여 그의 창조적 잠재력에 새로운 활력을 불어넣어야 한다. 그는 또한 자신의 개인사를 복원하여 자신을 역사성의 주체로 위치시켜야 한다. 마지막으로 그는 자신과 사회적 규범의 관계를 변화시키고, 모욕적인 폭력의 근원인 다양한 권력 형태에 맞서 싸워야 한다."[83]

회복의 윤리적 의미는 다음과 같이 요약될 수 있다. 새로운 인간관계 기술을 획득하기 위해 심리적 훈련을 하는 것, 우리의 정체성을 구성하는 역사를 만들어나가는 것, 우리 자신에 대해 다른 방식으로 생각하는 법을 배우는 것, 문화가 정신적 상처를 입은 사람들에 대해 늘어놓는 판에 박은 이야기에 맞서 싸우는 것.

3장
사랑의 형이상학

—

자식으로서의 사랑과 낭만적 사랑
사랑의 위기
비언어적인 사랑 고백
첫사랑은 두번째 기회다
애정의 깜부기불과 냉랭한 분위기의 가족
사랑하는 방식의 연금술
말에 의한 짝짓기
사랑하는 법을 배울 시간
사랑하는 사람들의 고통으로 인해 고통을 겪다
이해한다는 것이 곧 치유한다는 것은 아니다

Parler d'amour
au bord du gouffre

자식으로서의 사랑과 낭만적 사랑

"성적 욕망이 불현듯 치밀어오르면서 나는 여성들을 의식하게 되었다. 나는 내가 이미 사랑의 방식을 배웠다는 사실조차 모르고 있었다. 나는 그들이 변했다고 생각했지만, 사실은 내가 그들을 다른 식으로 보기 시작한 것이었다. 그런데 내가 여성들을 본 것은 처음이었다. 그 전에는 소녀들이라든가 부인네들, 엄마들을 보았던 것이지 …… 여성들을 본 것은 아니었다. 나는 너무나도 혼란스러운 나머지 몸에서 열이 날 정도였다. 무슨 퍼즐게임을 하는 것 같기도 했고, 바늘로 찌르는 것 같기도 하고 불안하기도 했으며, 기분 좋은 것 같기도 하고 어디가 좀 아픈 것 같기도 했다. 나는 무엇이 나를 그렇게 혼란스럽게 만드는지 알아내야만 했다. 나의 육체를 이용하여 여자들 중 한 명과 함께 그 사랑의 형이상학을, 감각 세계로부터 출현하는 그 학문을 배워야만 했다. 나는 일종의 입문을 원했다. 어떤 힘들이 한꺼번에 내 가슴 깊은 곳에서 솟아올랐고, 나는 이 시대의 문화와 가정에 하나의 모범이 될 수 있는, 내가 사랑할 수 있는 여성을 찾으려고 애썼다."[1]

'만남'과 '사랑'은 둘 다 생각하기가 어려운 단어들이다. 이상하게도 우리는 이 단어들을 자랑스럽게 생각한다. 상당히 많은 문화들이 사랑의 만남이 갖는 가치에 대해 의문을 표하고 있기 때문에 더욱 그렇다. 우리는 가족 구조를 유지해주고, 젊은 부부들을 후원해주고, 집단의 가치를 물려주기 때문에 중매결혼이 더 고상하다는 말을 들어왔다. 반면에 연애결혼은 개인의 선택에 우선권을 부여한다. 젊은 사람들이 집단의 규범을 무시하면 공동체가 약화된다. 중매결혼은 집단 내부에서 이루어지며, 이 집단은 그것을 주요한 사회적 사건으로 만든다. 이러한 문화에서 최초의 성행위는 지위의 변화를 알리는 일종의 통합 의식이 된다. 반면에 연애결혼은 자기들을 고무시킨 바로 그 사회적 가치에 따르고 있다는 사실을 확실히 알아차리지 못한 채 자유롭게 서로를 선택한 두 젊은이를 결합시킨다. 어쩌면 연애결혼은 은밀한 형태의 중매결혼일지도 모른다.

'만남'은 평범한 단어가 아니다. 그것은 상호 침투를 요구하기 때문에 하나의 사건이며, 심지어는 트라우마라고도 말할 수 있다. 누군가를 만나면 우리는 당황한다. 안 그러면 그냥 스쳐 지나가거나 피할 뿐이다. 사랑이란 두 사람이 성행위를 하면서 욕망을 결합시킬 때, 그리고 일상생활에서 정서적 유형을 결합시킬 때 탄생하는 것이다. 우리는 우리가 원하는 이 트라우마 덕분에 우리 자신을 넘어서서 한층 더 성숙해질 수 있다. 그러나 다른 사람과 더불어 그렇게 해야 하므로, 우리의 자아가 침범당할 위험이 있다. 일체의 만남은 우리의 인생 진로를 바꾸고, 결국에는 혼란에 빠트릴 수도 있다. 사랑에 빠진 남녀는 자신의 몸과 영혼 속으로 들어올 수 있는 권리를 상대에게 부여한다. 그리하여 사랑의 방식과 욕망의 결합은, 사랑하는 사람을 성숙하게 만들거나 아니면 엄청난 정신적 고통을 안겨줄 수도 있다.

사랑에서 애착이 어떤 역할을 하느냐에 관심을 기울이기 시작한 것은 아주 최근의 일이다. 정서적 유형은 두 사람을 접근시킬 수 있는 바탕이 된다. 왜냐하면 각자는 상대에 대한 위안의 원천이며, 그(그녀)가 매우 안전하게 느끼도록 만들어서 그녀(그)를 떠날 수 있을 만큼 충분한 신뢰감을 그(그녀)에게 불어넣기 때문이다.[2] 첫사랑은 포기를 요구한다. 즉 우리는 오이디푸스 콤플렉스에서 아버지에 해당하는 대상에게 불복종하고, 섹스 파트너의 역할을 받아들일 다른 성적 대상을 향해 달려가는 것이다.[3] 이 두 가지 과정은 성격이 다르다. 애착은 일상적으로 이루어지는 상호작용의 과정에서 점진적으로 은밀하게 이루어지는 반면, 사랑은 의식을 일순간에 점령하여 그것을 강렬하면서도 당황스러운 사건으로 만들어놓는 것이다.

이 두 가지 현상의 결합은 하나의 수수께끼다. 성행위를 금지하는 자식으로서의 애착과, 성행위를 하라고 권유하는 낭만적인 사랑을 어떻게 화해시킨단 말인가?[4] 이 두 가지 사랑의 방법은 결합되어 있기는 하지만 양립하지는 않는다. 아내를 사랑하는 방식으로 어머니를 사랑할 수는 없기 때문이다!

우리는 새로운 커플이 서로에 대한 애정을 드러내면서 성행위를 할 준비를 하는 것을 관찰함으로써 이 문제를 해결할 수 있다. 반면에 이미 안정된 커플은 그런 식으로 행동하지 않는다. 애정은 정서적 관계를 조직화하는데, 이 정서적 관계는 성행위와 분리될 수 있다. 그것은 어머니와 아기 간에 상호작용이 이루어지는 과정에서 내재적인 기억 속에 새겨진 학습 과정이기 때문이다. 우리는 서로 뺨을 어루만지고, 서로 바싹 끌어안고, 서로 손을 잡고, 아기처럼 떠듬거리며 서로에게 말을 하고, 애정에 가득 찬 별명으로 서로를 부르고, 서로에게 맛있는 음식을 만들어준다. 그러다가 우리의 몸짓은 전혀 예상치 못했던 방향으로 전개되면서 그 의미를 바꾼다. 그리고 우리는 성행위를 하기 위해 동작을 일치시킨다. 그러나 이런 동작을 어머니와 함께 연속적으로 취한다는 건 생각할 수도 없는 일이다. 이 같은 시나리오는 상상하는 것만으로도 견딜 수 없을 만큼 공포감을 불러일으킨다. 우리는 면도날 위에서 사랑을 한다. 애정과 욕망이 닿을락 말락 근접해 있다는 것은 단순한 몸짓, 혹은 보일 듯 말 듯한 몸이나 말의 떨림조차도 희열을 악몽으로 뒤바꿔놓을 수 있다는 것을 의미한다.

애착에 관한 연구를 통해서 우리는 섹스를 하는 나이가 되기 훨씬 전에 사랑하는 법을 배운다는 사실을 이해하게 된다. 또한 우리는 행동생태학적 관찰을 통해 두 육체가 어떻게 이 만남을 준비하는지 분석할 수 있다. 그러고 나면 이처럼 내밀한 관계가 어떤 결과로 이어질 것인가라는 문제가 제기된다. 즉 만남의 종지부가 될 수도 있고, 반대로 우리가 애착을 쌓아가는 방식을 변화시킬 수도 있는 것이다. 사랑의 행위를 하고 난 뒤에 어떻게 함께 살아갈 수 있는가? 낭만적 사랑과 자식으로서의 '애정'과 우리를 사로잡는 욕망과 우리를 안정시키는 '애착'이라는, 이 두 가지 욕구를 어떻게 매일같이 조화시킬 수 있는가?

사랑의 위기

이제 우리는 정서적 유형이 안정적인 애착과 양면적 애착, 회피성 애착, 혼란스러운 애착으로 도식화될 수 있다는 사실을 알고 있다.⁵⁾ 우리는 행동생태학의 방법론을 통해 만남과 정서적 유형이 서로 결합되는 방식을 동시에 진행시키는 육체적 징후들을 관찰할 수 있다. 또한 밀접하게 맺어진 유대 관계가 느슨해지거나, 혹은 그 반대로 어린 시절에 입은 감정의 상처가 봉합될 가능성이 있다는 사실도 알고 있다. 첫사랑은 인생의 중요한 전환점이다. 우리를 안정시켜 주는 사랑의 모성적 형태로부터, 성적 욕망을 느끼면서 우리를 사회화하는 만남을 가지고 싶다는 생각을 하게 만드는 또 다른 사랑의 형태로 옮겨가는 것이 바로 이때이기 때문이다. 모든 형태의 변모가 그렇듯이 이 두 가지 사랑의 방식에는 모순과 연속성이 동시에 존재한다. 엄마는 아빠가 아니지만 그렇다고 해서 완전한 여성도 아니라는 것이다. 나는 아내에게 애착을 갖고 있다. 그래서 아내는 내게 안정감을 불어넣는다. 그러나 그녀 역시 내가 자신을 욕망하기를 원한다. 우리가 이처럼 방향을 전환하면 힘들이 마치 성운星雲처럼 집중된다. 즉 호르몬은 새로운 뉴런 경로가 쉽게 만들어지도록 돕고, 정서적 유형은 파트너들을 조화시키며, 사회적 시선은 무엇이 가능하고 무엇이 가능하지 않은지를 우리에게 말해준다.

첫사랑을 할 때는 호르몬이 풍부하게 분비되고 감정이 강렬해져서 참으로 예민한 시기가 된다. 이 시기에 우리는 파트너를 알아가기가 매우 쉬워진다. 이 같은 각인의 생물학적 토대는 신경호르몬이다. 지나칠 정도로 안전을 보장받아서 감각을 잃어버리는 바람에 스트레스를 받지 않을 경우, 인간은 주변 환경에 무관심해진다. 판에 박힌 일상에서는 아무 사건도 일어나지 않으며, 그 어떤 물체도 돌출되어 있지 않다. 그는 시간의 흐름을 표시할 수단을 가지고 있지 않으며 정체성도 구축할 수가 없다. 반대로 지나치게 스트레스를 받으면 뇌의 해부학적 구조 자체가 바뀐다. 사는 게 힘들어지면 신경 전달 작용을 하는 카테콜아민 호르몬이 넘쳐흐르고, 부신이 코티손 호르몬을 분비한다. 이 물질들은 뇌의 아랫부분에 있는 대뇌 변연계 세포에 의해 우선적으로 캐치된다. 코티손 호르몬은 내벽에 부종을 만들고, 이 부종은 부풀어오르면서 뉴런 경로를 팽창시킨다. 칼슘 이온이 그곳으로 흘러들어 세포를 파괴한다. 이것은 감정과 기억을 제어하는 뇌의 대뇌 변연계가 왜 몇 년 동안 매일같이 스트레스를 받고 나면 위축되는지를 설명해준다.[6]

따라서 뇌가 정상적인 자극을 받도록 하기 위해서는, 완벽한 안전(정서생활을 둔하게 만드는)뿐만 아니라 지나친 스트레스(감정과 기억의 순환을 위축시킴으로써 심리생활을 마비시키는)도 피해야만 한다. 밀물과 썰물처럼 심장박동과 호흡은 생명의 리듬을 조절하고 우리에게 존재한다는 느낌을 불러일으키는 일종의 교호交互작용을 한다. 이것은 왜 우리가 생리학적인 차원에서 시련을 추구하고 그것을 극복해야 하는지를 설명해준다. 그리하여 우리는 우리에게 행복감을 불어넣는 존재의 이정표들을 인공으로 만들어 세우는 것이다. 비록 그 이정표에 도달하기가 힘들다 하더라도 말이다. 제어할 만한 수준의 스트레스를 받으면 인체는 옥시토신 호르몬을 분비하는데, 기분을 좋게 만들어주는 이 물질은 섹스를 하거나 아이를 가졌을 때, 아이에게 젖을 주었을 때, 혹은 좋은 소식을 알렸을 때 많은 양이 발견된다. 모르핀과 비슷한 작은 미립자인 오피오이드도 유쾌한 대화를 나누거나 좋은 친구와 시간을 보내거나 음악을 들을 때 증가한다.[7]

이런 점에서 볼 때 사랑의 위기는 이 모든 생물학적·정서적·사회적 요소들을 한데 모으고 결합시켜 민감한 시기를 만들어낸다. 이 시기는 너무나 강렬해서 상대에 대해서 배우고 그(그녀)를 우리의 기억 속에 통합시킬 수가 있다. 그러나 트라우마로 인해 고통받을 위험

또한 존재한다. 하지만 사랑하는 사람이 상대의 모든 것을 다 지각할 수는 없다. 상대가 보여주는 것, 그가 어린 시절을 지내면서 민감해진 부분만을 지각할 뿐이다. 그래서 연인이 "나는 오직 그녀만을 생각해"라고 말할 때 그는 오직 자기 자신에 대해서만 말하고 있는 것이다. 왜냐하면 그의 내부 세계는 그가 만든 그녀의 이미지로 가득 채워져 있기 때문이다.

비언어적인 사랑 고백

"나는 우리가 사랑에 빠졌다는 걸 단번에 느꼈다……. 아니다, 우리가 사랑이 찾아오는 것을 내버려둘 수 있으리라는 것이 즉시 느껴졌다. 서점에서 나가려는 순간 나는 그녀의 시선에 사로잡혔다. 그렇다, 사로잡혔다는 말이 맞다. 아니, 홀렸다고 말해야 하리라. 그녀는 나를 사로잡았다. 그래서 나는 너무나 기뻤다. 그녀는 관광객들 사이에 앉아 미술책을 한장 한장 넘기고 있었다. 그녀는 내가 서점 밖으로 나가는 것을 쳐다보았다. 나는 그녀가 내게 관심을 집중시키고 있다는 것을 단번에 알아차렸다. 그녀는 아름다웠다. 그녀의 은근한 아름다움이 내 마음 깊은 곳으로 들어왔다. 우리는 서로를 이해했다. 그래서 나는 나의 시선으로 그녀의 시선을 감쌌다. 포근하면서도 강렬했다. 우리가 서로를 쳐다보았을 때 나는 어떤 위험한 쾌감을, 불안에 가까운 쾌감을 느꼈다. 나는 인사 대신 고개를 끄덕였다. 나 자신도 모르는 사이에 그런 것이었다. 그녀와 벌써 육체적 관계를 맺은 것 같은 느낌이 살짝 들었다. 하지만 짧게 주고받은 그 시선을 통해 느낀 강렬한 감정은 내게는 엄청난 사건이 되었다. 그녀도 뭐라고 중얼거렸다. '안녕하세요?'라고 말하는 듯했다. 그녀는 진지했고,

목소리도 떨리는 듯했다. 그녀의 친구들이 떠날 시간이 되었다고 손짓했다. 그녀는 눈길을 돌렸다가 다시 나를 돌아다보더니 슬픈 표정을 짓고는 가버렸다. 우리의 사랑 이야기는 이렇게 해서 막을 내렸다."

눈길만 교환하고 끝난 이 짧은 연애는 사랑의 만남과 관련된 문제를 제기한다. 언어를 사용하지 않은 이 메시지는 왜 그렇게 명료한가? 다른 사람도 많은데 왜 하필 그녀인가? 왜 그는 트라우마에 가까운 환희를 느낀 것일까? 만일 서로 한눈에 반한 뒤에 관계를 맺게 되면 그들은 어떤 커플을 이룰 것인가?

구애를 위한 행동은 처음에는 비언어적이다. 모든 생물체들이 그러하듯 우리는 짝을 짓기 훨씬 전에 감정을 일치시키고 육체를 적응시켜야 한다. 우리는 말이 만남을 가능하게 한다고 믿고 있다. 그러나 불행하게도 대화의 행동생태학은, 지적인 소통이 이루어지는 동안에도 우리가 말해야 하는 것의 대부분은 몸에 의해 전달된다는 사실을 증명한다. 만일 자세와 몸짓, 얼굴 표정, 목소리의 떨림 등이 생략됨으로써 언어 외적인 소통이 막히면, 우리는 아무것도 이해하지 못하게 될 것이다. 말에 의한 전달은 전언(傳言)의 35%에 불과하기 때문이다.[8]

우리가 말을 하는 것은 다른 사람에게 영향을 미쳐서 그로 하여금 우리의 감정을 지각하도록 만들기 위한 것이라는 견해를 받아들인다면, 우리는 왜 서로 한눈에 반해야 하는지 그 이유를 이해하게 된다. 서점에서 한눈에 반한 이 남녀의 예를 들어보자. 두 남녀는 각자 자신의 육체를 통해 비언어적인 감정을 상대에게 전달하여 영향을 끼쳤다. 만일 서로 말을 나눌 수 있었다면 그들은 이 같은 감정 소통을 계속하여 서로 한눈에 반했다는 것을 확인했을지도 모른다. 텍스트는 그다지 중요하지 않다. 중요한 것은 텍스트와 동등한 것들이다. 두 사람의 육체가 말을 통해 감각적으로 좀더 가까워졌더라면 한 눈에 반한 두 사람의 정서적 유대 관계는 계속되었을 것이다.

우리가 갖고 있는 고정관념과는 달리 남성으로 하여금 구애 행동을 시작하게 만드는 것은 언제나 여성이다.[9] 여성들은 구애 신호를 보내 상대에게 관심이 있고 남자친구도 없다고 알린다. 그들의 눈길을 보면 그게 얼마나 강렬한지 알 수 있다. 하지만 그게 무엇인지 명확히 규정하기는 힘들다. 정서 발달 장애가 있어서 감정이입(욕망의 조화를 가능하게 하는)을 배우지 못한 사람들이나 강간범을 제외하면, 남자들은 자기를 초대하지 않은 여자들에게는 거의 접근하지 않는다. 사랑을 유발하는 것은 아름답고 균형 잡힌 여성의 육체라기보다는 오히려 사랑의 감정을 불러일으킬 수 있는 여성의 재능이다. 남성역시 인간관계를 유지하는 똑같은 기술을 획득했을지 모르지만, 어떤 구애의 신호를 보내느냐 하는 것은 남성이냐 여성이냐에 따라 달라지는 것 같다.

조울증을 앓고 있는 남성은 다행증^{多幸症} 발작을 일으키는 동안에는 많은 여성의 마음을 정복할 것이다. 그러나 우울증을 앓는 단계에서 그의 세계가 텅 비어 쓸쓸해지면 이 남성은 자신에게 관심이 있는 여성이 보내는 구애의 신호를 더이상 알아차리지 못하게 된다. 우리의 정서적 발달 역시 구애의 신호를 받고 거기에 의미를 부여하도록 도와준다. 어렸을 때 우울한 성격을 가진 부모를 진지하게 사랑하는 법을 배운 여성들 중 많은 수는 도취감을 불러일으키거나 언변이 좋고 자신감 있는 남성의 행동에 성가시다는 반응을 보인다. 그들이 그런 남성에게서 도망치거나 아니면 그냥 피해버리는 것은, 재미있고 성격 좋은 남성을 간절히 원하는 여성들에게 내리칠지도 모르는 번개로부터 자신을 보호하기 위해서다. 두 가지 경우 모두 신호는 확실하게 감지되었지만, 그 신호는 문제가 되는 여성의 정서가 어떤 식으로 발달했느냐에 따라 다른 의미를 띠게 된다. 안정된 애착 관계를 획득한 여성들 대부분은 명랑하고 자신감 있는 남성들에게 관심이 있다는 신호를 보내는 반면, 도피 반응을 보이는 여성들은 이런 남성들에게 차가운 눈길을 보내면서 완강하게 버틸 것이다.

번개가 아무 데나 후려치는 것은 아니다. 우리가 어렸을 때 여러 가지 정서적 유형을 배우면서 세웠던 피뢰침에만 내려치는 것이다. 우리는 미래의 파트너들을 이미 만들어놓았으며, 따라서 우리로 하여금 누군가를 만나게 해줄 우연한 사건은 정해진 범위의 가능성 안에서 일어나는 것이다. 우리는 결코 아무하고나 사랑에 빠지지 않는다. 항상 자신과 일치하는("난 그 사람을 위해 태어났어"라고 우리가 말하는) 대상만을 만나지, 그렇지 않은 사람은 만나지 않는 것이다. 우리는 함께 소통할 수 있는 남성이나 여성을 발견할 수 있는 수신자인 동시에 관계자다. 우리는 상대에게 영향을 미칠 수 있는 능력을 갖고 있기 때문에 상대를 후려친다.

중매결혼은 문화, 종교, 인종, 혹은 돈 등의 요인에 의해 결정된다. 그러나 연애결혼의 경우 감정의 신호들이 무대의 전면에 나서는 반면에 사회적 압력은 무대 뒤에서 가해진다. 여성은 생전 처음 보는 남자가 자신의 마음 깊은 곳에 있는 무엇인가를 건드리면 화들짝 놀라고 당황하며 감정을 진정시키려고 애쓴다. 그녀 자신을 향한 작은 몸짓들을 점점 더 자주 되풀이하는 것이다. 치마를 끌어내리고, 머리를 톡톡 치고, 턱을 들어올리고, 가슴을 앞으로 내밀고, 웃음을 참는다. 그러나 그녀는 자신에게 집중된 동작을 취하는 동안에도 계속 유혹의 신호를 보낸다. 그녀는 자기가 남자를 힐끗힐끗 쳐다보고, 눈썹을 추켜올리고, 눈살을 찌푸리고, 입으로 손을 가린다는 사실을 깨달지 못하고 있다.[10] 자신은 그 사실을 모르고 있지만, 흥분하여 기하학적 형태를 띤 그녀의 육체는 그 남자가 먼저 말을 걸어오면 기쁜 마음으로 기꺼이 화답하겠다고 그에게 말하는 듯하다. 그는 그 같은 사실을 느끼는 동시에 알고 있지만, 자기가 어떻게 그 사실을 알고 있는지는 모르고 있다. 오직 행동생태학적 관찰만이, 그가 그녀에게 불러일으킨 감정이 강렬한 도발의 형태로 표현되고 있다는 것을 그에게 설명해줄 수 있으리라. 그녀의 팽창된 동공은 그녀의 눈길에 열기를 불어넣고, 그는 그 열기를 분명하게 느낀다. 남성들은 이미지를 더 민감하게 느끼기 때문에 이 같은 육체적 징후들을 지각하고 행동과 말로 지근거림으로써 그것들에 반응하는 반면, 촉각에 더 민감한 여성들은 남성들이 처음 하는 말을 언어에 의한 애무로 생각한다.

여성은 남자의 동공 확대 여부에 관심이 없지만,[11] 대신 남성이 처음으로 하는 말과 그가 말을 하는 방식을 앞으로 일어날 일의 정서적 샘플로 간주한다. 이 만남의 순간에는 그가 어떤 식으로 말을 하느냐가 그가 하는 말의 내용보다 더 중요한 것이다. 말을 하는 행위는 근접성을 유지시키고, 이 근접성은 다른 모든 형태의 지각 활동을 통해 그들의 인격을 조화시키도록 허용한다. 대개의 경우 여성이 먼저 신체적 접촉을 시도하는데, 이때 사회적으로 합의된 부위에만 손을 댄다. 예를 들자면, 말을 하면서 손가락 끝을 남성의 팔뚝에 올려놓는 식이다. 그가 작별인사를 하면 그녀는 그의 손을 꼭 잡고 놓아주려 하지 않는다. 그러다가 다시 만나면 그녀는 꼭 어머니라도 되는 것처럼 그의 상의에 묻은 먼지를 조심스레 털어준다. 그녀는 드레스가 그의 몸을 살짝 건드리도록 내버려두며, 인파로 붐비는 곳에서는 젖가슴으로 사람들에게 떠밀리는 남자의 팔을 지그시 누른다. 이 모든 사소한 신체적 접촉은, 그녀가 사회적으로 합의가 덜 되어 있으며

3장 사랑의 형이상학

더 은밀한 신체 부위를 다른 곳에서는 만져도 좋다고 남자에게 허락했다는 것을 의미한다.

사랑하는 사람을 새로 만나는 것은 생각처럼 그렇게 우연히 이루어지지 않는다. 사랑의 만남에서 유일하게 우연한 것은, 아주 적은 숫자의 의미 있는 것들을 선택하는 일이다. 사랑에 빠진 사람들은 꼭 이렇게 말하는 듯하다. "내가 얼마 전에 만난 남자(여자)에게는 내 영혼을 울리는 뭔가가 있어. 그(그녀)의 몸은 내 마음 깊은 곳을 건드리는 징후를 보여주고 있어. 왜냐하면 나의 역사가 나를 그 징후에 민감하게 만들었고, 그(그녀)는 다른 사람들보다 내게 더 쉽게 말할 수 있으니까."

첫사랑은 두번째 기회다

우리는 사랑에 적응해갈 때 우리가 어떤 정서 유형을 획득했는지를 신체적 징후를 통해 보여준다. 행동생태학적 관찰을 통해 잠재적 애착이 열정적인 사랑에서 어떤 역할을 하는지 알 수 있는 것이다.

우리가 사랑에 빠졌을 때의 강렬함과 정서적 유형의 상호 침투는 민감한 시기를 만들어내며, 이때 다시 시작된 학습 과정은 두 당사자로 하여금 서로에게 발견의 즐거움을 안겨줌으로써 서로 성숙할 수 있게 해준다. 또한 그전에는 어려웠던 정서적 유형을 수정하는 것도 가능하다. 그러나 이 민감한 시기는 또한 불완전하게 구축된 정서적 유형을 한층 더 악화시키거나, 심지어는 이전에 안정되어 있던 애착 관계를 깨뜨릴 수도 있다.

이 민감한 시기에는 다른 학습 과정이 진행될 수도 있다. 이것은 인생의 전환점으로서 흔히 회복 과정의 시발점이 되지만, 그 반대로 안정된 애착 관계를 형성하고 있던 상대방에게 상처를 입힐 수도 있다. 관계가 어떤 방향으로 이루어질 것인지를 결정하는 힘은, 정서적 유형들과 역사적이며 유사언어적인 일련의 힘이 결합함으로써 형성된다. 커플들이 이런 식으로 결합하면 더 쉽게 정서적 유형을 수정할 수 있으며, 이 과정에서 한 사람은 다른 사람에게 영향을 미치게 된다(더 좋은 방향으로 영향을 미칠 수도 있고, 더 나쁜 방향으로 영향을 미칠 수도 있다). 두 남녀가 안전한 관계를 맺으면 그들이 그 전에 획득하는 데 실패했던 안정된 정서적 유대감을 배울 수가 있다. 그래서 사랑은 회복을 가능하게 만드는 것이다. 생물학적으로 볼 때도 사랑의 관계는 변모와 방향 전환을 수월하게 해준다. 강렬한 감정과 호르몬 분비가 뇌에 영향을 미치면 새로운 시냅스가 생성되고 새로운 신경 경로가 만들어진다.[12] 이 모든 조건들이 결합하여 두번째 기억의 각인을 수월하게 해준다. 젊은이들은 그들에게 정서적 유형을 가르쳐주었던 어린 시절의 주변 환경으로부터 깊은 영향을 받았다. 이제 사랑의 관계는 그들이 어린 시절에 획득했던 부정적인 자기 이미지를 고칠 수 있도록 허용함으로써 두번째 기회를 제공한다.[13] 그리하여 그들은 더이상 범죄를 저지르지 않고 새로운 스타일의 사회화를 시도해볼 수 있는 것이다.[14]

이것은 단순한 변화를 훨씬 뛰어넘는다. 그것은 인생의 일대 전환점이며, 때로는 생물학적인 것과 정서적인 것, 사회적인 것이 결합하여 모퉁이를 도는(모퉁이를 얼마나 잘 도느냐는 사람에 따라 다르다) 변신이기도 하다.

그러므로 회복 이론은 어떤 유기체의 수용성을 변모시키는 정서적·문화적 상황과 우리가 관찰한 변화에 관심을 가져야 한다. 우리는 민감한 시기를 새로 만들어냄으로써 우리의 정서적 유형을 변화시키는 다른 형태의 각인된 기억을 갖게 된다. 이 전환점들은 우리가 관계를 유지할 수 있는 새로운 기술과 세계를 경험할 수 있는 또 다른 방법을 획득하게 해준다. 우리의 정서적 유형은 우리를 새로운 사랑의 만남으로 인도하고, 다시 이 사랑의 만남은 우리의 정서적 유형을 변화시킨다.

무작위로 우편물을 보낸 다음 응답지를 받는 방법으로 조사를 해본 결과, 일반인들의 섹스 행태를 개괄적으로나마 알아볼 수 있었다.[15] 24세 이하의 16%와 50세 이상의 22%는 그 전 1년 동안 단 한 차례도 성행위를 하지 않았다. 65세 이상의 70%는 성행위 자체를 아예 그만두었다. 남성의 2.7%와 여성의 1.7%는 여러 번 동성과 섹스를 했다. 그러나 우리가 애착과 성행위 간의 상호 관계를 알아보려고 했을 때 가장 관심을 끈 것은, 미혼자들이 많은 섹스 파트너를 가지고 있었을 뿐만 아니라(이것은 이해가 된다) 부부간의 성행위는 열심히 하지 않는 지식인들이 상당히 많은 횟수의 혼외정사를 하고 있다는 사실이다. 그러므로 삶의 방식은 우리가 우리의 성생활을 조직하는 방식에 영향을 미칠 수 있는 것이다. 큐피드는 닥치는 대로 화살을 날리지 않는다. 어린 사랑의 궁수들은 스스로 과녁이 되겠다고 나서는 남자와 여자들만 겨냥한다. 우연은 화살이 날아와도 옆으로 몸을 피하지 않고 사선射線에 서 있는 자들에게만 영향을 미칠 뿐이다. 서로 만나는 이유, 혹은 커플의 토대를 이루는 신화, 이것들은 커플들의 인격과 그들의 관계 유형, 그들을 특징짓는 계약의 구성 요소가 된다.[16] 중매결혼의 경우, 커플들이 속한 문화는 그들에게 무엇을 기대하는지를 분명하게 진술하며, 젊은이들은 집단의 법칙에 복종하는 것을 자랑스럽게 생각한다. 반면에 연애결혼의 경우에는 함께 살겠다는 의도가 중매결혼보다 더 심리적이며, 사회적 압력(매우 강력하게 이루어지기는 하지만) 역시 그것보다 더 개인적이다. 사랑의 파트너를 선택할 수 있는 가능성의 범위 역시 더 넓어지며, 사회적 속박에 덜 얽매인다.

애정의 깜부기불과 냉랭한 분위기의 가족

조르주는 젊었을 때 아버지가 어린 아들을 돌보는 모습을 볼 때마다 강렬하면서도 은근한 감동을 느끼며 몇 년 동안 스스로도 놀라워했다. 그는 그 장면을 자주 떠올렸는데, 그렇게 하면 기분이 몹시 즐거워졌기 때문이었다. 어느 날 그는 스키를 타러 갔다. 안개가 짙게 끼어 있었다. 조르주는 잠시 숨을 돌리기 위해 가파른 비탈길 꼭대기에 멈추어 섰다. 저 아래쪽, 회색빛 도는 하얀 안개와 눈 속에서 아버지로 보이는 한 남자가 어린 소년의 목에 목도리를 둘러주고 있었다. 그러고 나서 그 남자는 다시 스키에 올라탔고 소년은 그 뒤를 따라 천천히 시야에서 사라졌다. 남자는 '건장'했다. 그리고 조르주가 바로 이 단어에서 기쁨을 느꼈기 때문에 이 '건장'이라는 단어는 중요하다. 아버지는 어린 아들과의 애정 어린 관계를 위해 자신이 가진 엄청난 힘 중 일부를 쏟았던 것이다. 그 이후로도 조르주는 그 장면을 기억 속에 종종 떠올렸고, 그럴 때마다 그것에 즐거워하는 자신의 모습에 스스로 놀라워하곤 했다.

그는 식구들이 대화를 나누지 않는 차가운 분위기의 가정에서 어린 시절을 보냈다. 그의 아버지는 틈만 나면 어디론가 자취를 감춰버리곤 했다. 말이 없고 늘 일에 치여 살던 어머니는 조르주가 가까이 다가가려고 할 때마다 짜증을 내며 그를 매정하게 밀쳐냈다. 어린 여동생은 손에 잡히는 대로 다 때려 부쉈고, 아침부터 저녁까지 하루

종일 집에 붙어 있지 않았다. 이 같은 일상생활은 우울함과 침묵 속에서 이루어졌다. 어린 소녀는 회피성 애착 관계를 완전히 획득했다. 그녀는 자신을 확 밀치면서 아무 말 없이 무엇인가를 하라고 시키는 어머니의 거친 행동을 군말 없이 참아냈다. 그녀는 어머니를 사랑하는 것을 스스로 금함으로써 자신을 방어했다. 그리고 다른 사람들에게 의지해서는 안 된다고 생각하여 울지 않는 훈련을 하고, 폐쇄된 세계 속에 스스로를 가둔 다음, 오직 집에서 멀리 도망치고 싶을 때만 거기서 나오곤 했다.

이처럼 무거운 분위기 속에서 살던 조르주는 애정의 온기를 느낄 수 있는 순간을 집 밖에서 찾아 즐기곤 했다. 그는 시장을 보러 가면 야채 장수와 오랫동안 이런저런 이야기를 나누곤 했으며, 나이든 이웃 할머니가 4층을 오르내리는 걸 무척 힘들어 해서 그녀에게 우유와 신문을 가져다주기도 했다. 그는 커서 어른이 되면 서로 대화도 많이 하고 함께 자주 웃을 수 있는 가정을 꾸리겠다는 꿈을 꾸었다. 사춘기가 되자, 그는 한 여성이 기다리고 있는 침낭 속으로 들어가는 자기 모습을 상상하기도 했다. 따뜻한 솜털 속에 누군가와 함께 있을 수 있다는 생각만으로도 행복했다. 그의 부모는 그가 태어나서 두 살이 될 때까지 2년 동안 그를 아주 명랑한 보모에게 맡겼다. 그녀와 함께 있으면서 그는 밝게 성장했다. 이 즐거운 만남을 통해 획득한 안정된 애착 유형이 아마 그의 기억 속에 새겨진 듯하다. 여동생이 태어나자 어머니는 두 아이를 보살피기 위해 일을 그만두었고, 조르주도 자기가 키우기 시작했다. 그때부터 조르주의 작은 세계 속에서 일상생활은 무거운 분위기를 띠기 시작했다. 그러나 행복한 관계의 추억을 여전히 기억 속에 간직하고 있던 아이는 따뜻한 애정의 순간을 짧게나마 느끼고 싶을 때면 이웃에 사는 할머니나 야채 장수를 찾아가 만나곤 했다. 여자들이 옆에 있기만 해도 그는 행복감을 느꼈기 때문에, 침낭과 관련된 공상에 빠졌는지도 모른다. 하지만 그는 성행위에 대해 불안감을 갖고 있었다. 왜냐하면 자기가 앞으로 꾸리게 될 가정 역시 대화가 없고 억압적인 분위기를 띨지도 모른다고 생각했기 때문이었다. 그는 만일 어떤 여자가 자신의 아이를 낳게 되면 설사 함께 살다가 불행해진다 하더라도 결코 그녀와 헤어질 수 없을 거라는 생각을 되풀이했다.

이런 생각을 자주 하다 보니 그는 어느덧 두려움을 갖게 되었고, 일체의 성행위를 위험한 것으로 간주하고 포기하기에 이르렀다. 그는 여자들에게 인기가 있었다. 잘생기고, 말도 점잖게 했으며, 섹스를 하자고 치근거리지도 않았다. 그들 중 일부는 그가 그냥 친구로만 남아 있을 뿐 여자들이 보내는 성적 유혹의 신호들에 반응을 보이지 않기 때문에 그가 자기들에게 귀찮게 굴지 않는 것이라고 생각하기도 했다.

그러던 어느 날, 조르주는 그 눈 덮인 비탈길에서 건장한 남자가 아들에게 애정을 쏟는 모습을 보고 엄청난 충격을 받은 것이다. 그 장면에는 성적인 요소가 전혀 깃들어 있지 않았다. 심오하리 만큼 감동적인 무엇인가가 느껴질 뿐이었다. '그래, 나도 저런 아버지가 될 수 있어. 내가 꿈꾸는 게 바로 저런 모습이야.' 그는 우연한 만남을 통해 감정생활의 주제를 직접 행동으로 보여주는 장면을 목격하게 된 것이었다. '성행위는 이제 뭔가 새로운 의미를 띠었고, 더이상 날 두렵게 하지 않아. 내가 저런 아버지가 되도록 어떤 여자가 도와주기만 한다면 말야.' 조르주는 냉랭한 분위기의 가정에서 자라났지만 애정의 깜부기불을 쬐기도 했기 때문에, 이 두 가지가 결합됨으로써 그는 아버지다운 아버지가 등장하는 그런 장면을 간절히 보고 싶었던 것이었다. 이런 장면들은 그 나이 또래의 많은 소년들에게는 웃음만을 안겨줄 수 있을 것이다.

베르테르가 샤를로트를 보고 한눈에 반했을 때도 역시 성적인 요소는 개입되지 않았다. 왜냐하면 이 청년은 그녀가 아이들을 위해 빵을 자르는 모습을 보고 사랑에 빠졌기 때문이다. "내가 지금까지 살아오면서 본 것 중에서 가장 매혹적인 광경이 내 눈앞에서 펼쳐지고 있었다. 그녀는 호밀 빵을 들고 있다가 그걸 잘라서 주변에 모여 있는 어린이들에게 나눠주었다."[17] 베르테르 역시 조르주처럼 자신이 열렬히 바라던 것과 일치하는 장면을 현실 세계에서 본 것이다. 그는 이 장면을 보고 깊이 감동했지만, 반면에 그의 친구들은 그걸 보며 웃었을지도 모른다.

이제 남은 일은 아이를 낳는 것뿐인데, 정자를 자궁 속에 집어넣는 것 말고는 문제될 게 없다. 그러나 이 아이는 일단 세상에 태어나면 만지고, 흔들어 재우고, 먹이고, 깨끗이 씻겨주고, 말로 어루만져주는 지각 환경 속에서 자라나야 할 것이다. 이번에 문제가 되는 것은 두 가지 정서적 유형을 접합시키고, 부모의 사랑하는 방식을 결합시키는 일이다.

사랑하는 방식의 연금술

두 남녀가 커플을 형성하면 그들은 상대를 욕망하는 동시에 상대에게 애착을 가져야 한다. 그런데 어린아이가 성장하는 과정에서 이 두 가지 사랑의 방식은 분리되고 심지어 갈등을 일으키기도 한다. 청소년은 그가 태어난 가정이 아닌 다른 곳에서 누군가를 욕망해야만 마음이 편해지기 때문이다. 이 청소년이 부모가 된다고 치자. 그러면 아이가 발달해가도록 도와줄 후견자들을 제공해줄 감각 영역은 부모가 가진 정서적 유형들의 결합으로 이루어질 것이다. 그런데 어떤 결합은 상대방의 정체성을 위협하는 반면, 또 다른 결합은 그 전에 잘못 형성된 유대 관계를 다시 발전시킬 수 있도록 도와준다.[18]

세퀴르(안정된 애착 관계를 형성한) 씨와 세퀴르 양(안정된 애착 관계를 형성한)이 만나서 결혼을 했다고 가정해보자. 이들 간의 유대 관계는 가볍다. 그러나 가볍다는 게 곧 피상적이라는 의미는 아니다. 그들은 서로를 많이, 어쩌면 깊이 사랑하겠지만, 그들의 유대는 가벼울 것이다. 왜냐하면 어렸을 때 그들은 다른 사람들을 깊이 신뢰할 수 있는 능력을 획득했기 때문이다. 그래서 그들은 서로를 발견하고 서로를 있는 그대로의 모습으로 사랑하는 즐거움을 누릴 수가 있는 것이다. 이런 커플들은 아주 행복한 기분으로 일상을 함께하며, 필요할 경우에는 잠시 헤어졌다가도 다시 만나서 그들 각자의 사회적 모험을 서로에게 이야기해준다.

정신적으로 고통받는 남성이 같은 상황에 있는 여성을 만날 가능성은 희박하다. 두 사람 중 어느 누구도 큐피드의 화살이 날아가는 사선에 서 있지는 않을 것이기 때문이다. 그들은 그들 자신의 고통에서 헤어나지 못한 채 미래에 대한 꿈은 아예 꾸지도 못하고 지금 당장의 순간순간을 견뎌내기 위해 몸부림친다. 반대로, 정신적으로 고통받는 여성이 양면 감정을 소유한 남성(여성의 정신적 상처를 치료해주고 싶다는 욕망을 갖게 된)을 만날 가능성은 있다. 상실을 두려워하는 남성이 삶에 부정적인 여성을 만날 가능성 역시 존재하며, 그 경우 두 사람은 달라질 수 있다. 즉 여성의 안정적이지만 침울한 존재만으로도 남성은 안정감을 느낄 수가 있으며, 그렇게 되면 이번에는 남성이 여성에게 활력을 불어넣는 것이다. 커플이 형성되면, 수많은 사랑의 방법들이 만들어질 수 있다.

　로랑은 어머니를 깊이 사랑하면서도 한편으로는 그녀를 부끄럽게 생각했다. 그의 어머니는 가난했고, 나이가 많았고, 옷도 잘 차려입지 못했으며, 앞치마가 항상 젖어 있었다. 그는 어머니가 학교로 자기를 데리러 올 때마다 그녀에게 젊고 예쁜 다른 어머니들에게서 멀리 떨어져 있으라고 요구했다. 그렇지만 그는 어머니의 품에 안겨 있기를 좋아했고, 언젠가는 어머니를 행복하게 해주리라 다짐했다. 어머니가 옆에 없기라도 하면 막 그녀가 보고 싶었지만 다른 어머니들과 비교해야만 한다는 게 싫어서 그녀를 거부한 것이었다. 로랑은 어린 시절에 그 같은 양면 감정을 획득한 상태에서 커플을 형성할 나이가 되었다. 그는 자신을 사랑하는 여성을 만났지만 그녀를 거부했다. 그렇지만 곧 자기가 안정적인 상태를 계속 유지하기 위해서는 그녀의 정서적 존재가 늘 필요하다는 사실을 깨달았다.

　그래서 그는 그녀에게 전화를 걸었다. 그녀를 잃었다고 믿었던 바로 그날, 그는 그녀에게 프러포즈를 했다. 그녀는 삶을 즐기는 스타일이 아니었다. 외출하는 것을 두려워했고, 친목을 목적으로 하는 일체의 만남을 끔찍한 시련으로 생각했다. 그녀는 삶을 두려워했고, 그는 그녀를 잃어버릴까봐 두려워했다. 그렇게 그들은 안정적인 커플을 형성한 것이다. 그는 그녀가 삶에 대한 두려움을 떨쳐버릴 수 있도록 그녀의 사회적 문제들을 해결해주었다. 한편 그녀는 영원히 그의 곁에 있겠다고 약속함으로써 그가 상실에 대한 두려움을 더이상 느끼지 않게 해주었다. 그들은 서로 의지하면서 대학을 우수한 성적으로 졸업했고, 아이도 네 명이나 두었다. 그녀는 아이들을 잘 키웠는데, 그녀가 사회적 충돌을 피할 수 있게 해주는 완벽한 알리바이를 그 아이들이 그녀에게 제공해주었던 것이다. 그로 말하자면, 아내가 보장해준 정서적 안정감을 이용할 수 있었기 때문에 그의 불행한 어머니가 그에게 줄 수 없었던 신뢰감 있는 애착 관계를 뒤늦게나마 획득할 수 있게 되었다. 아내 덕분에 안정감을 얻고 치료되자 그는 그녀 곁을 떠나기로 결심했다.

한 사람이 다른 사람의 치료사 역할을 하는 이런 커플들은 드물지 않다. 그들은 존경받을 만하다. 당사자들이 그들의 계약 조건을 다시 협상할 수만 있다면 말이다. 그들로서는 그렇게 해야 될 필요가 있다. 왜냐하면 만일 불행히도 함께 있어야만 그들이 행복해한다면 그들은 더이상 같이 살 이유가 없기 때문이다. 로랑의 내적 능력은 늘 그의 곁에 있는 아내의 정서적 존재에 의해 수정되고 강화되었다. 그녀 덕분에 안정된 정서적 유대감을 획득하여 다른 여성을 다른 식으로 사랑할 수 있는 힘을 얻게 된 것이다. 그녀는 로랑 덕분에 사회적인 것에 대한 두려움은 떨쳐버릴 수 있게 되었지만 두려움에 맞서는 법은 배우지 못했다. 로랑이 덜 친절한 남편이었거나 그녀를 덜 보살폈더라면, 일상적인 문제들을 덜 해결해주었더라면, 그의 아내는 사회성을 배울 수 있었을 것이고, 이 부부는 아마도 보다 더 가벼운 유대 관계를 수립함으로써 그들의 계약 조건을 재협상할 수도 있었을 것이다.

첫사랑은 두번째 기회이며, 두번째 사랑은 세번째 기회다. 그렇지만 그 이후의 사랑은 재난이다. 왜냐하면 우리는 다시 학습을 시작할 시간을 갖지 못할 것이기 때문이다.

그것이 생태학적 현실이건 생물학적 현실이건 간에 현실은 계속해서 변하고 있다. 이미지나 말의 재현으로 인해 촉발된 감정 역시 변할 수 있다. 그러나 우리는 영화를 찍고, 그림을 그리고, 연극 공연을 하고, 성찰하고, 말함으로써 그렇게 재현된 이미지와 말에 영향을 미치고 변화시킬 수 있다. 회복의 가능성은 바로 거기에 있다. 정신분석학자들은 관계와 관련한 조항에서 그 가능성을 사용하였는데, 우리는 이 가능성을 삶의 다른 영역으로 확대시킬 수가 있다. "이전에는 접근할 수 없었던 에피소드들을 상기하여 기억들이 '분해 되도록' 하는 작업. 이 작업은 감정적 긴장을 완화시키고, 부정확한 반응이 되풀이되는 것을 막아주고, 새로운 반응이 수월하게 나오도록 도와준다……."[19] 애착 이론은 정신분석학적 해결 방법을 찾아내는 데 다른 두 가지 기여를 했다. 이 이론은 모든 생물학적인 것이 그러하듯 기억은 바뀔 수 있다는 점을 강조하고, 우리가 마음속에 갖고 다니는 주관적·사회적 이미지들에 영향을 미칠 수 있다고 덧붙인다.

어떤 커플의 정서적 유형은 그들이 처음 만났을 때 결합될 수 있다. 왜냐하면 상대를 보는 순간 그(그녀)가 필요나 욕망을 충족시켜 주기를 기대할 수 있기 때문이다. "기억을 도와주는 이미지는, 욕구가 촉발시킨 자극의 기억 흔적과 계속 결합되어 있다. 이 욕구가 또 다시 출현하면, 이미 연결되어 있기 때문에 심리적 흥분이 발생할 것이고, 이 같은 흥분 상태는 기억을 도와주는 지각의 이미지를 재투자하고, 첫 번째 지각의 상황을 밝혀내려고 애쓸 것이다. …… 지각의 재출현은 욕망의 실현이다."[20]

우리는 다음과 같이 말할 수도 있다. "내가 상대에게 지각하는 것은 내 과거의 흔적들을 일깨우고, 그것들을 재발견하고 싶은 욕구를 불러일으킨다. 나는 미래에 대한 나의 꿈과 해결해야 할 문제들을 가지고 상대와 관계를 맺기 시작한다. 우리는 기억과 감정, 욕망으로 이루어진 이 자본을 가지고 우리 가족생활의 주제를 제공해줄 암묵적인 계약서에 서명할 것이다."

섹스글라쎄[불감증] 씨와 섹스크랭티프[섹스를 두려워하는] 양이 만나면 그들은 서로 그들의 내부 세계가 조화를 이루게 되기를 바라도록 해주는 행동 징후들을 즉시 지각한다. 섹스글라쎄 씨는 이 딱딱한 정서적 유형을 분위기가 냉랭하고 도피 성향을 가진 가정에서 획득했다. 그리고 섹스크랭티프 양은 고통스러웠던 어린 시절에 불안정한 애착 관계를 형성했기 때문에 어느 누구도 그녀를 편안하게 달래줄 수가 없었다. 그들의 결합은 그들이 이미 마친 감정 학습을 강화시켰다. 왜냐하면 그들 각자는 상대가 그들이 보고 싶어 하는 행동신호들을 보내고 있다는 사실을 알 수 있었던 것이다.[21] 그들은 결혼하여 안정적인 부부가 되었지만 행복하지는 않았다. 그들에게 아이가 한 명 있는데, 성적 긴장감이 없는 형식적인 성관계에 의해 태어난 아이였다.

    정서적 유형의 연금술이 항상 이렇게 슬픈 것은 아니어서, 장브드브와〔나무 의족을 한〕씨와 푀르드투〔모든 걸 두려워하는〕양의 경우에서 볼 수 있다시피, 값비싼 대가를 치러야만 하는 계약에서 무엇인가 이익을 얻어내는 것도 가능하다. 그는 전쟁통에 다리를 잃었으며, 푀르드투 부인의 공포증은 그의 불구 상태를 이익으로 바꾸어놓았다. 그가 이동에 어려움이 있었으므로 그녀는 남편의 불구를 돕는 데 헌신하기로 결심하고 그 사실을 많은 사람들에게 알렸다. 그녀는 비틀거리는 그를 붙잡아주었고, 햇빛을 잘 견뎌내지 못하는 그가 모자를 쓰고 있는지를 항상 확인했으며, 그날 밤을 못 넘기고 세상을 떠나는 일이 일어나지 않도록 그에게 매일 밤 오렌지주스를 가져다주었다. 그녀는 식품을 배달시키고 장 볼 게 있으면 전화로 주문했다. 혹시 잠깐 자리를 비운 사이에 나무 의족을 한 남편에게 무슨 일이 일어날까봐 그런 것이었다. 우리는 이 여성에게 크게 탄복했으며, 신부는 그녀가 성녀로 추앙받을 수도 있다는 말까지 했다. 이렇게 보호받은 그녀의 남편은 살아남았을 뿐만 아니라 별달리 할 일도 없었으므로 한시도 쉬지 않고 공부해서 사회적으로 크게 성공했다. 그러다가 결국 그의 아내는 혈전증으로 세상을 떠나고 말았다. 남편은 물론 아내를 따라갈 수만 있었다면 무덤 속까지 따라갔을 것이다. 비탄에 잠겨 있던 그는 슬픔을 이겨내기 위해 자동차를 한 대 사서 모자도, 오렌지주스도 없이 세계 여행을 시작했다!

결혼생활이 순탄치 않을 때에만 한 사람에게 이익이 되는 경우도 이따금 있다. 온오프〔증가하면 자동적으로 끊어지고 감소하면 이어지는 방식〕씨는 프레드뤼〔그의 옆에 있는〕부인을 많이 사랑했지만, 그가 그녀의 '정전'이라고 부른 것을 도저히 이해할 수가 없었다. 전기에 관한 비유가 그의 머릿속에 떠오른 것은, 그가 화학자인 데다가 그에게 그런 비유는 너무나 분명했기 때문이었다. 즉 그들은 서로 사랑하든지 아니면 서로 사랑하지 않든지, 둘 중 하나였다. 전기가 '들어오든지' 아니면 '안 들어오든지', 둘 중 하나이듯 말이다. 불행하게도 전류는 오직 그의 아내가 불안해할 때만 통했다. 다행스럽게도 그의 아내는 불안으로 인한 발작을 자주 일으켰고, 그동안에는 오직 그가 옆에 있어야만 다시 진정되었다. 그녀는 꼭 어머니에게 그걸 배우기라도 한 것처럼 그의 목에 매달린 채 찰싹 안겨 있었다. 그러나 불안으로 인한 발작이 진정되고 그가 다가가면 그녀는 그가 자기를 귀찮게 한다고 생각한 나머지, 산책이나 하고 오라며 쫓아버리는 것이었다. 그녀가 그를 사랑하는 것은 오직 자기 몸이 안 좋을 때뿐이었다. 그래서 그녀는 오랜 경쾌輕快 기간 중에 그에게 이혼을 요구했고, 이혼 후에는 절망에 빠졌다. 이제 더이상 그의 곁에 있을 수 없게 되었기 때문이었다.

므와다보르〔내가 최우선〕양은 엘 다보르〔그녀가 최우선〕씨와 결혼을 했고, 모든 사람들은 엘 다보르 씨가 비극적인 말실수를 하기 전까지는 그들이 너무나 완벽한 부부라고 생각하고 감탄스러워했다. 그는 부부 사이에 아무 문제가 없다고 주장하며 이렇게 말했다. "내 아내와 나는 서로를 존경합니다. 그녀는 자기가 원하는 건 뭐든지 다 하지요. 그리고 저는 아내가 원하는 걸 합니다." 이 무의식적인 폭로에 이어 오랜 침묵이 계속되었다.

엘 다보르 씨는 아내에게 신경을 덜 쓰려고 애써보았지만 그렇게 되지가 않았다. 왜냐하면 그는 어렸을 때 너무나도 절망적인 정서 유형은 획득했기 때문에 자기가 사랑하는 여성의 삶을 인도하지 않는 한 커플을 이룰 수 없을 것이라고 결론 내렸던 것이다. 이 같은 정서적 유형은 엄청난 대가를 요구했지만 또 한편으로는 그에게 큰 이익을 가져다주었다. 왜냐하면 그는 안정된 애착 관계에서처럼 보다 홀가분하게 사랑하는 방법을 조금씩 배워나갈 수 있었던 것이다.

그러므로 정서의 변화는 가능한 것이다. 어렸을 때 획득한 정서적 유형은 우리가 앞으로 맺게 될 관계의 방향을 결정하는 하나의 성향이지 사랑을 화석화시키는 숙명이 아니다. 서로 사랑하는 부부는 상호작용이 이루어지는 장소이며, 적당한 시간이 되면 우리는 우리가 배운 것을 수정할 수 있다. "관계 유형은 각 파트너가 획득한 애착 관계의 총합이 아니다. …… 그것은 그들이 힘을 합쳐 이룩한 어떤 것이다. 그들의 창조품인 것이다."[22] 서로 사랑하고 있는 부부는 그들이 발견한 것을 함께 나누며, 그것으로부터 이익을 얻어내든지 아니면 그것 때문에 고통스러워한다.

말에 의한 짝짓기

안정된 커플은 특이한 방식으로 서로에게 영향을 미친다. 이것은 피할 수 없는 삶의 긴장을 "목표에 맞춘 협력"[23]과 "반성적인 의식"[24] 덕분에 해소할 수 있다는 것을 증명해준다. 말하자면 커플은 자신들의 목표에 도달하기 위하여 서로에게 말을 해서 각자 자신의 생각을 밝히고 협력하는 것이다.

우리는 이처럼 말하는 방식을 관찰할 수 있다. 안정된 커플은 교대로 번갈아가면서 말을 한다. 상대의 말뿐만 아니라 몸에도 똑같은 주의를 기울이고, 상대가 하는 말을 듣고, 말하고 있는 상대의 모습을 보기 위해서다. 그들은 빨라지는 말과 낮은 목소리, 별안간 듣는 사람을 향하는 시선 등 지금 말을 하고 있는 사람이 상대에게 발언권을 넘길 준비를 하고 있다는 것을 의미하는 신체적 징후들을 쉽게 지각한다. 춤을 연상시키는 이 행동과 말은 커플이 그들의 감정을 일치시켰으며 평화로운 해결책을 찾고 있다는 것을 보여준다. 반면에 돌봐주겠다는 계약을 암묵적으로 체결한 불안정하고 걱정 많은 커플은 서로에게 말을 하는 동안 정신운동의 심각한 불안정성을 보여준다. 강물이 넘쳐흐르듯 끊이지 않고 계속 이어지는 말, 횡설수설, 잘못된 주제 선택, 대화 내용과 무관한 주제를 느닷없이 끄집어내는 자기중심적 행동. 중간에 말을 자르는 사람들 중 많은 수는 이 같은 언어 행동을 통해 그들이 상대에게 주의를 기울이지 않는다는 사실을 드러내 보여준다. 그들은 대화를 하고 있는 상대가 자신의 마음속에 불러일으킨 감정에 반응할 뿐 그와 조화를 이루려 하지는 않는다. 그들이 말을 자르는 것은 주도권을 빼앗길까봐 두렵기 때문이든지, 아니면 상대가 표현하려고 애쓰는 정신세계를 무시하기 때문이다.

회피성 인격 장애를 가진 불안정한 사람들은 몸이 경직되어 있을 만큼 초연해 보인다. 그들은 몸짓을 거의 하지 않고, 짧은 문장을 구사하며, 듣기 좋게 말하거나 얼굴 표정을 짓지 않은 채 차갑게 말을 한다. 그들이 과장된 자제심을 발휘한다는 것은 곧 그들의 감정이 마비되어 있다는 것을 의미하며, 그렇기 때문에 그들과 대화를 나누는 상대는 압도당한 듯한 느낌을 갖게 된다.

무질서한 애착 관계를 형성한 사람들의 경우, 부정확한 단어를 사용하고 분명하지 않게 대답을 하며 상황에 맞지 않는 동작을 취하기 때문에 무슨 말을 하는지 알아듣기가 힘들다. 그 바람에 그들은 더욱더 고립되고 그들의 고통도 한층 더 커지는 것이다.[25]

어떤 사람이 말을 하는 스타일은 그의 내부 세계를 드러내 보여준다. 우리는 그가 말을 나누는 것을 보며 그가 상대와 어떻게 어울리는가를 관찰할 수 있다.

- 우리는 그가 사랑하는 사람을 만나기 전에 획득한 정서적 유형을 관찰할 수 있다.
- 우리는 젊은이들이 사랑에 대해 상상하는 것을 이해할 수 있다.
- 우리는 그가 상대의 몸에서 보는 기표들이 어떻게 그로 하여금 사랑하는 사람을 만나게 하는지를 분석할 수 있다
- 우리는 커플이 서로에게 미치는 상호 영향의 연금술을 계산할 수가 있는데, 여기서는 $\underline{1 + 1 = 2}$ 가 성립하지 않는다. 융합된 커플의 경우에는 $\underline{1 + 1 = 1}$, 안정적인 커플의 경우는 $\underline{1 + 1 = 2 + 2}$ 가 성립한다. 또한 한 쪽이 다른 쪽을 먹어치우는 불평등한 커플의 경우에는 $\underline{1 + 1 = 2 + 0}$ 이 성립한다.

사랑하는 법을 배울 시간

각 파트너가 어떻게 상대의 마음속에 배어들어 그(그녀)를 변화시키는지 관찰할 수 있는 수단을 가지고 있기 때문에 우리는 또한 서로 사랑하고 있는 커플이 암묵적인 계약을 체결했다고 주장할 수도 있다. 계약을 파기하는 것보다는 체결하는 게 더 쉬운 일이다. 우리는 사랑하는 방식을 반복하고 있는가? 도저히 함께 살기 힘든 누군가와 헤어지고 싶어도 그럴 수 없는 경우가 있다. 그런 일은 자주 벌어지는가? 우리는 서로를 돌봐줄 수 있는가? 우리는 사랑 때문에 정신적 상처를 입을 수 있는가? 아니면 우리는 우리가 서서히 회복되고 있다는 것을 증명할 수 있는가?

거의 대부분의 경우에 사랑은 정서적 유형을 개선시킨다. 양가적이거나 회피적인 애착을 이룬 많은 사람들이 평온을 되찾으면서 안정적 애착 관계를 형성하기 시작하는 것이다. 물론 이 이야기가 항상 목가적인 것은 아니다. 페르손멤므(아무도 날 사랑하지 않아) 양은 므와다보르(내가 우선이야) 씨를 만날 수도 있다. 그녀는 남자가 자기를 그렇게 사랑한다는 사실에 몹시 놀란 나머지 그를 잠시만이라도 곁에 두고 싶어서 그가 원하는 대로 할 것이다. 므와다보르 씨는 페르손멤므 양에게 '므와다보르' 계약을 제안할 것이며, 그녀는 이 계약에 기꺼이 서명할 것이다. 그리고 모든 사람들은 사내다운 이 남성과 너무나 온화한 이 여성의 안정된 관계를 보며 놀라워할 것이다.

한 사람이 다른 사람에게 자기를 돌봐달라고 요구하는 치료 목적의 계약 역시 드물지 않다. 이 계약은 양날의 칼과도 같아서 사람을 치료할 수도 있고, 부상을 입힐 수도 있다. 상자펙트(아무 감정 없는) 씨에게 여자가 없다는 사실을 알게 된 쵤오몽드(이 세상에 오직 혼자 뿐) 양은 그를 도우러 달려갔다. 그들은 서로에게 안정감을 불어넣는 등 서로를 많이 도와주었기에 그들의 일상생활과 그들이 사랑하는 방식이 확실하게 개선되었다. 유일한 문제는 그들이 헤어질 수가 없게 된 것이다. 그 정도로 그들은 서로를 의지하고 있었기 때문에 만일 둘 중 한 사람이 병이라도 나면 그(그녀) 상대가 자기를 더이상 돌봐주지 않는다고 비난할 게 분명했던 것이다.

나는 비앵즈트아이으(오, 난 네가 싫어) 씨를 잘 알고 있었다. 그는 즈느멤크무아(난 오직 나 자신만을 사랑해) 양과 결혼했는데, 그들의 관계는 내게 기묘한 느낌을 불러일으켰다. 그녀는 자신의 건강과 보잘 것 없는 즐거움, 그리고 자기가 얼마나 불행한가에 대해서 이야기했다. 그동안 남편은 침묵을 지키며 그녀의 말을 듣고만 있었다. 입을 꼭 다문 불만에 찬 얼굴 표정이라든가 분노가 서린 눈길 등은 비록 그가 아무 말 안 하고 있지만 속으로는 몹시 불쾌해하고 있다는 것을 분명히 보여주고 있었다. 그는 그녀가 어디를 가든지 따라다녔으며, 아내가 무슨 이유에서인지 대화에서 배제되려고 하면 그때마다 이런저런 질문을 던져서 그녀가 입고 있는 드레스라든지 아니면 지난밤에 어떻게 잠을 잤는지에 대해 이야기하게 만들었다. 그는 그녀가 옆에 없으면 버림받았다고 느꼈고, 그녀가 옆에 있으면 지배당한다고 느꼈다. 그래서 그녀를 찾아가서 그녀에게 권력을 주고, 그 권력에 반항했다. 이 시나리오는 그들의 대화에서 관찰될 수가 있었다. 그들은 서로에게 매여 있었으며, 그들의 함께 사는 방식은 그들로 하여금 서로를 사랑하는 동시에 그것에 관해 불평을 늘어놓게 만드는 것이었다.

아주 드문 경우이기는 하지만, 열정은 진짜 트라우마를 일으킨다. 사랑에 빠진 사람들은 견디기 힘든 감정에 휩싸이기 때문이다.

사랑과 트라우마를 나누는 선은 매우 가늘다. 왜냐하면 우리는 지금 사람의 인격이 다시 형성될 수 있는 중요한 시기에 관해 말하고 있기 때문이다. 대부분은 코너를 안전하게 돌지만, 만일 유쾌한 충격을 받은 허약한 인격이 강렬한 감정으로 인해 갈기갈기 찢길 경우에는 사고가 발생하기도 한다.

지네트는 내게 설명했다. "고통받지 않는 사랑은 진정한 사랑이 아니에요. 그런 사랑의 방식은 날 불행하게 만들어요. 하지만 만일 내가 그를 부드럽게 사랑한다면 난 과연 내가 그를 사랑하는지 아니면 사랑하지 않는지, 그걸 자신 있게 말할 수 없을 거예요. 단조로운 사랑은 날 실망시킬 거예요. 오직 내 가슴을 미어지게 만드는 열정적인 사랑만이 내가 그를 사랑하고 있다는 것을, 그리고 동시에 내가 그를 사랑한다는 게 얼마나 고통스런 일인가를 내게 증명해줄 수 있을 거라고요." 지네트는 일상생활에서 항상 증거를 요구했다. 고통스런 열정은 그녀가 필요로 하는 잔인하면서도 안심이 되는 증거를 그녀에게 제공했다. "사랑은 어머니에게 찰싹 달라붙어 있곤 하던 내 어린 시절을 떠올리게 해요. 나는 어머니와 붙어 있을 때는 미친 듯한 사랑을 느꼈고, 그녀가 조금이라도 내게서 멀어지면 절망하곤 했죠. 나는 그때의 그 고통에 대해 향수를 느낀답니다. 그 고통은 나를 사랑으로 꽉 채워주었고, 내가 안전함을 느낄 수 있게 해주었지요. 나는 이런 식으로 사랑하는 걸 좋아한답니다." 어른이 된 지네트가 고통스런 사랑을 필요로 한다는 것은, 그녀가 양면적인 방식으로 사랑하는 법을 배웠다는 것을 보여준다. 그녀는 물에 빠져 죽을까봐 못이 박힌 판자에 매달리는 것처럼 그렇게 자신의 파트너를 사랑하는 것이다.

나는 감정적 어려움을 겪고 있는 몇몇 청소년들을 지켜보면서 그들이 그들의 부모와 함께 있을 때의 애착 유형과, 이어서 그들이 첫사랑을 하고 난 뒤의 그것을 비교해보고자 했다.[26] 힘든 정서적 발달 과정을 거쳤던 이 젊은이들은 첫사랑을 하는 과정에서 대체로 호전되었다. 나름대로 어려움이 있기는 했지만 그들은 더 행복하고 더 유쾌하게 사랑하는 법을 배웠다. 그들이 안정된 애착 관계를 형성했다는 징후들이 눈에 띨 정도로 증가한 것이다. 그들은 대화를 나누고, 신뢰를 얻고, 사랑하는 사람의 영향을 받아들이고, 계획을 세우고, 자신들의 과거에 대해서 서로 이야기하고, 내밀한 관계를 쌓아가는 몇 가지 커플 의식을 만들어내는 즐거움을 발견했다.[27]

우리가 사랑에 빠지는 순간은 경이로운 전환점이다. 그것은 또한 위험하기도 하다. 일부 안정된 애착 관계를 형성한 사람들과, 불안정한 애착 관계를 형성한 더 많은 사람들이 유대를 맺는 데 실패하고 무너져버린다. 그러나 어려움을 뚫고 유대 관계를 맺는 데 성공한 사람들은 좋은 결과를 얻어 호전된다.

사랑하는 사람들의 고통으로 인해 고통을 겪다

사랑에 빠진 누군가가 유대 관계를 맺으려고 시도할 경우 그의 가족도 그와 함께한다. 다시 말하자면, 개인은 물론 그의 가족도 트라우마와 성숙에 관여한다는 것이다.[28] 1996년 12월 3일 파리의 포르루아얄 수도권 고속 전철역에서 발생한 폭탄 테러의 경우, 그 사건에 관여한 범인들 중 일부는 트라우마를 겪고 있지 않았다. 오히려 그들의 파트너들이 심각한 외상후스트레스 증후군으로 인해 고통받고 있었다.[29] 같은 현상이 베트남 전에서 이미 관찰된 적이 있었다. 전투에 참여하지 않은 쌍둥이가 실제로 전투를 벌인 다른 쌍둥이보다 더 고통스러워했던 것이다. 마찬가지로 베이루트에서도 유엔의 병사들이 전투병들보다 더 큰 고통을 받았다. 그리고 2차 세계대전 때 나치에 의해 강제 수용된 사람들의 일부 자녀들은 부모들보다 훨씬 더 나쁜 영향을 받았다. 그러므로 가까운 사람에게 전해져서 정신적 상처를 입히는 것은 트라우마를 일으키는 사건이 아니라 그것의 재현인 것이다. 어떤 경우, 정신적 상처를 입었어도 주변으로부터 정성스런 보살핌을 받으면, 보호받는 것처럼 보이지만 실제로는 버려진 채 자신이 상상하는 것이 불러일으키는 공포에 시달리는 가까운 사람들보다 더 쉽게 트라우마를 극복한다. 그러나 우리가 사랑하는 사람들이 무엇 때문에 고통스러워하는지를 상상하며 함께 고통을 나누기 위해서는 반드시 그들의 입장이 되어야만 한다. 수단과 방법을 가리지 않고 아내의 기분을 좋게 만들어야만 본인의 기분도 편안해지는 엘 다보르(그녀가 최우선) 씨처럼 말이다. 미르나 강나제의 연구는 멜라니 클라인의 개념들과 르네 스피츠의 행동생태학적 방법론, 그리고 런던 폭격으로 인해 트라우마를 겪은 아이들에 대한 관찰기록의 영향을 받았다. 그녀는 레바논 전쟁 당시 부모가 트라우마를 겪은 아이들이 부모가 그것을 극복한 아이들보다 더 큰 정신적 상처를 입었다는 사실을 발견했다. 그리고 심지어는 자기들끼리 모여 있거나 평화로운 분위기의 가정에 입양된 전쟁고아들조차도 트라우마를 겪는 자신들의 가정에 남아 있던 아이들보다 더 잘 보호되었다.[30] 고통받거나 스스로를 보호하는 것은, 심리 트라우마를 극복하거나 그것에 시달리는 것은 가족 전체인 것이다.

한 사람이 정신적 상처를 입을 경우, 그로 인해 그(그녀)의 가족 또한 고통받을 가능성은 27%다. 아이가 죽을 경우, 두 부부 중 한 부부는 1년 내에 헤어진다. 여성이 강간을 당하면 그 일과는 전혀 관계

가 없는 남편에게 이혼을 요구하는 경우가 많다.³¹⁾

산드라는 경호원이었다. 어려서부터 싸우는 걸 좋아했던 그녀는 경호원이 돼서, 완벽한 훈련을 통해 갈고닦은 정확한 권총 사격 실력으로 정평이 나 있었다. 어느 날 밤, 그녀는 한 저명인사를 경호해주고 걸어서 집에 돌아가는 길에 뒤를 따라오던 한 남자에게 붙들려 강간당하고 말았다. 신체적으로 열세였으므로 총을 뽑아들 수조차 없었다. 그녀는 얼이 빠진 듯 길거리를 이리저리 헤매다가 느릿느릿 집으로 돌아갔다. 그녀를 기다리고 있던 남편은 그녀에게 귀가가 늦어져 걱정했다고 말했다. 그 순간 그녀는 감정이 폭발하여 '남자들을 증오한다'고 소리치며 그동안 너무나 화기애애한 분위기에서 함께 살아왔던 남편을 집 밖으로 내쫓아버렸다. 방금 자신이 자초한 고독에 절망한 그녀는 어머니에게 전화를 걸었고, 전화를 받고 달려온 어머니는 즉시 그녀와 함께 우울증에 빠지고 말았다. 이 두 여성은 아직까지도 고통스러워하고 있다.

오데트는 남편과 함께 배를 타고 여행을 떠났다. 배가 터키 해안의 한 작은 항구에 정박하자 그녀는 혼자 길거리를 산책했다. 그런데 두 남자가 그녀를 끌고 으슥한 곳으로 가더니 농담을 해가며 그녀를 욕보였다. 그녀가 남편의 품속으로 돌아왔을 때, 그녀의 남편은 아무 말 없이 경찰서에 가더니 그녀를 공격한 자들을 찾아냈다. 배는 다시 출발했고, 그녀의 남편은 평소 그답지 않게 침묵을 지킴으로써 자기가 정신적 상처를 입은 아내에게 여전히 세심하게 마음을 쓰고 있다는 것을 보여주었다. 몇 달 뒤, 그들의 슬픔은 사라졌다.

산드라의 자기 이미지는 그녀가 싸울 수도, 총을 뽑아들 수도 없었기 때문에 한층 더 갈기갈기 찢겨져버렸다. 그녀는 "난 기껏해야 여자에 불과해요."라고 몇 번씩이나 되풀이해서 말했다. 공격을 당하기 전까지만 해도 자기가 경호원이라는 직업을 수행해낼 능력이 있다는 것을 어려움 없이 보여주었는데 말이다.

오데트는 모욕당하고 정신적 상처를 입은 채 정박되어 있는 배를 향해 돌아오면서 생각했다. '남편은 더럽혀진 여자를 더이상 원하지 않을 거야.' 그런데 그녀는 그가 자신의 고통을 함께 나누고, 이어서 애정 어린 행동으로 자신을 보살펴주는 결단력 있는 남자라는 사실을 발견했다.

이 두 여성 모두 강간을 당해서 고통받았지만, 그 이후의 변화는 그들의 가족에 따라 다르게 이루어졌다. 정신적 상처가 산드라의 가족을 깊은 고통 속에 빠트린 반면, 오데트의 남편은 그 상처의 일부를 다시 꿰매주었던 것이다. 그들의 가족은 이 같은 상황으로 인해 변화하지 않을 수가 없었다. 그러나 산드라의 가족 시스템은 그녀의 고통 속에 틀어박힌 반면, 오데트의 그것은 더 넓게 개방되어 불행과 싸우려고 애쓴 이 부부의 상호 신뢰를 더 한층 굳건하게 만들어주었다.

이해한다는 것이 곧 치유한다는 것은 아니다

가족이 그 구성원들 중 한 명의 고통을 줄여줄 수 있는 것처럼 문화 역시 그것에 아주 다른 의미를 부여해줄 수 있다. 시베리아처럼 샤먼이 아직 자신의 역할을 하고 있는 사회에는 트라우마를 겪는 사람이 거의 없다. 현실은 고달프고 때론 그 속에서 잔인한 체험도 해야 하지만, 한 구성원이 정신적 상처를 입게 되면 집단이 샤먼의 지휘하에 그를 보살피고 마술 의식을 치러서 회복시켜주기 때문이다. 악령을 쫓아내고, 정신적 상처를 입은 사람으로 하여금 사고에 의해 파괴된 그의 내부 세계를 다시 소유할 수 있게 해주는 노래, 춤, 분장,

주문 등을 통해 불행을 억제하는 것이다. 트라우마는 현실 세계 속에 존재하고 심각한 상처를 남겼지만 더이상 진행될 시간을 갖지 못한다. 그 상처가 주변 사람들에 의해 즉시 봉합되어 문화적 신화 속으로 다시 통합되었기 때문이다.

2001년 9월 11일에 발생했던 테러 이후에 미국에서도 유사한 현상이 일어났다. 뉴욕 시민들은 그전까지만 해도 인정이 많다는 소리를 들어보지 못했다. 그래서 "누군가가 길거리에서 쓰러지면 뉴욕 사람들은 출근 시간에 늦지 않기 위해 그 사람을 뛰어넘는다"라는 말이 있을 정도였다. 불길에 휩싸여 붕괴되는 고층 건물들을 보면서 느낀 엄청난 공포는 즉시 연대감이라는 반사적 반응을 일으켰다. 가족들, 친구들, 그리고 심지어는 외국인들까지 어려움에 빠진 뉴욕 시민들을 돕기 위해 몰려갔다. 그렇게 많은 식당 주인들이 구조 요원들이 휴식을 취하고 무료 식사를 한 후, 다시 힘든 구조 활동에 나설 수 있도록 식탁을 차려준 적은 일찍이 뉴욕 역사상 없었다. 전 세계 사람들이 도대체 무슨 일이 일어난 것인지를 이해하고, 자기 자신을 보호하거나 역습을 취하기 위한 계획을 세우려고 애썼다. 9월 11일 사태는 실제로 엄청난 충격이었지만, 그 이후로 뉴욕 시민들의 문화는 변했다. 서로 이야기를 나누고, 서로 초대하고, 서로 도와주기 시작했으며, 자살률도 1930년 이후 가장 낮았다. 시베리아의 샤먼과 뉴욕의 식당 주인들은 우리로 하여금 문화가 트라우마를 어느 정도까지 치료할 수 있는지를 이해할 수 있게 해준다.

지금까지 우리 어린아이들이 이렇게까지 잘 보살핌을 받은 적은 없었다. 지금까지 그들의 내부 세계를 이렇게까지 잘 이해한 적은 없었다. 하지만 그들은 그 어느 때보다도 더 우울해하고 불안해한다. 모든 사람이 이 같은 사실에 놀란다. 우리는 이해하는 것과 치유하는 것은 다르며, 뭔가 대가를 치러야만 진전이 이루어진다는 사실을 그냥 받아들여야 한다. 우리로 하여금 감각 세계로부터 벗어나게 해준 테크놀로지는 최근의 발명품이다. 그전까지만 해도 우리의 신체는 우리가 세계를 변화시키기 위해 사용한 주요 수단이었으며, 그것들은 기계보다 더 효율적이었다. 남성들은 광산으로 내려감으로써 사회를 생산해냈고, 여성들은 이미 들판과 공장에서 일하고 있던 많은 미래의 노동자들과 농부들, 혹은 왕녀들을 탄생시킴으로써 이 같은 문화를 영속시켰다. 오늘날 기계를 통제하는 자들은 세계를 통제하며, 그들이 거둔 승리는 감정 세계가 극도로 약화된 가상의 인류를 창조해내는 결과를 초래했다. 중세 사람들은 아이들의 죽음과 빈번하게 되풀이되는 기근을 더 잘 견뎌내도록 해주는 재현의 세계에서 살았다. 오늘날 우리는 우리가 이룩해놓은 기술 진보 덕분에 이 현실 세계를 더 잘 통제할 수 있게 되었지만, 남성들은 더이상 그들의 노동을 여성들에게 봉헌할 수 없게 되었다. 여성들이 각자 자기 생활비를 벌기 때문이다. 그리고 여성들은 가족들을 결합시켜주는 그들의 역할을 예전보다 덜 맡는 듯 보인다. 더이상 자신들을 희생하려 하지 않기 때문이다. 이 같은 변화는 현실 세계가 우리에게 가하는 타격을 더 잘 통제할 수 있게 해주었으며, 우리가 여성이든 남성이든 상관없이 우리의 인격이 성숙할 수 있게 해주었다. 하지만 부작용도 나타났다. 즉 생활수준이 향상되면서 사회적 유대 관계가 느슨해진 것이다. 왜냐하면 우리는 살아남고 발전하기 위해서 더이상 서로를 필요로 하지 않기 때문이다. 기술과 문화의 발달 덕분에 많은 경우 실제 트라우마를 피할 수 있게 되었지만, 만약 불행이 닥치면 우리는 그것의 심적 효과를 억제할 수가 없게 된다. 그 같은 발달이 샤먼 효과를 없애버렸기 때문이다.

이 인격 발달의 또 다른 부작용은 부모의 역할이 소멸된다는 점이다. 봉급제와 우리가 이룩해놓은 확실한 기술 발전은 남성들에게는 엄청난 물질적 안락함을, 여성들에게는 상당히 높은 수준의 자유를 안겨주었다. 사회적 성층成層이 반드시 직업적 능력의 위계에 따라 이루어지지 않는 경향을 보이는 스웨덴에서 실시한 어느 조사에서는, 남성들은 사기업에서 더 잘 해나가는 반면, 여성들은 국립건강센터 같은 공기업처럼 안정적으로 임금을 받는 조직에서 더 잘 사회화된다는 사실이 확인되었다.[32] 다시 말해, 트라우마를 겪을 경우 남성들을 안전한 동시에 둔하게 만드는 봉급제는 여성들을 더 잘 보호해줄 것이며, 그들의 해방에 개입하는 국가는 회복의 후견자들을 변화시키고 그들의 성적 측면을 부각시킨다는 것이다.

지난 30년 동안 변화해온 부부의 유대 관계와 부모의 역할은 우리 아이들이 자라나는 가족 구조를 완전히 뒤바꿔놓았다. 그들의 감각세계와 일상적 리듬은 더이상 예전 같지 않다. 50년 전만 해도 소녀는 가정을 돕기 위해 이 세상에 태어났으며, 소년은 노후연금제도가 존재하지 않는 사회에서 그들 부모의 '노후의 의지'가 되어야 하는 운명을 타고났었다. 하지만 지금은 아이들에 관해 더이상 이런 식으로 말하지 않으며, 부모 자식 관계도 크게 변했다. 아이는 이제 더이상 그의 부모의 후손이 아니다. 이제는 아이들이 언제 어디로 외출하고 바캉스를 갈 것인지, 혹은 이사를 갈 것인지를 결정하는 등 가정을 지배한다. 이 새로운 가족 구조의 증가하는 불안정성은 다양한 애착 시스템을 만들어내고 있으며, 이 같은 시스템은 때로는 어린아이들에게 이익이 되는 방향으로 작동하기도 한다. 왜냐하면 이 시스템은 포악하거나 정신적 상처를 입은 부모를 피하게 만들어주기 때문이다. 그러나 그것은 또한 더 많은 어른들이 그들 주변에 있다는 것을 의미하기도 하며, 이 어른들에 대한 그들의 일시적인 애착은 그들이 평온한 정서를 체험하는 것을 허용하지 않는다.

이 같은 사랑의 방식이 맞이하게 될 미래는 불확실하다. 무엇보다도 개인적 성취가 가장 우선시되어야 한다고 생각하는 사회집단과 가족, 개인은 이 같은 정서적 유형을 옹호할 것이다. 그러나 자립의 모험에 대해 불안감을 가지고 있는 사람들은, 어른들이 젊은이들에게 제한된 선택을 제안하는 '현대식' 중매결혼의 장점을 발견하게 될 것이다. 그들은 이렇게 해서 귀속감이 보존될 수 있도록 어떤 종교 집단이나 사회 집단, 인종 집단 내에서 몇몇 지명된 구혼자들을 만날 수 있게 될 것이다. 세대 간의 유대는 구세대에 대한 존경심과 그들이 가진 가치의 수용, 그리고 대신 받게 될 정서적·물질적 도움을 통해 강화될 것이다.

우리가 이 두 가지 관계 전략 중에서 어느 것을 선택하느냐 하는 것은 우리가 처해 있는 사회적 맥락에 따라 달라진다. 자립이 힘들면 어떤 집단에 속하는 것이 결과적으로 안전할 것이다. 그 집단은 우리가 어떤 길을 가야 할 것인지, 잠재적인 섹스 파트너들 중에서 누구를 선택하는 것이 좋을 것인지를 우리에게 말해준다. 그러나 사회적 상황이 개선되고, 일과 거처를 찾는 것이 쉬워지고, 도덕이 관대해지면 부모가 가진 권위의 무게는 젊은이들이 행복을 추구하는 데 장애가 된다. 이 같은 패러독스는 모순이 아니다. 우리는 부모의 애정이 젊은이에게 가족이라는 보호막을 떠날 수 있는 힘을 주는 안정된 기반을 마련해준다는 사실을 배웠기 때문이다. 안락한 사회적 맥락에서는 갈등이 해방의 희망을 제공한다.[33] 반대로 힘겨운 사회에서는 가족 집단에 기꺼이 복종한다. 그 안으로 피신하는 것이다. 가족 집단은 우리에게 안전감을 불어넣으며, 우리의 후견자로 행동한다. 그러나 관용을 발휘하는 문명에서 만일 그것이 젊은이들을 그들을 환영하는 공동체에 넘겨주지 못할 경우, 젊은이에게 떠날 수 있는 힘을 주는 가정은 장애로 작용하게 된다.

4장
물려받는 지옥

기억과 죄의식
고통과 재구성: 우리는 무엇을 물려주고 있는가?
육체의 친밀함과 정신의 전달
사랑하는 방법의 전달
트라우마는 어떻게 유전되는가
물려받은 것을 해석하다
침묵에 잠긴 소음

Parler d'amour
au bord du gouffre

기억과 죄의식

우리가 아이들에게 무엇을 물려줄 것인가는 이로운 동시에 해로운 힘에 좌우되는데, 아이들은 자신의 파트너가 모르는 사이에 그 힘을 습득하여 내면화한다. 그들은 파트너들이 모르는 사이에 그 힘에 관해서 배우고, 자신들도 모르는 사이에 그것을 내화(內化)한다. 무엇인가는 반드시 전달되어야 한다. 무엇인가를 물려받지 않고는 다른 사람들을 사랑할 수도 없고, 그들과 함께 살 수도 없기 때문이다. 그 무엇인가를 파트너에게 어떤 식으로 물려줄 것인가? 그렇게 되면 우리 파트너들의 내부 세계에는 어떤 변화가 일어날 것인가? 이것이야말로 수수께끼다. 부모와 조부모들이 트라우마를 겪은 아이들을 얼마든지 만날 수가 있다. 정신적 상처를 입은 부모들의 변화와 그들 자식들의 변화를 연구해보면 이 문제의 해답을 얻을 수가 있다.

지금 이스라엘에는 나치의 박해 속에서 살아남은 생존자들이 20만 명이나 있다. 그들은 홀로코스트가 자행될 당시 아주 어린 나이였다. 그들이 어떻게 50년 동안이나 이 끔찍한 정신적 상처를 안고 살아왔는지 그 방법을 추정하는 것은 가능하다. 그들 대부분은(50%) 동구권의 유복하고 교양 있는 가정에서 태어나 어린 시절을 보냈다.[1] 전쟁이 발발하자 그중에서도 나이가 많은 14~15세의 아이들(8%)은 대독저항운동에 나섰고, 세 명 중 한 명은 죽음의 수용소로 끌려갔으며, 59%는 숨겨졌다.

강제수용소에서 살아남은 아이들은 줄곧 우울증에 시달리면서 살아왔다. 숨겨진 아이들 역시 그와 유사한 삶을 살아야만 했다. 이들은 전쟁의 현실에는 덜 상처받았지만, 그들의 인격은 자기들이 누구라고 말하지 못하게 하는 터부를 중심으로 발달했다. "만일 네가 누구인지 말하면 넌 죽을 거고, 너를 사랑하는 사람들도 너 때문에 죽게 될 거야." 강제수용소에 끌려가 현실 세계의 공포를 체험했다가 살아남은 아이들 중 많은 수는 그 뒤로 증언을 금지하는 문화적 터부가 존재한다는 사실을 발견했다. "네게 일어난 일은 끔찍하고 혐오스러우니 더이상 거기에 대해서는 이야기하지 마라. 이젠 새 삶을 시작해야지." 이 두 가지 경우에, 생존자들은 어른이 되어서도 계속 그들의 기억 속에 새겨진 이미지에 반응한다. "넌 위험하고 역겨워." 그들에게 있어 전쟁의 종말은 불행해지는 또 다른 방식의 시작일 뿐이다.

대독저항운동에 뛰어들었던 아이들은 만성적인 우울증으로 고생한 경우는 거의 없었다. 그들의 기억 속에 새겨진 자기 이미지는 승리를 거두는 이미지였던 것이다. 그들은 온갖 고통 속에서도 자부심을 잃지 않았으며, 바로 이 감정이 불행 속에서도 그들에게 행복감을 안겨주었다.

언제 어떤 상황에서 트라우마를 겪었든지 간에, 그들 대부분은 정신적 상처를 입은 생존자들을 특징짓는 두 가지 공통점을 보여주었다. 그것은 바로 죄의식과 과도한 기억이다. 이상하게도 죄의식은 그들을 사회화시켰다. 왜냐하면 이 세계의 불행에 과도하게 민감해진 그들이 그 고통스런 감정을 누그러뜨릴 수 있는 유일한 방법은 좀 더 나은 사회를 만들기 위한 투쟁에 나서는 것뿐이었기 때문이다. 그래서 그들은 책을 읽고, 사람들을 만나고, 화를 내고, 웃고, 사랑하면서 회복에 필요한 여러 가지 요소들을 축적했다. 이런 식의 참여를 가로막는 환경에서 자라난 아이들은 회복되기가 힘들었다.

트라우마로 고통받는 사람들의 과도한 기억은 그들이 겪은 일의 후유증이 될 수도 있고, 아니면 그들의 개인적 강점이 될 수도 있다. 그것은 가족이나 사회적 맥락이 어떻게 그것을 사용하도록 허용하느냐에 따라 달라진다. 그들이 기억을 수정하지 못하도록 주변 환경이 가로막으면 그들은 계속 과거에 얽매여 살 것이다. 사건에 의해 촉발된 극단적 감정이 그들의 뇌 속에 이미지들을 새겨놓았기 때문에 잠이 들면 낮에 생각한 무시무시한 형상들이 부활하여 악몽으로 다시 나타나는 것이다. 그러나 가족과 이웃, 문화가 그들 자신을 표현할 수 있는 기회를 제공하면, 그들의 과도한 기억은 재현된 사상과 예술적 생산물, 철학적 사유와 정확하게 합쳐지고, 이것들은 그들의 상처받은 삶에 의미를 부여함으로써 소중한 회복의 요인을 제공한다. 트라우마를 겪는 사람들의 과도한 기억 주변에는 지표가 거의 없다. 왜냐하면 공격자에게 홀린 듯 꼼짝 못하는 사람은, 안정된 애착 관계를 형성한 아이들이 가지고 있는 그 정신적 민첩성을 갖고 있지 않기 때문이다. 트라우마로 고통받는 사람은 자신의 역사에 복종할 수도 있고, 그 역사를 이용함으로써 거기서 해방될 수도 있다. 그는 어쩔 수 없이 자신의 역사를 되풀이하든지 아니면 거기서 빠져나오든지, 둘 중 하나를 선택해야만 한다.

고통과 재구성: 우리는 무엇을 물려주고 있는가?[2]

그들이 참화를 겪고 나서 50년 동안 어떻게 살아왔는지를 결산해 보면 우리는 대부분의 생존자들이 어쨌든 가정을 꾸리고 다시 한 번 사회의 일원이 되었다는 사실을 확인하게 된다. 그들의 내적 세계는 때때로 고통스러우며, 그들은 특이한 삶의 유형을 가지고 있다. 그런데 참으로 놀라운 사실은, 그들의 개인적 어려움이 그들이 눈부신 사회적 성공을 거두는 것을 가로막지는 않았다는 점이다. 아니, 어쩌면 그 반대일지도 모른다. 반드시 공포에서 벗어나야 한다는 의무감이 오히려 그들에게 지나친 용기를 불어넣었는지도 모른다. 파멸하지 않기 위해서는 싸워야만 하는 상황이 그들을 도와서 사회적 성공을 거두게 만들었다. 그들은 아직도 고통스러워하고 있는 자신의 내적 세계를 사회적 성공과 분리시킬 수 있었던 것이다.

탁월한 학교 성적을 거두었던 아이들은 아마도 이것과 똑같은 방어 수단을 사용했을 것이다.[3] 늘 불안에 떠는 아이는 책에서 눈을 떼는 순간 곧 불편함을 느낀다. 학대당한 아이들에게는 학교야말로 그들의 권위를 세울 수 있는 유일한 장소다. 버려진 아이는 오직 학교에 있을 때만 자기가 사랑받는다고 느낀다. 이민자의 아이는 오직 사회에서 승리를 거두어야만 그들 부모의 고통에 가치를 부여할 수가 있다. 이 모든 병적인 용기의 예들은 왜 사회적 성공이 개인적인 어려움과 밀접한 관계에 있는지 그 이유를 설명해준다. 이 역설적인 성공은 그들이 가지고 있는 신경증적 방어기제가 부차적으로 거둔 이득의 결과다. 사회적인 맥락에서 늘 불안해하고 걱정하는 어린아이들은 오직 학교라는 구조화된 체제나 제도화된 환경에서만 편안함을 느낀다. 이 같은 형태의 적응은 학교나 사회에서의 성공으로 이어질 수 있지만, 그것을 회복이라고 부를 수는 없다. 이 단어를 사용하기 위해서는, 당사자가 자신의 상처에 대해 갖고 있는 생각을 다시 정서적 관점에서 수정하는 작업을 마쳐야만 한다. 그런데 트라우마에 적응함으로써 득을 본 이 역설적인 성공은 그 어떤 이미지도 수정하지 않는다. 그것은 회복이 아니다. 더구나 이 같은 유형의 방어기제는 나중에 심적 트라우마가 다시 출현하도록 내버려둔다. 당사자는 그것이 잊혀졌다고 생각했지만, 사실은 그냥 회피되거나 묻혀 있었을 뿐이다. 그러므로 만일 내적 상황이 회복의 후견자 역할을 할 수 있는 문화나 이웃 사람들과 연결되기만 한다면, 트라우마에 의해 심리적 죽음을 맞았다가도 다시 살아나는 게 가능해지는 것이다. 만일 그렇게 된다면 회복 중인 당사자는 그와 접촉하며 성장해야 하는 아이에게는 매혹과 불안을 동시에 불러일으키는 이상한 부모가 될 것이다.

오늘날 우리는 그 같은 부모들의 내적 세계가 그들에게 애착을 갖게 된 어린아이들의 발달을 어떻게 도와줄 수 있는지를 관찰하게 해주는 언어학적·행동생태학적 방법론을 알고 있다. 지금 우리는 생각을 전달한다고 말하는 게 아니다. 그러나 부모의 정신 현상은 아이의 발달에 특별한 방식으로 영향을 미친다.

메리 메인은 이 같은 논리를 처음으로 전개했다. 영혼의 시간은 세계의 시간과 똑같지 않다.[4] 그러나 우리가 영혼에 대해서 말하는 방식은, 그것의 일부를 표현하고 그것을 세계 속에 위치시킨다. 그래서 초기에 이 언어학자는 임신한 여성들의 이야기 구조를 분석했던 것이다. 12개월 뒤, 그녀는 이 여성들이 낳은 아이들이 어떻게 그들과 감정을 주고받는지를 관찰했다. 그리고 그로부터 18개월 뒤에는,

이 아이들이 어떻게 아버지와 애착 관계를 형성하는지 관찰했다.[5] 그 결과는 명확했다. 어머니의 내적 세계와 그녀가 말을 하는 방법은 우리로 하여금 그녀의 아이가 어떻게 사랑하는 법을 배우게 될지를 예측하게 해주었다. 그러나 아버지는 존재 자체만으로도 이 유형을 바꿀 수가 있다.

도식적으로 말하자면, 영혼의 일부를 사물의 세계 속에 위치시키는 서술 유형에는 네 가지가 있는 듯하다.

1) 의미론적 기억이 단속적인 기억과 조화를 이루며, 단어들이 적합한 이미지들의 기억을 묘사하는 '안정되고 자율적'인 담화.
   "바캉스를 갈 테니 배낭을 꾸리라고 어머니가 내게 말했을 때 나는 정말 좋았다."
2) 두 가지 형태의 기억을 나누어놓는 '분리적' 담화. 언어 표현이 이미지의 재현과 분리될 수도 있다.
   "우리 어머니는 나에게 잘해주신다 …… 그녀는 나를 방에 가두고 바캉스를 떠났다."
3) 부단히 경계하며 과거의 시련에 사로잡혀 있는 '몰두형' 담화.
   "나는 내게 일어난 일을 줄곧 생각한다. 벽장 안에 있는 내 모습이 떠오른다. 바캉스를 떠나는 어머니의 모습이 생각난다. 나는 이해하려고 애쓴다."
4) 영혼의 파편들을 현실 세계 속에 위치시키는 무질서한 단어와 이미지에 의해 표현되는 '혼란스럽거나' 얼이 빠진 듯한 담화.
   "우리 어머니는 나와 함께 벽장 속으로, 나 없이 바캉스를 떠났다."

1년 뒤, 어린아이들은 우리로 하여금 그들이 어떻게 사랑하는가를 기술할 수 있도록 해주는 표준화된 상황 속에서 관찰되었다. 그들

은 네 가지 정서 유형을 보여주었다.[6]

1) 어머니의 담화가 12개월 전에, 혹은 그가 태어나기 전에 안정되어 있던 평온한 애착.
2) 분리적 서술 유형을 가지고 있던 어머니가 낳은 아이의 회피적 애착.
3) 어머니가 이야기를 하면서도 다른 것에 몰두해 있던 어린아이의 양면적 애착.
4) 어머니가 혼란에 사로잡혀 있던 아이의 혼란스런 애착.

그러므로 어린아이에게 전달되는 것은 그 어머니의 내적 세계의 내용이 아니다. 어머니의 영혼 중 일부가 말이라는 형태로 바뀌어 아이의 지각 환경을 만들어내고, 아이에게 사랑하는 방법을 가르치는 것이다. 이 언어 행동의 시나리오는 어린아이가 과도한 생물학적 기억을 가지고 있는 발달 단계에서는 상투적이지만, 어머니의 말하는 방식은 아이의 정서 학습 과정을 도와준다.

육체의 친밀함과 정신의 전달

상대에게 자신의 정신세계 중 일부를 전달하고 각인시키는 과정은 오랫동안 동물들에게서 관찰되어왔다. 암컷 짧은꼬리원숭이가 어렸을 때 계속 고립되어 있을 경우, 그 같은 정서적 결핍은 그의 발달에 심각한 영향을 미친다. 춘기발동기가 되면 호르몬이 분비되어 이 원숭이가 성행위를 하도록 자극하지만, 애정 결핍 상태로 성장한 원숭이는 성적 만남을 수월하게 해주는 상호작용 의식을 배울 수가 없게 된다. 수컷 원숭이들이 있으면 자극을 받아 그들에게 다가가지만, 그들과 상호작용을 할 수가 없는 자기 자신의 무능력에 당황하여 그들을 물거나 그들에게서 도망쳐버리는 것이다. 그러므로 이 암컷 원숭이를 붙잡아 인공수정을 해주어야만 한다. 몇 달 뒤에 태어난 새끼는 어머니에게서 떨어질 수가 없다. 새끼는 어머니를 따라다니고, 어머니에게서 한시도 눈을 떼지 않고, 어머니의 사소한 행동 하나하나를 지켜본다. 이 새끼는 미숙한 어머니에게 매혹되어 있기 때문에 노는 법을 배울 수가 없고, 따라서 사회화되어 다른 새끼 원숭이들로 이루어진 세계 속으로 들어갈 수가 없다. 그렇기 때문에 이 새끼 역시 춘기발동기가 되어 호르몬이 분비되고 성행위를 하고 싶은 자극을 받으면 자신을 매혹시키는 암컷들에게 다가가 그들을 물거나 아니면 멀리 도망쳐버리는 것이다……. 그가 태어나기 전에 그의 어머니가 그랬던 것처럼 말이다![7] 이 병리 현상을 직접적으로 관찰할 경우, 이 젊은 원숭이가 앓고 있는 장애의 원인이 그의 어머니가 어렸을 때 겪은 애정 결핍이라는 사실을 결코 이해할 수가 없을 것이다. 동물들의 경우에도, 만일 세대 간 유전의 문제를 해결하고자 한다면 반드시 장기적인 관찰을 해야만 한다.

 몇 년 뒤에 우리는 개 주인들의 정신세계가 그들이 키우는 개의 행동 방식을 형성할 수 있다는 사실을 증명하는 데 성공했다.[8] 한 젊은 부부가 우아하게 생긴 달마티안 개를 산 다음, 길 잃은 개 한 마리를 데려다가 '벼룩'이라고 불렀다. 이 순종 달마티안을 이 부부가 이혼할 때까지 떠돌이 개가 지배했다. 이 개들이 달마티안을 더 좋아하는 여자 주인의 집에 가 있을 때는 '벼룩'이 기꺼이 약자 노릇을 계속했다. 여자 주인이 좋아하는 달마티안이 먼저 먹도록 내버려두고, 잠도 멀찌감치 떨어져서 자고, 달마타안이 지나가면 길을 비켜주는 것이었다. 그러나 '벼룩'을 더 좋아하는 남자 주인의 집에서는 관계가 역전되어 달마티안이 고개를 숙였다. 달마티안은 꼬리를 다리 사이에 집어넣고, 먹기도 잘 안 먹고, 아주 작은 소리에도 화들짝 놀라 일어나고, 오줌을 주체하지 못하고, '벼룩'에게서 멀리 떨어져 있었다. 그러므로 인간들의 내부 세계에 존재하는 이미지는 말을 하지 않아도 상호작용의 생물학에 의해 중재되어 몸에서 몸으로 전달될 수 있으며, 개의 감정 세계에 영향을 끼쳐서 그것을 더욱더 발달시킬 수도 있거나 방해할 수도 있다.

같은 시기에, 가족을 연구하는 전문가들은 어떤 감정들이 좋든 싫든 간에 '빚'이나 '충성 갈등'의 형태로 세대에서 세대로 전해진다는 사실을 확인했다.[9] 생물 세계는 어떤 정신세계로부터 출발하여 다른 정신세계를 변화시킬 수 있는 일련의 힘을 중심으로 조직되는 것처럼 보인다. "이 (세대 간 전달) 개념은 꽤 오랜 뒤에서야 정신분석학자들에 의해 그 모델들 속에 통합되어 완전한 일부가 되었다."[10]

오늘날 부모의 정신 상태와 기분, 그들을 명랑하거나 슬프게 만들며 각각의 사물과 사건에 개인적 의미를 부여하는 그들의 개인사가 아이의 자기 이미지를 구성다는 사실을 부정하는 사람은 아무도 없다. 상호주관성은 사고의 전달이 아니다. 그렇지만 한 사람의 내적 이미지는 다른 사람들이 그들 자신에 대해서 느끼는 방식을 변화시킬 수 있다. 전달의 매체는 애착이다. 즉 몸짓과 얼굴 표정, 그리고 이야기를 하는 스타일이 전달자로서의 기능을 수행하면서 감정에 그 힘을 부여하는 것이다.[11]

이 같은 사실은 많은 실험을 통해 확인되었고,[12] 이제 우리는 정신적 상처나 그것의 회복이 어떻게 해서 한 세대에서 다음 세대로 전해질 수 있는지를 이해할 수 있다.

정신세계는 어머니와 아이 사이에서 일어나는 상호작용 의식을 통해 전달된다. 실제로 모든 애착 대상은 이런 힘을 갖고 있다. 즉 아버지와 형제자매, 친구, 그리고 사랑받는 모든 사람은 다양한 감정 유형이 어떻게 결합되느냐에 따라 기본 감정 유형을 변화시켜 강화하거나 파괴할 수 있는 것이다. 어떤 아버지가 과거에 자기 자신의 부모들과 맺었던 관계에 대해서 말한다고 치자. 이때 그는 실제로 자기가 사랑하는 방법을 어떻게 배웠는지를 이야기한다. 그 이야기를 들으면 우리는 그가 장차 태어날 아이를 어떻게 키울 것인지 예측할 수 있다. 몸짓과 웃음, 말의 음악으로 이루어진 이 감각의 거품은 어린아이를 기표들로 감싼다. 이렇게 해서 아버지의 이야기 중에서 지각 가능한 부분은 구체화되고, 어린아이의 기억 속에 각인되는 것이다.

사랑하는 방법의 전달

이 같은 전달 유형에서는 하나의 원인이 오직 하나의 결과만을 가져온다고 말하기가 어렵다. 어머니의 정신적 상처가 아이에게 전달한 어떤 인상은 아버지의 개인사에 의해, 그러고 나서는 가족이나 이웃 사람들의 감정적 반응에 의해, 마지막으로 문화가 이 상처에 대해 하게 될 이야기에 의해 변화될 수 있기 때문이다. 이 원인들 각각은 압력을 행사하여 기억의 흔적을 남기는데, 그 강도는 애착 유형과 감정의 차이에 따라 달라진다. 만일 빵집 주인의 아내가 나를 사랑하지 않는다고 말하면 나는 겨우 몇 초 동안만 당황하고 말겠지만, 내 아내가 같은 말을 하면 심각한 결과가 빚어질 것이다.

이것은 왜 모든 애착이 같은 식으로 전달되지는 않는지 그 이유를 설명해준다. 만일 '몰두형' 서술 유형을 가진 어머니들이 어떻게 유대 관계를 맺는지 관찰할 경우, 그들이 항상 경계를 게을리하지 않고 있으며 자신들의 과거를 걱정하고 있다는 사실이 별다른 어려움 없이 확인된다. 그러나 모든 아이들이 그로 인해 반드시 나쁜 영향을 받는 것은 아니다. 그들 중 많은 수는 과중한 짐을 지고 늘 불안해하는 어머니와 계속 함께 살면서도 평온한 애착 관계를 형성하는 데 성공했다.[13]

두 가지 유형의 유대 관계가 쉽게 전해진다. 어린아이가 즐거운 기분으로 성장하는 안정된 애착, 일체의 정보가 정신적 고통을 야기하는 혼란스런 애착이 그것이다. 다른 유형의 애착들은 그보다 덜 쉽게 전해진다. 또한 어린아이의 주변 환경은 아버지와 누나, 학교 친구, 목사님, 운동 코치 등으로 이루어지며, 이들은 다른 유대 관계를 맺도록 그에게 제안한다. 아이는 그들에게 매달림으로써 유전의 운명에서 벗어날 수가 있다. 거의 무의식적으로 이루어지는 이 일은 평온한 환경에서는 수월하지만, 만일 가족이 심적 고통을 받고 있을 경우에는 힘들어진다. 그러나 회복을 위한 변화는 여전히 가능하다. 어린아이가 다른 유대 관계를 형성할 수가 있기 때문이다.[14] 어머니가 아이에게 표현하는 감정은 남편과 유지하는 관계에 의해 항상 변화한다는 사실 역시 상기해야 한다. 심지어는 일상적인 보살핌의 과정조차도 어머니 주변에 있는 사람들에 의해 변화된다. "어머니가 능력을 그녀 자신에게 보여줄 수 있게끔 도와주기 위해서는, 그녀가 맡은 일의 근본적인 성격을 인정하는 방식으로 그녀를 돌보기만 하면 된다."[15] 위니코트의 이 문장을 읽으면, 아버지로부터 크게 학대 받았던 한 여성이 생각난다. 그녀는 내게 설명하기를, 사내아이를 낳는 바로 그 순간 느닷없이 격렬한 불안감이 치밀어오르는 바람에 고통받았다고 한다. 그녀는 말했다. "난 그때 내 다리 사이에서 우리 아버지를 봤어요." 이 실례는 우리가 현재 지각하는 것(태어나고 있는 아기)에 어느 정도까지 반응하는지를, 그리고 우리가 그것을 우리의 기억(학대받은 어린 시절) 속에 각인된 자기 이미지와 관련시킨다는 것을 보여준다. 그러고 나서 이 여성은 이렇게 덧붙였다. "난 아이와 단 둘이 있을 때는 계속 아버지를 생각하고, 나 자신을 지키기 위해 아이를 학대한답니다. 그렇지만 남편이 옆에 있으면 내가 그의 아내라는 것을 느끼고 아이에 대해 더이상 그런 기분을 느끼지 않지요."

우리는 이 관찰을 통해서 가족제도를 조직하는 문화들이 어린아이가 다양한 애착 관계를 형성할 수 있도록 정서적으로 더 잘 보호해주며, 그들이 불행해질 경우에는 회복의 가능성을 더 많이 제공해준다는 사실을 추론할 수 있다. 일상적인 동시에 자극적인 안전감을 제공해주는 다양한 애착 관계를, 왔다 갔다 하면서 일체의 애착을 불가능하게 만드는 벌 떼와 혼동하지만 않는다면 말이다. 모든 것이 끊임없이 변화하는 상황에서는 주변 환경이 관계 유형(반복됨으로써 그의 인격을 구성하는)을 그의 기억 속에 각인시킬 만한 충분한 시간을 어린아이에게 주지 않는다. 이처럼 불안정한 제도에서는, 안정되지 않은 애착 관계가 형성될 가능성이 더욱 커진다. 다시 말하자면, 어린아이는 연령과 역할은 다르지만 똑같은 애정과 계획을 가진 성인 집단에 의해 키워져야 한다는 것이다.

이렇게 우리는 영국의 정신분석학자들이 개발한 도식을 갖게 되었다.[16] 만일 어린아이가 감정의 혼란에 둘러싸여 있을 경우 혼란스러운 애착 관계가 그의 학습 과정에 흔적을 남길 가능성이 있지만, 반대로 만일 어린아이가 감정의 감옥 안에서 성장할 경우 그의 어머니나 애착 대상이 겪은 심리적 트라우마는 어린아이에게 직접 유전될 것이다.

루 부인은 끔찍한 어린 시절을 보냈다. 그녀의 부모는 둘 다 알코

올중독자였으며 자기들끼리 싸우는 것도 모자라 날마다, 정말 하루도 빠짐없이 자식들을 때렸다. 루 부인은 되풀이해서 말했다. "난 남자들이 싫어요." 왜냐하면 그녀는 남자들이야말로 모든 불행의 원인이라고 생각했던 것이다. 그녀는 아기를 갖기 위해 해야만 하는 것을 했다. 아이가 자신에게 온갖 행복을 가져다줄 수 있으리라 믿고 아이를 가질 수 있을 만큼만 섹스를 했다. 임신을 하자마자 그녀는 정자 기증자('아버지'라고 불릴 수가 없는)를 쫓아버린 다음, 자신의 바람대로 유일한 희망인 아기와 단 둘이 남게 되었다. 그런데 아기를 건네받은 그녀는 공포에 사로잡혀 간호사들에게 소리쳤다. "빨리 어떻게 좀 해봐요! 내 아기가 죽으려고 하잖아요!" 아기는 예쁘고 건강 상태도 좋았으며, 숨을 쉬고 젖을 빨고 잠을 자는 등 아기로서 해야 할 일을 하고 있었다. 그러나 어머니는 죽음에 대한 자신의 매혹을 자기 아이에게 투사했고, 자기가 아기에게 투사한 것을 보자 공포에 빠진 것이었다. 그들이 함께 지낸 첫해는 열정적인 사랑의 기간으로서, 어머니는 아이를 위주로 자신의 삶을 꾸려나갔다. 너무너무 행복해하다가도 또 아이가 가벼운 감기에 걸리거나 소화가 잘 안 되어 경기라도 일으키려고 하면 끔찍하게 불안해하는 시간이 번갈아 이어졌다. 어린 딸이 세 살을 갓 넘었을 때 어머니는 울면서 심리학자에게 전화를 했다. 아이가 그녀를 때렸지만 그녀는 어떻게 해야 될지 알 수가 없었던 것이다. 아이가 열 살이 되었을 때 이렇게 말했다. "나, 배 아파. 많이 아팠으면 좋겠어." 그리고 열두 살 때는 또 이렇게 말하는 것이었다. "엄마랑 같이 죽고 싶어. 어떤 남자가 우릴 죽여줬으면 좋겠어." 아이가 사춘기가 되었을 때도 학대를 받으며 자라났지만 다행스럽게도 회복의 길을 걸었던 루의 여동생이 이 비극적인 모녀가 서로 어느 정도 거리를 유지하게 만들었다. 비탄에 잠겨 살면서도 딸이야말로 자기 삶의 유일한 희망이라고 생각했던 이 어머니는 애정의 감옥을 세움으로써 실제로는 자신이 갖고 있는 생각의 내용을 전달할 수 있었다. 자기 자신의 감정적 고뇌를 극복하기 위해서 그녀는 아이에게 지나친 희망을 걸었고, 아이와 함께 살면 완벽할 정도로 행복할 것이라고 상상했다. 어머니의 이 같은 상상으로 인해 그녀의 아이는 "최면성 관계를 갖게 되었다. 그리고 이 관계는 아이의 기억 속에 굳게 각인되어 이중 관계라는 심리학적 구조를 작동시킨 것이다."[17] 그러나 이 배타적인 각인은, 그녀가 아주 잠깐 동안만 딸과 떨어져 있어도 그것을 일종의 유기로 받아들이고 완전한 절망에 빠져버렸다는 것을 의미했다. 어머니는 이렇게 말했다. "난 우리 아이가 다른 사람들에게 말하는 걸 원치 않아요. 그랬다가는 딸이 내게서 멀어질 테니까요. …… 난 내 딸이 친구를 사귀는 걸 원치 않아요. 오직 나만을 사랑해주었으면 좋겠어요. …… 난 그 아이가 학교에 가는 것도 싫어요." 안정된 애착 관계를 형성한 어머니였다면 딸이 자신의 치마폭에서 벗어나 성장하는 모습을 보며 기뻐하고 안도했을 것이다. 루 부인은 딸을 꼭 껴안았을 때 진한 행복을 느꼈다. 하지만 이 같은 희열은 아이가 다른 사람들과 말을 하고 싶어 하고 학교에 가고 싶어 했기 때문에 버려졌다는 불안감으로 곧장 이어졌다. 이 같은 사랑의 방식은 그녀가 자신의 생각을 전하도록 허용했다. 이 어린 여죄수는 어머니의 소름 끼치는 사랑에서 벗어나게 해줄 수도 있을 다른 애착 유형을 만날 수가 없었던 것이다. 어머니와 딸이 너무나 가까워서 빠져나갈 공간이 없었기 때문에 각인된 기억은 영혼에서 영혼으로 전달되었다.

우리는 단어들을 사용하여 감정적인 거리를 유지하고 바깥쪽에서 관찰할 수가 있다. 우리가 누군가에게 말을 해서 쉽게 물러날 수만 있다면 말이다. 우리가 말을 하는 방식은 감각의 거품, 즉 아이를 둘러싸는 기표의 막膜을 새로 만들어낸다. 이 기표의 막은 유대 관계를 맺은 당사자들 간에 설치된 전달 경로를 통해 아이에게 스며들어 간다. 이 주위 환경이 배타적인 경우는 드물다. 대부분의 경우, 어머니와 아이는 누군가 서로를 사랑하며, 그렇기 때문에 감정적으로 사로잡혀 꼼짝 못하는 상황은 일어나지 않는다. 애착 관계의 성좌星座는 어린아이를 보호해준다. 반대로 감정적으로 포획당할 경우, 혼란에 빠진 어머니들의 90% 이상이 혼란스러운 애착 유형을 자식에게도 물려준다. 안정된 어머니들은 75%만 안정된 애착 관계를 물려주는데, 이는 아버지가 덜 호의적인 흔적을 남겼기 때문일 수도 있고, 아니면 언니나 가족 집단의 다른 구성원이 더 어려운 유대 관계를 형성하는 데 관여했기 때문일 수도 있다. 반대로 회피성 성격장애나 양가적 성격장애를 가진 불안정한 어머니들 중에서는 오직 50%만 이 불안한 관계 유형을 물려주었는데, 이런 부모들에게 불편함을 느낀 어린아이들이 자신의 성장을 도와줄 다른 사람을 찾으려 했기 때문이다. 만일 주변 환경이 아이에게 다른 감정 유형의 막을 제공해주기만 한다면 감정의 유전은 변화될 수도 있다. 아이는 이렇게 함으로써 부모의 불행에서 벗어날 수가 있다.

트라우마는 어떻게 유전되는가

부시가 다섯 살 때 저널리스트였던 부모들은 아우슈비츠에서 돌아온 지 얼마 되지 않은 이렌느를 가정교사로 채용했다. 이 젊은 여성은 몹시 기뻐했다. 하지만 자신의 두 아이는 전쟁 동안 숨겨두었던 위탁 가정에 그대로 남아 있었다. 아이들은 그곳에서 지내는 걸 좋아했으며, 가끔 이렌느는 유령처럼 그들 앞에 불쑥불쑥 모습을 보이면서 부끄러워하곤 했다. 반대로 저널리스트 가정에서는 하루하루가 즐거웠다. 과거에 대한 공포에 시달리지 않아도 되었던 것이다. 이 저널리스트 가정에서는 다시 살아갈 수 있을 것 같았다. 하지만 집에 돌아가면, 그녀가 남편과 두 아이를 잃었다는 사실을 모르는 사람이 아무도 없었다. 그녀를 잘 알고 있는 증인들이 있다는 단순한 사실은 그녀로 하여금 피하고 싶은 공포를 떠올리게 했다. 이렌느는 삶을 사랑했으며, 과거에서 벗어나고 싶었다. 하지만 살아남은 가족들의 무언의 존재가 그녀가 그렇게 하는 것을 가로막았다. 반면에 저널리스트의 가정에서는 오직 미래에 대해서만 이야기했다. 몇 년 동안 모든 것은 완벽했으며 그녀는 악몽에 시달린 끝에 희망을 되찾았다. 이 같은 행복은 모두가 슬픔에 잠겨 있는 그녀의 가정에서는 꿈조차 꿀 수 없는 것이었지만, 저널리스트 부부의 집에서는 웃으며 이렌느가 강한 성격의 소유자라고 이야기했다. 그녀는 자신의 행복이 왠지 부끄럽게 느껴졌지만 과거로 돌아가는 건 일부러 피했다. 그녀는 어느 정도 일상생활을 즐기고 있었다. 동네 아이들을 위한 깜짝쇼도 벌이고, 연극에 심취해보기도 하고, 계획에 없던 파티를 열고, 루시를 재우기 위해 이디시 어로 된 노래도 불러주는 등 즐겁게 하루하루를 보냈다. 이렌느는 행복했으며, 행복해질 수 있는 재능을 갖고 있었다.

그러다가 밤이 되면 이렌느의 어두운 부분이 서서히 다시 나타나 과거의 어둠이 드리워졌다. 행복이 불확실하게 느껴지기 시작했다. 루시는 이렌느를 몹시 좋아했고, 아무리 사소한 것도 쉽게 시로 표현해내는 재능을 갖고 있었다. 어느 날, 이 아이는 너무나 감미롭고 아름다운 슬픈 노래를 번역해달라고 부탁했다. "*Es brennt, briederler, es brennt*(타네, 타네)······." 루시가 "왜 그게 불에 타요?"라고 물었다. 이렌느는 파도처럼 밀려드는 불안에 사로잡혔다. 그렇다, 그건 '파도'였다. 우리가 흔히 말하는 갑작스런 발작이 아니었다. 이미지와 감정들이 거친 파도처럼 느닷없이 밀어닥치더니 그녀를 덮쳐버린 것이었다. 이렌느는 노래도 부르고 항상 웃고 말도 많이 했지만 그녀의 과거와 인격에는 자물쇠가 채워져 있었다. 그것들은 꼭 금고 속에, 혹은 관 속에 들어 있는 듯했다. 그녀의 기원은 죽어버렸다. 그녀의 남편도, 부모도, 두 아이도, 많은 친구들과 이웃들도 모두 다 죽어버린 것이다. 그녀의 문화도, 그녀의 조국도 죽었다. 삶을 사랑하는 사람이 도대체 어떻게 이 모든 것과 함께 살아갈 수 있단 말인가? 우리는 살아남은 사람들과 죽음을 연상시키는 사람들을 피한다. 그들의 아주 작은 부분만 아직까지 살아 있다. 당신이 너무나 친절하고 호의적인 가정에서 가정부 노릇을 하는 행운을 누리고, 또 그 가정의 아이가 당신을 사랑할 때 당신은 웃고, 말을 하고, 노래를 부른다.

 이렌느는 잠들 준비가 되어 있는 루시의 질문에 대답을 해야만 했다. 그녀는 매일 밤 찾아와서 크림을 넣은 청어에 보드카 한 잔씩을 곁들여 먹다가 어느 날 갑자기 처음 보는 사내들을 서른 명이나 데리고 나타나서 집안을 쑥대밭으로 만들고 그녀의 아버지를 발로 차서 죽인 이웃집 남자에 대해서 이야기해주었다. 너무나 귀엽고 말쑥하게 잘 자라난 자신의 두 아이가 죽었다는 이야기도 해주었다. 그녀가 아이들을 마지막으로 보았을 때 그들은 더럽고 비쩍 말라 있었다. 그녀는 또 경찰의 무지막지한 폭력에 대해서도, 죽음이 임박했다는 느낌에 대해서도 말해주었다. 이웃들이 자신과 자신의 가족을 밀고했다는 이야기도, 지나가던 사람들이 자신들을 모욕했다는 이야기도 해주었다. 바로 그날 밤, 루시는 직접 체험하지는 못했지만 그녀가 사랑하는 이렌느가 방금 전해준 공포에 의해 촉발된 심리적 트라우마의 최초 징후들로 인해 고통받았다. 그것은 이렌느의 영혼에서 루시의 영혼으로 전해졌다.

분리 과정이 이렌느로 하여금 과거의 공포로 인한 고통을 덜 받게 만들어주었다. 그녀의 인격 중 일부는 전후의 현실 세계 속에서 성숙했다. 그러나 그녀는 고통이 다시 시작되는 것을 막기 위해 다른 부분(어두운 부분)은 얼마간 떨어진 곳에 놔두었다. 때때로 이 젊은 여성은 상상의 과거를 꾸며내어 이미 일어난 일의 끔찍한 현실을 부정하기까지 했다. 고독한 순간에 끔찍한 기억이 돌아오면 이렌느는 사실 두 아들이 죽지 않았으며, 민병들이 들이닥치기 전에 우유를 사오라고 보내서 죽음으로부터 구해냈다고 상상함으로써 자기 자신을 보호했다. 그녀는 이 같은 환상을 즐겼다. 때때로 그는 다른 시나리오를 쓰곤 했는데, 여기서 그녀는 아버지가 살해당하는 기억을 수정했다. 그 친절한 이웃은 그녀의 가구들을 부수지도 않았고 그녀의 아버지를 발로 차서 죽이지도 않았다. 그 이웃이 열심히 일하는 이 가족은 아무 죄도 저지르지 않았다고 설명해줌으로써 민병들이 린치를 가하는 것을 중단시키기까지 했다. 민병들은 그 말을 듣자마자 즉시 진정해서 집을 떠났다. 자기 이야기의 재현을 수정함으로써 이렌느는 지금 이곳에서 더 행복해질 수 있었지만, 그래도 과거의 불행과 맞설 수는 없었다. 경계심을 푸는 순간, 저널리스트 가족들이 너무나 좋아하는 그 시적이고 관대한 창의적인 행위를 그만두는 순간, 과거의 흔적들이 즉시 다시 나타나는 것이었다. 그 흔적들은 그녀가 모든 느낌과 감정을 감추고 있는 동안만 억눌려 있었을 뿐, 회복 작업으로도 다시 수정되지 않았다.

그래서 어느 날 밤, 서로에게 감정적 신뢰를 갖고 있던 루시와 그녀의 가정부가 침대에 누웠고, 루시가 잠들려 하고 있을 때 이 무시무시한 말들이 침실의 어둠 속에 불쑥 나타났던 것이다. 심리적 트라우마는 이렌느의 영혼에서 루시의 영혼으로 직접 전해졌다. 그날 밤부터 루시는 4년 동안이나 악몽을 꾸게 된다. 그녀는 이웃들이 자기 집에 들이닥쳐서 온 집안을 쑥대밭으로 만들어놓을 것이라고 굳게 믿고 있었다. 그러나 지금 루시는 이렌느가 할 수 없었던 회복 작업을 하고 있는 중이다. 어른이 된 루시는 이렌느의 과거와 맞서며 유대인 대학살에 관해 연구하고 있다. 그녀는 정치적인 활동을 벌이고 있으며, 이 과정에서 남편을 만났다. 과거의 공포에 의해 야기된 감정들을 수정하고, 이렌느의 이야기를 통해 전달된 정신적 상처에 의미를 부여하고 있는 것은 루시다.

여자 가정교사는 강렬하지만 모순되는 두 가지 충동에 적응했는데, 그것은 행복해지고자 하는 압도적인 욕망과, 가족들 중 많은 이가 죽었다는 사실로 인해 촉발된 엄청난 고통이었다. 저널리스트 부부는 자신들도 모르는 사이에 그녀의 인격 중 살아 있는 부분은 찬양하고, 그녀가 과거에 대해 생각하는 것은 단념시킴으로써 분리 과정을 악화시켰다. 이렌느의 심리적 생존은 전쟁으로 인해 고통받지 않은 이 저널리스트 가정에서는 유쾌했다. 반면에 그녀의 가정에서는 몇몇 생존자들이 죽은 가족들과 함께 살고 있었다. 죽은 사람들은 만일 살아남은 가족들이 자기들에 관해 이야기하는 걸 중단했으면 버려졌다고 느꼈을 것이다. 그리고 만일 자기들은 죽었는데 살아남은 가족들이 행복한 생활을 받아들였다면 배신당했다고 느꼈을 것이다. 명랑한 성격의 이렌느는 분명한 선택을 해야 할 상황에 직면했다. 즉 죽은 가족들에게 둘러싸여 살아남은 가족들과 함께 살든지, 아니면 자신을 분리시킨 다음 죽음을 기다리며 일말의 행복과 절망적인 희망을, 그리고 약간의 생명을 움켜쥐며 살아야 하는 기로에 서 있는 것이다. 회복은 그녀가 처한 불행의 재현을 서서히 변모시키도록 허용할 것이다. 그러나 그녀로 하여금 즉각적인 행복을 맛볼 수 있게 해준 분리는 나중에 유령이 돌아오는 것을 허용할 것이다.

그렇다고 죽음에 대해 말하면 우리가 사랑하는 사람들이 보호받을 수 있다는 이야기는 아니다. 같은 시기에 프랑스 공산당은 "총살당한 사람들의 정당"이 되었다. 2만 명 이상의 공산주의자들이 약식 재판을 거친 뒤 처형당하거나 감옥과 강제수용소에서 살해당했다. 나는 화를 꾹 참고 그곳에서 돌아왔으며 지금까지도 그들이 보고 겪은 것에 충격을 받아 분노하고 있는 생존자들을 알게 되었다. 그들은 말을 하고, 고함지르고, 상기하고, 기념하고, 책을 펴내고, 모임을 주관하고, 끔찍한 사진들을 벽에 붙였다. 그들의 아이들은 정신과 치료가 필요했다. 일단 집으로 돌아온 이 생존자들은 그들의 가족들과 감정적으로 무척 가까이 지냈기 때문에 자신들의 트라우마를 완전한 상태로 그들에게 전했다. 한편 현실 세계는 늘 양면적이었다. 끔찍한 두려움 속에서도 기운을 돋우어주는 몸짓을 취할 수 있고, 지독한 공포 속에서도 미소를 지을 수 있다. 아우슈비츠에도 하늘 한쪽은 늘 푸르기 마련이다. 다른 것이 섞이지 않은 순수한 공포의 표상이 강제수용된 이 공산주의자들의 아이들에게 전해지며, 그것은 다른 사람들을 설득하고자 하는 그들 부모의 욕망으로 인해 한층 더 악화된다. 하루하루 지나면서 아이들은 부모들의 잔혹한 이야기 속에 빠져들 수밖에 없게 된다. 그들 부모의 입장에서 보면 그것은 정당방위다. 공산당은 이 같은 이미지들을 정치적 논거로 사용하며, 그들의 아이들은 언제 어느 때 혐오감에 휩싸일지 모르는 세계에서 자라난다. 아이들은 밤이 되면 자기 방에 들어갈 엄두를 내지 못한다. 자기 침대 밑에 시체들이 차곡차곡 쌓여 있을 거라고 상상하기 때문이다. 그들은 같은 반의 적들이 자기들을 죽이려 한다고 생각한다. 그들 중 많은 수가 공황 발작으로 고통받는다.

우리가 생각하는 것보다 더 많은 비밀이 있지만, 그것이 비밀이기 때문에 아무도 거기에 대해서 말하지 않으며, 비밀은 거의 존재하지 않는다고 결론 내린다. 회복의 개념이 유럽과 아메리카 대륙, 중동에서 발달한 이후로 나는 익명의 편지를 놀랄 만큼 많이 받았다. "친애하는 동료시여, 당신은 내가 이 편지에서 왜 내가 1943년생이라는 건 밝히면서 이름은 밝히지 않는지 그 이유를 이해하게 될 겁니다. 독일 군 병사였던 우리 아버지는 1944년의 패주 당시 돌아가셨지요. 어머니는 나를 고아원으로 보내야만 했습니다. 내가 계속해서 내 인생을 살아가고 공부를 하기 위해서는 누구에게도 나의 배경을 말하지 말고 침묵을 지켜야만 했습니다. 만일 그런 말을 했다가는 거부당했을 테니까요. 60년이 지난 지금, 나는 당신과 같은 직업을 갖고 있습니다. 하지만 지금도 내 어린 시절에 대해서는 비밀을 지켜야만 합니다."

독일군과 프랑스 민간인 여성 사이에서 태어난 아이들은 프랑스에 약 20만 명 정도 있었던 것으로 추정된다. 범죄는 일어나지 않았다. 그 반대로 이 젊은 부모들은 아주 강한 개성을 갖고 있어서 주변의 압력과 오명을 견뎌냈다. "독일군 놈들은 짐승이고…… 프랑스 년들은 갈보다." 그 당시의 젊은이들은 경멸에 가득 찬 고정관념(전쟁터로 떠나겠다는 결정을 내리게 할 만큼의 증오심을 필요로 하던 집단을 조직화할 수 있었던 것은 바로 이 고정관념 때문이었다)을 따르지 않았다. 반대로 그들은 편견 대 편견이 아닌 개인 대 개인으로 만나서 사랑에 빠졌다. 사랑에 빠진 남녀들은 사회적·종교적·이념적 압력에서 벗어났다. 이 같은 종류의 사랑은 전쟁 중에는 '배신'을 뜻하지만 평화 시에는 '관용'을 뜻한다. 사랑의 행위는 모든 문화에서 동일하지만, 어떤 사회적 맥락에 위치해 있느냐에 따라 배신행위가 될 수도 있고 멋진 로맨스가 될 수도 있는 것이다.

나치즘에 매혹당한 프랑스 여성들의 상황은 매우 달랐다. 그들 중 많은 수는 결혼을 했고, 적에게 협력한 사회집단에 속해 있었다. 이 같은 공모로부터 태어난 아이들은 많지 않은 것으로 추정된다.

나치의 몇몇 고위 책임자들이 전쟁이 끝난 후 시리아로 피신하여 보호를 받았다. 이 나라에 완전히 동화된 그들의 아이들은 자기들의 영웅인 나치스 친위대 아버지들을 자랑스럽게 생각한다. 자신들의 출생에 대해 비밀을 지키지 않는 것은 물론 히틀러의 선전 문구들을 큰 소리로 외쳤다. 트라우마를 겪는 부모들의 아이들에게 전해지는 것은 정신적 상처를 입은 사람들이 그 상처에 대해 말하는 방식뿐만 아니라 그들의 문화가 그것을 어떻게 신화로 바꾸어놓느냐에 따라서 달라지기도 한다.

엘렌은 자기 아버지를 감옥에 보냄으로써 자기 자신을 방어했다는 데 자부심을 갖고 있었다. 그녀의 아버지는 몇 년 동안에 걸쳐 딸을 학대하고 성폭행했다. 법정에서 매우 합법적으로 자기 자신을 변호한 그녀는 책을 출판해서 근친상간은 현실 세계 속에 존재한다고 주장했다. 그 당시에는 근친상간이 오직 환상 속에서만 존재한다고 생각했던 것이다. 그러고 나서 그녀는 아주 친절한 남자를 만나 결혼하여 아들도 한 명 낳았다. 엘렌은 문화를 변모시키는 데 성공했다. 그녀 덕분에 문화는 그때까지만 해도 부정되었던 성폭력을 발견하게 되었던 것이다. 그러나 그녀는 행인들에게 존경심을 가르칠 시간은 미처 갖지 못했다. 어떤 사람들은 길거리에서 그녀를 만나면 아이가 옆에 있는데도 아랑곳하지 않고 이렇게 묻는다. "얘는 당신 아버지의 아들인가요, 아니면 당신 남편의 아들인가요?" 이 아이의 어머니가 겪는 트라우마의 일부는 이 아이에게 전해졌으며, 지금은 몇몇 행인들의 파렴치한 행동에 의해 변화되었다. 이 어린 소년은 행인들이 하는 말을 듣고 난 다음 날부터 야뇨증과 공황 발작으로 고통받고 있다.

물려받은 것을 해석하다

트라우마를 겪는 부모들의 아이들은 세계를 지각하는 우선적 방식을 획득했기 때문에 그것을 물려주는 데 있어 수동적이지 않다. 그들은 자기 자신의 정서적 스타일로 트라우마를 해석하고 그것에 반응한다. 피터는 자기 아버지가 아우슈비츠에서 살아남았다는 사실을 알고 있었으나, 아버지가 거기에 대해서 침묵을 지키거나 말을 하더라도 애매모호하게 했기 때문에 몇 가지 질문을 던지는 것을 스스로 금했다.

- 아버지 : "난 내가 겪은 공포를 그 아이에게 말해주고 싶지 않았어요. 그 아이를 보호하고 싶었단 말입니다."
- 아들 : "전 아버지가 피하고 싶어 하시는 주제에 대해 말하기를 피했을 뿐입니다."

아버지는 아들을 보호하려고 했고, 아들은 아버지의 비언어적 명령에 복종하고자 했던 것이었다. 질서가 지배했지만, 고통 역시 그러했다. 이 두 사람은 사실 서로의 감정을 오해하며 살았으며, 각자 상대를 보호하려고 애쓰는 방식이 오히려 그들의 관계를 손상시켰다.

정신적 상처를 입은 아버지가 너무 허약해지는 바람에 아이는 그가 돌아와서 자기 일상생활에 부담을 줄 수도 있다고 생각할 수도 있다. 아이는 이 무거운 기표들에 둘러싸여 불편함을 느낀다. 유령이 돌아오기 전까지만 해도 어머니와 행복하게 살고 있던 아이는 불행이 자신을 덮치자 자신의 불편한 기분을 공격적으로 표현한다. "아빠가 강제수용소에서 돌아와 곧 나치들과 타협했기 때문이야. 만일 정직하고 용감했더라면 벌써 죽었을 테니까."

정신적 상처를 입은 사람의 자기 이미지는 여러 가지 이야기가 수렴된 결과다. 아이가 머릿속에서 되풀이하는 주관적 이야기가 그의 서사적 정체성을 구성하지만, 그것 역시 그가 자기 주변에서 주워들은 이야기들이 발휘하는 압력에 의해 형성되기도 한다. 어떤 가족들은 재회를 즐거운 사건으로 변화시키는 반면, 또 어떤 가족은 그 상처를 벌려놓기도 한다. 그리고 문화적 상황은 흔히 자부심보다는 수치감을 더 불러일으킨다. "정신적으로 회복되도록 사람들을 도우려면 심적 보호막과 …… 개인과 주변 환경 간의 교류 …… 가족 내에서의 교류와 가족의 가치 및 종교 체계를 보존하게끔 도와주는 과정에 의지해야 한다."[18] 우리의 자기 이미지는 우리의 가족과 문화가 우리를 위해 마련해놓은 현실의 파편들을 먹고 산다.

클레르의 아버지는 다섯 살 때(1942년) 약 5백 명의 유대인 아이들을 구해낸 비밀 조직의 보살핌을 받았다.[19] 1962년에 태어난 클레르는 단 한 번도 부모들을 '아빠'나 '엄마'라고 불러본 적이 없는데, 그들이 이런 호칭으로 지칭될 수 없었기 때문일 것이다. "내 어린 시절은 아버지가 어린 시절에 받은 정신적 상처를 중심으로 조직되었어요. 나는 이미 죽어버린 그의 일부분과 함께 자라난 거죠. …… 그는 어머니를 '엄마'라고 부르지 못해서 항상 '가서 로즈에게 물어보렴'이라고 말하곤 했고, 우리들에게 편지를 보낼 때도 자신의 이름을 썼지 '아빠'라고는 쓰지 않았답니다.

- '여보세요, 아빠?'
- '누구세요?'"[20]

가계에 속해 있지 않으면 자기도 언젠가는 아버지가 될 수 있다는 느낌을 가질 수가 없고, 따라서 누가 자기를 '아빠'라고 부를 수 있을지를 알지 못한다. 우리는 우리 기억 속에 배어든 주변 사람들이 제공하는 현실의 파편들을 토대로 자기 이미지를 포착한다.

브라치노는 자기가 집시라는 사실은 알고 있었지만 집시라는 게 뭘 의미하는지는 알지 못했다. 그의 부모들은 리스본 지역에 정착했고, 브라치노는 거기서 태어났다. 벽돌공이었던 아버지는 그가 두 살 때 현장에서 사고를 당해 목숨을 잃었다. 그의 어머니는 그를 한 사회 사업가에게 맡기고 어디론가 사라져버렸다. 그는 주변 사람들이 이렇게 말하는 걸 들었다. "그놈들은 더러워……. 게다가 난폭하기까지 해……. 우리 닭을 훔쳐가고 우리 아이들을 유괴해서 인간 제물로 바치지." 브라치노는 자기가 매우 보기 흉하고 무시무시한 인간 집단 출신이라고 생각했다. 그는 박해를 받으면서도 분노하지는 않았다. 그러나 그것이 부당하다는 것은 알고 있었다. 다른 집시들을 알고 있지 못했던 그는 자신이 그런 집단 출신이라는 것에 약간의 수치감을 느꼈다. 그는 집시이기를 그만두기로 결심했지만 다른 문화에 동화되기 위해 원래의 집단을 떠나는 사람들이 흔히 느끼는 부끄러운 감정은 느끼지 못했다. 그의 내부 세계에는 배신자들을 심판하는 심적 법정을 위한 공간이 존재하지 않았던 것이다. 반대로 그는 일종의 배심원들이 자기가 자신의 무죄를 증명하도록 허용한다는 상상을 했다. 어떤 문화가 우리가 알지도 못하는 범죄를 저질렀다며 인간 집단에서 쫓아내겠다는 선고를 내릴 때 상고법원이 우리의 무죄를 증명해주어야 한다. 그래서 그 수많은 희생자들이 명예를 회복하기 위해 많은 사람 앞에서 증언을 하고 싶다는 기묘한 욕구를 느끼는 것이다.

브라키노는 정상적인 포르투갈 인들로 이루어진 법정에서 재판을 받았다. 그러나 그는 자신의 사건을 능숙한 솜씨로 변호하여 자기가 강도가 아니라는 것, 더럽지도 거칠지도 않다는 것, 닭을 훔치지도 않았다는 것을 증명할 수 있었다. 그러자 판사들은 자신들의 실수를 인정하고 이 어린 집시를 받아들였다. 그러나 그는 과연 집시였던가? 브란키노는 자신이 죄인이라고 느꼈다. 가족과 친구를 배신해서 그렇게 느낀 것이 아니라(그에게는 가족도, 친구도 없었다), 그가 다른 사람들처럼 될 수 없게 만드는 전혀 생소한 문화가 그를 탄생시켰기 때문에 그렇게 느낀 것이었다. 그는 이 법정에 서 있는 자신을 자주 상상하곤 했으며, 무죄라는 판결을 받아낼 때마다 떨 듯이 기뻐하는 자신의 모습에 놀라곤 했다. 그는 말했다. "전 제가 집시라는 사실을 알고 있어요. 하지만 집시가 된다는 게 무엇을 의미하는지는 몰라요. 전 제가 모르는 그 무엇일 뿐예요."

어느 날 아침, 브라키노는 타구스 강변에 있는 코메리코 광장을 어슬렁거리며 같이 놀 친구가 없나 찾고 있었다. 그러다가 기타를 연주하는 소리가 들려오는 쪽으로 다가갔다. 몇 명 안 되는 구경꾼들이 새까맣게 탄 얼굴과 하얀 이빨, 이상한 옷차림을 한 이 기타연주자들을 둘러싼 채 귀를 기울이고 있었다. 브라치노에게 그들의 노래는 하나의 계시나 마찬가지였다. 그는 생전 처음으로 집시라는 것에서 어떤 아름다움을 느꼈다. 음악을 듣고 있던 다른 사람들 역시 그처럼 행복해하는 듯했다. 그렇다면 집시가 되어 사회로 편입될 수 있단 말인가? 키가 크고 체격이 아주 좋으며 모자를 쓰고 가죽 바지를 입은 남자 한 사람이 이 소년에게 다가오더니 말했다. "이건 대중음악이야. 그래서 다 똑같은 거지." 브라키노는 자기에게 힘이 생기기만 하면 바로 이 남자를 쓰러트리겠다고 다짐하고, 음악이 주는 행복감에 다시 젖어들었다. 그러나 그의 머릿속에서는 두 가지 놀라운 일이 일어났다. 하나는 나중에 알아보고 주먹을 날리기 위해 그 남자의 모자와 가죽 바지를 기억해둔 것이며, 또 하나는 이제 막 그에게 행복한 귀속감을 안겨준 음악가들을 꼼꼼하게 관찰한 것이었다.

그렇게 잠깐 들은 음악과 단편적인 이미지가 자기 이미지를 만들어낼 몇 가지 소재를 제공해준 것이었다. 브린치노는 기분이 한결 나아지는 것을 느꼈다. 그의 일상적인 문화가 두세 가지 정보를 이제 막 그에게 전해주었으며, 그가 드디어 이것들을 가지고 집시의 정체성을 구축하기 시작했기 때문이다. 그는 자기 같은 사람들이 있다는 사실을 깨달았다. 행복하다는 이 새로운 느낌, 마음이 편안해지는 동시에 힘이 세졌다는 이 새로운 느낌, 자기가 컸다는 이 새로운 느낌을 간직하기 위해 자신의 기원을 찾아 떠나야겠다는 욕망이 문득 그를 사로잡았다. 음악이나 구릿빛 얼굴 등 기표들의 작은 일부가 지식의 고고학으로, 문서들과 낡은 사진, 다른 곳에서 온 물체, 장차 이루어질 만남의 예술로 그를 초대한 것이었다. 그가 이 기표들을 이해하면서 자기 자신에 대한 그의 감정도 변화를 겪을 준비를 하고 있었으며, 이 같은 변회는 그가 막연한 수치심을 떨쳐버리고 충분한 근거가 있는 자부심을 갖도록 도와줄 것이다.

가정교사인 이렌느에 대해 지나친 애착을 갖고 있는 어린 루시의 경우에서 보았던 것처럼, 한 사람이 다른 사람에게 감정적으로 사로잡혀 있는 관계 안에서 말해지지 않은 것이 누설되면 심적 트라우마가 매우 쉽게 전해진다. 반대로, 아이가 이미지와 음악, 이야기, 혹은 기록 등 문화의 단편 덕분에 자신의 기원을 발견하게 되면 그는 고고학자와 똑같은 즐거움을 느낀다.

침묵에 잠긴 소음

트라우마를 겪는 수많은 사람들은 글쓰기를 통해 감정을 제어할 수 있기 때문에 자신들의 고통에 관해 친한 친구나 친척에게 말하는 것보다 글로 쓰는 걸 더 쉽게 생각한다. 심지어는 말을 하는 사람과 눈에 안 보이는 청취자들 간에 상당한 정서적 차이가 존재하는 공개방송에서도, 감정은 사랑하는 사람의 얼굴을 직접 보며 나누는 대화(감정이 의사소통을 왜곡하거나, 심지어는 가로막을 수도 있는)만큼 강하지는 않다.

부끄럽다고 느낄 때 우리는 어떤 것에 대해 아무 말 하지 않거나 말하는 것 자체가 어렵다고 생각한다. 그래서 암시하고, 빙빙 돌려 이야기하고, 얼버무린다. 이 때문에 그토록 많은 오해가 생겨나는 것이다. 시끄러운 배경에서는 그 어떤 침묵도 관심을 끌 듯, 소음이 그치면 우리의 경계심이 발동한다. "왜 이렇게 갑자기 조용해졌지? 무슨 일이 일어난 거야?" 말을 잘 하는 사람이 문득 침묵을 지키면 그에게 애착을 갖고 있던 사람은 누구든지 간에 뭔가 이상하고 수수께끼 같은 게 있다고 느낀다. "마치 사진의 음화가 거기 있지만 드러나지 않은 것을 보여주듯."[21] 말은 그것이 밝혀낸 것을 전달하며, 지나친 애착 관계를 형성한 아이에게 정신적 외상을 입힐 수가 있다. 침묵이 정신세계의 접점들과 이야기의 일부를 이룰 때, 발견되거나 투사된 것에는 불안한 그림자가 드리워진다. 트라우마를 겪는 사람들의 아이들이 악몽 속에서 트라우마를 보았다고 말하는 것은 놀라운 일이다. 부모들은 그것을 감추었다고 믿었는데도 말이다.

"1994년 4월 7일 민족대학살이 시작되었다. 부활절 휴가 때였다. 나의 어린 동생들은 친척집에서 휴가를 보내고 있었다. 우리는 2주 뒤면 모두 만날 수 있을 것이라고 생각했지만 결국 다시 보지 못하게 될 것이다. 그들은 살아남지 못했다."[22] 이 같은 상황은 현대전이 어린아이들과 민간인들을 상대로 벌이는 민족대학살과 군사적 행동에서 자주 되풀이된다. 누군가가 사라지면 우리는 처음에는 그가 살아서 돌아오기를 바란다. 그러나 우리는 그들이 무덤에 묻히지도 못한 채 죽어서 영영 돌아오지 않을 것이라는 사실을 서서히 받아들여야 한다. 우리는 다른 사람들이 그들을 죽일 때 그 자리에 없었다. 그래서 그들을 도와줄 수가 없었다. 어쩌면 우리는 그들이 죽어가는 동안 이곳에서 행복해했는지도 모른다. 수치심이 우리 머릿속을 가득 메운다. 사람들은 그들을 죽이고 시신을 방치했다. 하지만 우리는 무기력하기만 했다.

우리는 죽은 사람 모두가 예를 갖추어 매장될 수 있게끔 마음을 씀으로써 이 같은 수치심을 극복할 수 있다. 우리와 가까운 사람들이 이런 식으로 죽으면 우리는 그들의 존엄성에 주의를 기울인다. "르완다에 관한 영화를 볼 때마다 나는 내 형제들이 생존자들 가운데 있지 않나 확인하곤 한다. 그들은 아직도 내 마음속에서 살고 있으며, 무슨 일을 하든지 그들이 생각난다. 나는 차곡차곡 쌓인 시신들을 찍어놓은 사진을 볼 때도 역시 그들이 있나 찾아본다. 그들이 꼭 방금 세상을 떠난 것 같은 느낌이 든다." 죽은 사람들에 대한 이 같은 침묵 속의 심려心慮는 행동 지표들에 의해 표현되며, 어린아이들은 그것들에 극히 민감하다. 혹시라도 실종된 남동생이 비쳐질까 해서 텔레비전 화면을 유심히 살펴보고 있는 어머니의 경직된 침묵, 친절한 이웃이 찾아와서 대학살을 피한 것을 축하해줄 때 어머니 얼굴에 이는 그 미세한 경련. 이 의미 있는 침묵은 말해지고 있는 것에 어두운 그림자를 드리우며, 어떤 불안하고 수수께끼 같은 일이 일어나고 있다는 느낌을 어린아이에게 불러일으킨다. "도대체 무슨 일이 일어나고 있기에 사람들이 르완다 이야기를 하는데 어머니는 침묵을 지키고 있는 것일까?" 그들은 왜 죽었을까? 왠지 석연치가 않다. 마법에 걸린 것일까? 아니면 살해당했는지도 모른다. 질문을 던지면 절대 안 된다. 아이는 어머니의 수치심에 의해 전해진 불안감을 안고 밤에 잠이 든다. 그는 악몽을 꾸고, 거기서 지나가는 행인들이 숨이 찰 만큼 낄낄거리는 가운데 자기 어머니의 시신이 썩어가는 것을 본다. 아이는 그의 내부 세계에서 그의 어머니를 괴롭히는 수치심을 행동화하는 것이다!

5장
우울한 노래들

—

유령들의 살덩어리
우울한 부모, 까다로운 아이
죽은 부모와 자신을 동일시하다
상처 입은 부모가 뒤로 물러서다
운명은 발달이 아니다
받아들여지기 위해 위험을 무릅쓰다
과거로 되돌아가는 것을 막기 위해 과거에 대해 이야기하기
절망의 결혼
우리가 그것을 말하는 방식이 트라우마를 유전시키는가
수치심에서 자부심으로
우리는 불행을 물려줄 필요가 없다

Parler d'amour
au bord du gouffre

유령들의 살덩어리

아이가 말한다. "난 어둠이 무서워요. 밤이 되면 죽은 사람들이 무덤에서 일어나요……." 어쩌면 아이는 이렇게 상상한 것인지도 모른다. 그가 모르는 사람들의 눈물 젖은 얼굴과 잊힌 미소에 어둠이 드리워졌다. "난 그들에 대해 전혀 아무것도 몰라요. 그들이 죽었다는 것 말고는요."[1] 악몽을 꾸는 아이는 자기가 다른 사람과 다르고 불안해한다고 느껴 가까운 사람들 대하는 것을 창피해한다. 부끄러운 행동을 부모에게 했다는 생각이 머릿속을 떠나지 않고 있는데 도대체 어떻게 그들과 얼굴을 마주한단 말인가?

그는 군인들에게 아무 말도 하지 말라는 이야기를 귀가 닳도록 들었다. 그는 어느 날 부두에서 공놀이를 하다가 공이 벤치 아래로 굴러들어갔던 일을 기억하고 있다. 그런데 이 벤치에는 군인 두 명이 앉아 이야기를 나누고 있었다. 그들은 다정한 표정을 지으며 아이가 이해할 수 없는 말을 하면서 공을 돌려주었다. 며칠 뒤, 아이의 부모가 민병대에게 체포되어 어디론가 사라졌다. 그들은 강제 송환되어 수용소에서 사망했고, 아이는 자기가 공을 되돌려받을 때 아무 이야기도 하지 않았어야 했다는 말을 몇 년 동안 되풀이했다. 일부러 그런 건 아니었지만 분명히 군인들에게 무슨 단서를 제공했고, 그래서 부모들이 체포당했다고 생각한 것이었다. 그는 자기가 비밀을 지키지 못했기 때문에 부모들이 죽었다고 생각했다. 이런 이유로 해서 그는 수십 년 동안 침묵을 지킬 줄 아는 사람들을 보며 감탄했다. 그는 침묵이 안전하다고 느꼈던 것이다. 그러나 무슨 말인가를 했다는 데 대한 부끄러움과 부모들을 죽게 만들었다는 죄책감은 그로 하여금 이상하게 행동하게 만들었다. 즉 그는 일체의 내밀함이 불온한 침입으로 느껴졌기 때문에 오직 상투적인 말밖에는 하지 않았던 것이다.

수치심을 갖는다는 것은 "수치심을 마음에 품고 다니는 것"과 같은 느낌을 전해주지 않는다.[2] 집시인 브라치노는 자신의 모습에 부끄러움을 느꼈다. 그는 자기가 어떤 사람인지 알고 있지 못했으나, 그의 문화는 집시라는 사실을 부끄럽게 생각해야 마땅하다고 암시했다. 그러나 일단 건설적인 모델을 확인하자마자 그는 회복 과정을 통해 수치심을 버리고 자부심을 가질 수 있게 되었다. 이 같은 이탈과정은 수치심을 마음에 품고 다니는 것과는 매우 다르다. 왜냐하면 수치심을 마음에 품고 다닌다는 것은 곧 애착 대상의 고통으로 인해 힘들어하는 것이기 때문이다. 그렇기 때문에 회복 과정은 훨씬 더 큰 희생을 요구한다. "뭔지 모르는 것을 더이상 부끄러워하지 않기 위해서는 우선 내 부모의 불안을 치유해야 한다." 브라치노는 집시문화를 몇 번 접하고 나자 더이상 부끄러워하지 않게 되었다. 하지만 "수치심을 마음에 품고 있는" 소년은 그가 맞서야 하는 문제에 대해 아무것도 모를 뿐만 아니라 심지어는 자기가 사랑하는 부모가 자기를 공격하고 있다고 자주 느낀다. "아버지와 접촉하면 왜 자꾸 불편해지는지, 그리고 그가 옆에 없으면 왜 절망스러워지는지 그 이유를 알 수가 없어요." 아이는 마음속에 구멍이 나 있는 아버지와 함께 살고 있다. 아버지는 때로는 유쾌해 보이지만 대부분 우울해 있다. 그는 이런 아버지와 함께 자라야만 했다. 그는 무엇인가를 부끄러워하는 아버지의 이 같은 행동으로부터 뭔가를 취했으며, 그 결과 어떨 때는 정신이 마비되고 또 어떨 때는 정서적 온기를 느끼는 등 종잡을 수가 없었다. 그는 양가적 애착 관계를 형성한 반면 정신적 상처를 입고 부끄러워하는 아버지는 자기가 아무 말도 하지 않음으로써 아들을 보호했다고 굳게 믿었다. 그러나 아버지는 행복의 노예가 되어 있었기 때문에 자기가 행복한 동시에 불안해한다는 느낌을 아들에게 물려주었다는 사실을 깨닫지 못했다. 수치심을 마음속에 담고 다니는 사람은 이렇게 말할 수도 있으리라. "성공을 거둘 때마다 나는 죄책감을 느껴. 내가 사랑하는 사람들이 고통스러워하는데 나만 행복해한다는 건 부끄러운 일이야. 실패가 나를 절망으로 몰고 갈 때 오히려 마음이 편해."

유령들의 힘은 마술적인 것이 아니며 영기에 의한 것도 아니다. 반대로 어린아이는 뭔가 기묘한 것과 몸짓, 어조, 혹은 침묵을 신체적으로 지각함으로써, 사랑하는 사람의 몸에 유령이 나타나는 것을 볼 수 있다. 유령들은 자기들 자신의 삶을 가지고 있지 않다. 그들은 상처를 입은 누군가의 몸을 빌려서 죽음과 고통, 혹은 수치심이 나타나게 하고, 이런 것들은 이 사람의 아이의 정신에 기생한다. 과거의 어떤 사건은 정신적 상처를 입은 사람의 몸에 그늘을 드리우고, 유령들은 그 그늘을 한 영혼에서 다른 영혼으로 전해준다.

아우슈비츠에서 돌아온 아버지는 이렇게 말한다. "나는 내 아이들이 내가 가야 할 길에서 멀리 벗어나 있기를 바랐습니다. 그들이 더 평화로운 장소를 지나가기를, 두려움을 느끼지 않고 어린 시절을 보내기를 바랐던 거죠."

그의 아들은 아무 말 하지 않지만 이렇게 생각했다. "아버지는 자기 자신의 이 감추어진 측면이 증오받아야 마땅하다고 생각하셔: 난 무엇인가가 숨겨져 있다는 걸 이미 오래전부터 알고 있었지. 아버지는 아무 말도 하지 않았지만 내가 그쪽으로는 눈을 돌리지 말아야 한다는 것을 강력하게 내게 이해시키신 거야."[3]

우울한 부모, 까다로운 아이

이야기를 나누는 상대의 육체에서 지각되고 그들의 내적 언어로부터 유래하는 이 금지된 대화는 애착이 형성되어 있을 때 감정적 오해가 어느 정도까지 한 영혼에서 다른 영혼으로 전해질 수 있는지를 설명해준다.

강제수용소에서 살아남은 젊은 생존자들은 아주 일찍 결혼한다. 그 당시에 남편이나 아내가 있다는 것은 중요한 보호 요소였다. 매일같이 일터까지 걸어서 간 다음 거기서 열 시간씩 머물러야만 할 때 남자는 여자 없이 살아갈 수 없다. 여자 역시 육체가 주요한 사회적 생산 수단이 되는 기술적 환경에서는 남자 없이 살 수가 없다. 의료보험 혜택도 받을 수 없고 노후 연금도 받을 수 없는 사회에서 무능하거나 허약한 남성과 아이를 낳지 못하거나 연약한 여성이 돈을 많이 못 벌거나 아이를 많이 낳지 못할 때, 그들의 미래는 힘들어진다. 젊은 생존자들은 결혼에 과도한 투자를 했는데, 그들에게는 그렇게 하는 것이야말로 삶을 다시 시작할 수 있는 유일한 희망이었기 때문이다. 그들 중 거의 대부분은 불안한 애착이 치료 효과를 발휘하는 커플 관계를 형성했다. 강제수용소에서 돌아온 그들은 결혼을 함으로써 삶으로 되돌아갈 수 있었고, 때로는 회복을 시작할 수도 있었다.

이 커플들의 아이들은 여전히 트라우마를 겪고 있으며, 이제 막 치료 작업을 시작한 부모들과 밀접하게 접촉하면서 성장해야만 한다. 아이들이 발달하도록 도와줄 사람들이 정신적 상처를 안고 있는 것이다. 용감하고, 말이 없고, 우울하며, 일상생활에서는 아이들에게 친절하지만 불현듯 폭발해서 전혀 예상치 못했던 폭력을 행사할 가능성이 있는 아버지들과 안정적이면서 투명한 관계를 수립한다는 것은 결코 쉬운 일이 아니다. 부모들 중에 정신적 상처를 입지 않은 쪽은 정신적 상처를 입은 쪽을 돌보는 데 많은 힘을 쏟는데, 커플 관계가 그 같은 내용의 계약을 중심으로 형성되었기 때문이다. 아이는 과묵하고, 세심하고, 친절하고, 무거운 침묵을 지키는 부모와 밀접한 접촉을 유지하면서 성장한다. 아이는 자기가 부모들의 애정 계약에서 배제당했다고 느낀다.

바로 이 같은 이유 때문에 이런 아이들 중 아주 많은 수가 일종의 애정 결핍을 겪는 것이다. 물론 부모들은 그들에게 지나칠 정도의 애정을 쏟았다고 생각하지만 말이다. 어른들은 자신들의 삶을 아이들 위주로 설계하며, 아이들의 관심사에 맞춰 모든 것을 선택하고, 자신들의 고통을 아이들에게 물려주지 않기 위해 거기에 대해 언급하는 것을 애써 피한다. 반대로 아이들은 공모 관계인 부모들 사이에 자기가 끼어들었다고 느끼며, 부모들의 자유방임적 태도를 무능함이나 방기로 받아들인다. 정신적 상처를 지닌 부모들은 그 영역에 베일을 둘러침으로써 은폐했다고 믿으며, 아이들을 수수께끼처럼 보이는 그 어둠에 매혹당한다. "우리들 각자는 듣기는 하지만 대부분은 이해되지 않는 것들, 강조될 수도 있고 안 될 수도 있는 암시들, 의미 있는 침묵에 의해 중단될 수도 있고 안 될 수도 있는 찡그림과 몸짓을 토대로 자신의 선사先史에서 일어났던 사건들을 재현한다……."[4]

행복해야만 하는 아이는 이상한 아버지가 사소한 불행에도 절망스러워한다는 사실을 알게 된다. "그는 내가 오직 행복한 생각만 하기를, 내가 오직 차분한 행동만 하기를 정말 간절히 바라는 듯했다."[5] 트라우마를 겪는 부모의 아이는 이 강요된 행복으로 인해 불안해져서 흔히 양가적 애착 관계를 형성하게 된다. "나는 이 어두운 장소 안에서도, 이 무시무시한 장소 안에서도 그들을 사랑한다."[6] 이런 아이들에게 있어 증오는 사랑의 반대가 아니다. 증오는 갈기갈기 찢겼다가 지금 현재 다시 봉합되고 있는 중인, 아버지에 대한 성난 반항을 의미한다. 아버지가 너무나 우울하기 때문에 아들 역시 과민해졌다. 나중에서야 그들은 과묵한 부모들을 자랑스럽게 느끼는 법을 배우게 될 것이다.

에르베는 말했다. "엄마가 즐거워할 때마다 나는 엄마를 증오했다. 그럴 때마다 엄마는 나를 버렸기 때문이다." 그의 아버지는 한창 전쟁 중인 알제리에서 이제 막 돌아왔다. 그는 너무 많이, 너무 크게, 그리고 너무 즐겁게 이야기했다. 차분하게 말하고 싶어도 그렇게 안 되는 것들을 감추기 위해서였다. 에르베는 강요된 명랑함으로 자신의 슬픔을 감추는 아버지와 접촉하면서 양면적 애착 관계를 획득했고, 나중에 이 애착을 자신의 아내에게 표현하게 될 것이다. 그는 아내가 옆에 있을 때는 그녀에게 깊은 애정을 느꼈지만, 그녀가 혼자서 어디를 가면 분노가 섞인 맹렬한 증오심을 느꼈다.

이 같은 유형의 계약에 의해 결합된 커플이 길러낸 아이들은 말해지지 않은 것에 주의를 기울이는 법을 배우고, 비밀에 매혹당하며,

갑작스런 행동 변화와 침묵에 불안해하기도 하고 흥미로워하기도 한다. "거참 이상하네! 왜 그녀는 혼외 출생에 관한 이야기가 나오면 그렇게 표정이 굳어버리는 것일까? 정말 이상해! 사람들이 우리 아버지의 가족에 관해 언급할 때마다 어머니는 이렇게 말하곤 했다. '오, 저런 저런……' 그러고 나서는 급하게 해야 될 집안일이 생각났다며 대화가 더이상 계속되는 걸 막아버리는 것이었다." 이 작은 수수께끼들, 잘 보이지는 않지만 자주 되풀이되는 이 미세한 균열들은 결국 아이를 이상한 세계에 입문시키게 된다. 아이는 이렇게 생각하는 듯하다. "알면 안 되는 것이 나를 두렵게 만들기도 하고 매혹시키기도 해." 아이의 내부 세계는 양면적으로 변하고, 그의 정서적 유형 역시 서서히 양면적이 되어간다. "난 아버지가 어렸을 때 무슨 일이 일어났는지 잘 몰라. 아버지가 거기에 대해서 말을 잘 안 하니까. 무슨 이야기가 나와 아버지 얼굴에 그늘이 지면 어머니가 나타나서 그를 도와주지. 화제를 바꾸어 그를 보호하는 거야. 아버지에게 무슨 이상한 일이 일어났던 게 틀림없어. 아마도 무슨 끔찍한 일이 일어났던 것 같아. 아버지가 그렇게 불행한 어린 시절을 보냈는데 내가 불평 같은 거나 늘어놓으면 안 되지. 아버지가 나를 위해 기울인 갖은 노력이 결실을 거두려면 내가 행복해져야 해. 난 성공해야 해. 왜냐하면 아버지는 내가 성공할 수 있는 조건을 마련해주었지만 정작 자신은 그걸 단 하나도 갖지 못했으니까 말야. 만일 성공을 거두지 못한다면 그건 정말 창피한 일이야. 그래서 그를 원망할지도 몰라."

불안감을 불러일으키는 행복에 대한 이 같은 속박은 처음에는 좋은 결과를 낳는 듯 보인다. 왜냐하면 아이가 성실함을 발휘해 수수께끼에 쌓인 이 가정에서 자기 자리를 차지하기 때문이다. 그러나 사춘기가 되어 다른 식으로 사랑하는 법을 배우기 위해 사랑하는 사람들

곁을 떠나야 된다고 느끼면, 아이가 자신의 정서적 유대 관계를 수정하는 일은 흔히 고통스러운 과정이 된다. 양면성은 젊은이를 포기로 이끌어 그를 안심시킬 수도 있고, 아니면 고고학에 대한 열정으로 이끌어갈 수도 있다. 아이는 이렇게 말한다. "난 지금까지 아버지가 요구하는 대로 행복을 발견하려고 애써왔어. 하지만 이젠 그러는 게 지겨워. 이쯤에서 그만두는 게 차라리 마음이 편할 것 같아." 반면에 또 다른 아이는 이렇게 말한다. "나는 감추어져 있는 모든 것에 매혹을 느껴. 이해하려고 애쓰는 걸 그만두면 불안해질 거야."

죽은 부모와 자신을 동일시하다

아이를 보호하기 위해 자기 인격의 밝은 부분만을 전해주려고 애쓰는 상처 입은 부모는 자신도 의식하지 못하는 사이에 그에게 양면적 애착을 물려주게 된다. 이 정서적 유형은 일반 집단(15%로 추정된다)에서보다는 부모들이 회복 과정을 거의 시작하지 않은 아이들에게서 훨씬 더 많이 관찰된다.[7] 이 양면적인 사랑의 방식은, 부모로 하여금 애정 결핍을 보상하기 위해 아이에게 정성을 쏟도록 하는 미해결된 갈등을 토대로 조직되는 것처럼 보인다.[8] 전쟁으로 인해 트라우마를 겪는 이 젊은 부모들은 다시 삶으로 돌아가고 가능하면 빨리 자신들을 사랑하게 될 아이를 갖기 위해 아주 일찍 결혼한다. 그들은 자기들에게는 거부되었던 행복을 아이들에게 주고 싶어 한다. 적응을 돕는 이 방어기제는 부모들을 보호하고, 양가적 애착 관계를 그들의 아이들에게 전하며, 이 애착은 아이들이 청소년이 될 때까지만 지속된다.

우리는 성급하게 결론을 내리고 이렇게 말할 수도 있을 것이다.

"그러니까 회복이 이루어지면 부모들은 원기를 회복하고 아이들은 그것 때문에 고통스러워하는 거로군." 이 부모들이 그들을 주목하지 않는 문화에서 회복 과정을 거의 시작하지 않았다는 사실이 강조되어야 한다. 그들은 즉각적인 고통으로 인해 방금 일어난 엄청난 불행에 맞서야만 하는 단계에 아직 머물러 있다. 다시금 불길이 확 타올라 모든 사람이 놀라워하는데 그들은 여전히 얼이 빠져 있는 것이다. 그들은 이를 앙다물고 있을 뿐 그 자리에서는 아무 말도 할 수가 없다. 나중에 시간적으로나 공간적으로나 거리를 두고 그것을 언어적으로 표현할 수 있을 때 그들은 자신의 생각을 밝힐 수 있다. 게다가 상처 입은 사람들의 문화가 그들에게 침묵을 강요할 경우 그들이 회복되는 데 아마 수십 년이 걸릴 것이다. 아이를 갖는 데는 단 몇 초밖에 안 걸리지만, 아이가 성장하는 데는 오랜 세월이 걸린다. 아이의 부모들은 자기 자신의 상처를 치유하는 데 그 세월을 보내게 될 것이다. 정신적 상처를 입은 부모들이 다시 태어나서 삶으로 되돌아가기만을 열망하는 바로 그 순간에 아이가 태어난다. 이제 아이 주위에는 부모의 정신적 상처로 인해 피해를 입은 발달 후원자들뿐이다. 아이는 바로 이곳에서 살아가는 법을 배워야만 한다.

    죽은 자기 부모를 이상화한 고아는 대체 가정에 들어갔을 때도 아무 문제없이 잘 성장한다. 그렇지만 그는 두 가계, 즉 자기가 이상화한 죽은 가계와, 그를 구해주었지만 모든 가족이 다 그렇듯 서투른 현재의 가계와 관계를 맺어야만 한다. 그는 두 권의 가족 소설을 꾸며낸다. 이 두 권의 가족 소설은 그의 내적 세계를 가득 채워준다. 물론 관계 형성에 어려움이 있을 때도 이따금 있지만, 그 결과는 상당히 바람직하다.

    냉소적인 사람 같으면 부모의 트라우마를 겪느니 차라리 죽는 게 더 낫다는 결론을 내릴 수도 있다. 나는 가족의 주치의가 하는 말에 귀 기울이기를 제안한다. 그는 가족 중 한 명이 암이라든지 심근경색처럼 중병에 걸릴 경우 가족과 친척들이 그의 주변에 모인다는 사실을 알고 있다. 다른 문제들은 덜 중요시되거나 잊힌다. 지금 당장은 더 중요한 일이 있기 때문이다. 환자 주변에 모여든 친척들은 장례를 치를 준비를 한다. 만일 불운하게도 환자가 회복될 경우, 새로운 환경에 적응하기 위한 그들의 계획은 쓸모없어지며, 옆으로 제쳐두었던 문제들이 다시 부상한다. 그렇다고 해서 환자들을 죽여야 한다는 결론을 내려야만 하는 것일까? 그러는 것보다는 더 잘 협상하고, 최선을 다해서 보살펴주고, 환자의 가족이 이 시련을 그들의 유일한 문제로 만들지도 모를 위험에 대해 그들에게 경고하는 편이 더 나을 것이다.

    같은 이유로 비밀을 지키지 않으면 안 될 경우, 가까운 사람들은 어두운 영역을 중심으로 조직된다. 그러나 정신적 상처를 입은 사람의 영혼이 느끼는 고통은 아이에게 기묘한 감각을 전달한다. 그래서 "아버지들이 시큼한 포도를 먹자 아이들의 이가 시큰거린다"[9]라고 했는지도 모른다. 상처 입은 부모를 구한 침묵은 아이에게 그의 발달을 도와줄 후원자를 제공하고, 이 후원자는 모순을 이루는 두 가지 충동을 결합시키려고 애쓴다. "나는 나를 불안하게 만드는 이 아버지에게 애착을 느끼고 있어. …… 나는 나를 매혹시키는 이 어둠에 대해서 그에게 묻는 것을 나 자신에게 금하고 있어. …… 나는 그가 전수자이기 때문에 그에게 감탄하고, 그가 내게 혐오감을 불러일으키는 욕창을 갖고 있기 때문에 그를 경멸해. …… 내가 그를 사랑하는 것은 그가 명랑할 때 내 기운을 북돋워주기 때문이고, 내가 그를 싫어하는 것은 그의 슬픔이 나를 짓누르기 때문이야." 자, 정신적 상처를 입은 부모들의 회복 작업이 이루어질 가능성이 없는데 도대체 어떻게 아이가 말을 할 수 있겠는가?

회복 중인 사람의 상처가 봉합되는 것을 가로막는 것은 거의 항상 가족이나 문화적 환경이다. 도대체 어떻게 어린아이에게 그가 근친상간 관계에서 태어났다고 말할 수 있단 말인가? 가족은 한치 앞이 안 보이는 정신의 안개 속에서 성장하는 어린아이를 보호하기 위해 침묵을 지킨다. 도대체 어떻게 2차 세계대전 중에 숨어 있는 어린아이에게 만일 그가 유대인이라는 사실을 인정하거나 그의 이름을 말하면 그가 사랑하는 사람들이 죽을 수도 있다는 말을 할 수가 있단 말인가? 만일 이런 아이들이 미처 이 저주를 극복하지 못한 채 부모가 되면 그들은 이 불행을 머릿속에 간직한 채 아이들을 키워나가게 될 것이다. 그러나 주변 환경이 삶으로 다시 돌아가고자 하는 타고난 성향을 가로막지 않아서 회복이 가능해지면 아이는 치유된 부모와 함께 성장해나갈 것이다.

상처 입은 부모가 뒤로 물러서다

상처 입은 어머니들은 첫째 아이를 낳을 때도 여전히 어려움에 처해 있다. 충격적인 사건이 일어난 이후에 가족이 정성껏 돌봐주었기 때문에, 그들을 뒷받침해줄 파트너를 만났기 때문에, 그들의 회복을 도와줄 수 있는 일(글쓰기, 예술적이거나 사회적인 행동에 참여하기, 심리치료 등)을 찾아냈기 때문에 회복 작업이 가능해지면, 둘째 아이를 낳을 때 훨씬 더 나아진다. 1970년대 이후로 우리는 어떻게 '표준적인 어머니'가 새로 태어난 그들의 아기들과 상호작용을 하는지 알게 되었다. 우리는 행복하게 성장한 젊은 여성이 자기 아기가 보내는 모든 신호에 세심하게 마음을 쓸 것이라고 짐작할 수 있다. 그녀는 미소를 짓거나 말을 많이 함으로써 아이의 신호에 반응할 것이다.[10] 반대로 아기를 돌보는 아버지들은 웃기도 덜 웃고 말도 별로 많이 하지 않는 대신 여성들보다 '운동'을 더 많이 한다.[11]

이것은 어렸을 때 근친상간에 희생되었던 어머니들의 경우가 아니다. 거의 대부분 그들은 자기들이 방금 낳은 아기 앞에서 아무 말도 하지 않은 채 얼빠진 표정을 짓고 있다. 단 한마디도 하지 않고 동작도 취하지 않은 채 아연실색해서 아기를 쳐다보고 있는 것이다. 나중에 그들과 이야기해보면, 그들의 삶의 이 중요한 순간에 거의 강박적인 한 가지 생각이 그들의 정신적 안개 속에 불쑥 나타났다는 사실을 알게 된다. "이 아이는 어떤 식으로 성생활을 하게 될까?" 그러고 나면 혼란의 와중에서 한 가지 막연한 생각이 떠오른다. "이 아이가 성적 폭력을 당하지 않았으면 좋겠는데." 태어난 아기를 바라보던 그들은 때때로 "이 아이가 다른 사람에게 성적 폭력을 가하지 말아야 할 텐데"라는 생각을 했다가 금방 그 생각을 거두어들인다. 여자 아이가 태어난 경우에는 이런 생각이 번개처럼 어머니의 머릿속을 스친다. "이 아이는 언젠가는 강간당할 거야." "이 아이가 사춘기가 되면 내가 죽여버릴 거야."

아기의 해부학적 성기를 보는 순간 어머니는 자기 자신이 과거에 당했던 불행의 표상을 떠올리며, 그녀의 반응은 끔찍한 생각들이 불쑥불쑥 떠오르는 고통스러운 혼란의 형태를 띤다. 정신적 상처를 입은 어머니가 과거를 기억 속에 새긴 채 혼자 있을 때 바로 이 같은 일이 일어난다. 왜 그녀가 혼자 남겨져야만 한단 말인가? 아이가 태어나는 순간에 그녀 옆에 있는 사람은 누가 되었든 간에 이 중요한 순간에 그녀에게 안전감을 불어넣어줄 수 있다. 파트너가 있을 경우 그녀는 자기가 여자라고 느끼며, 자기가 방금 아기로 인해 파트너에게 행복감을 안겨준 것을 보고 스스로 행복을 느낀다. 단순히 친밀한 얼굴이 어머니의 정신세계를 변화시키는 것이다.

학대받은 아동이 학대하는 부모가 될 수 있고, 근친상간의 희생자가 성적 학대자가 될 것이라는 말은 거짓이 아니다. 이 같은 상황은 트라우마를 겪는 어린아이들이 어차피 과거의 불행을 다시 되풀이할 수밖에 없는 운명을 타고 났다고 생각하는 집단적 사고에 의해 야기되었을 뿐이다. 그러나 우리가 어머니의 내적 세계를 변화시키면 곧 그녀가 자기 아기를 둘러싸고 있는 지각 환경도 변하며, 우리가 그녀로 하여금 자신의 유령을 쫓아버릴 수 있게 도와주면 그녀는 자기 아기에게 안정된 환경을 제공해줄 수 있다.[12]

그러나 실제로 일어나는 일은 그 반대다. 이 어머니들은 반대쪽 극단으로 가서 지나치게 자유방임적으로 변한다. 누구든지 간에 자기보다는 아기를 잘 키울 것이라고 막연히 생각하기 때문이다. 이런 어머니들은 남편이나 교사, 그리고 심지어는 아이 자신이 행복하게 살기 위해서는 무슨 행동을 하고 무슨 말을 해야 하는지 알고 있다고 느낀다. 어렸을 때 학대받은 어머니는 그녀가 사랑하는 사람의 그늘에 숨어버릴 위험이 있다. 자기 자신이 충분한 능력을 갖고 있다는 사실을 발견할 기회를 갖지 못했기 때문이다.

정신적 상처를 입은 아버지들 역시 자기가 아버지가 될 만한 능력이 없다고 믿는다. 그래서 자신을 뒷받침해주는 여성을 만나면 그녀에게 많은 힘을 부여하는 것이다. '그녀는 알고 있다'고 믿기 때문이다.

그렇기 때문에 이 같은 만남에서 태어난 아이들은 대단히 특별한 부모들 곁에서 성장해야만 할 것이다. 그들의 어머니는 자유방임적이고 다른 사람들 뒤에 숨을 뿐만 아니라 심지어는 자기 아이 뒤에도 숨는다.[13] 그들의 아버지는 불완전하고 둘로 분리되어 있다. 그중 절반은 집에서 뒤로 물러나 있지만, 나머지 절반은 때로 집 밖에서 큰 성공을 거둘 수도 있다. 그들의 아이들은 아버지에게 두 측면이 있다는 것 알게 되고, 아버지가 집안에서는 무시당하는 경향이 있는데 집 밖에서는 사람들이 감탄 어린 어조로 그에 대해 말하는 것을 듣고 놀라워한다. 양면적 감정이 아이들의 기억 속에 새겨지고, 아이들은 결합되어 있지만 모순을 이루는 이 이미지들에 대해 이중의 표상들을 갖게 된다.

숨겨졌던 아이들이 억압당했다고 말하는 건 잘못이다. 그 반대로 아이들은 정확하고 분명하며 언제나 내부에 존재하는 트라우마성 초^超기억을 갖고 있다. 그들은 이렇게 재현된 것들을 함께 나누는 세계를 창조할 수 있게 해줄 말로 옮기는 것이 어렵다고 생각한다. 부모가 되면 그들은 자기들이 어렸을 때 침묵을 지킬 줄 알았기 때문에 지금 이렇게 살아가고 있다는 사실을 기억해낸다. 터키의 아르메니아 출신 아이건, 유럽의 유대인 아이건, 르완다에서 벌어진 대학살을 피해 도망친 투치 족 아이건, 모두가 죽지 않기 위해서 침묵을 지켜야만 했다.

살아남기 위해 침묵을 지키는 방어 장치는 그들에게 특별한 관계 유형을 부여했다. 어렸을 때 그들은 명랑하고, 활동적이고, 창조적이고, 나름대로 꿈을 갖고 있었다. 그들은 너무 빨리 자라났으며, 그 결과 어떤 상황이나 질문이 그들이 피하는 법을 배웠던 것을 그들에게 상기시킬 때마다 그들은 갑자기 약해지거나 정신적으로 마비되어 버린다. 그들이 아이를 가질 만큼의 나이가 될 때까지도 이 방어 장치는 여전히 같은 자리에 위치하고 있다. 그들은 비극이 일어난 지 겨우 몇 년 뒤에 부모가 되고, 그들에게 자기표현은 곧 죽음을 상기시킨다. 이 방어 장치는 그들의 기억 속에 새겨져 있다. 그들의 생명을 구해주었기 때문이다. 그들은 꼭 지뢰지대를 통과하고 있는 병사들처럼 산다. "난 거기 갈 수 있어……. 난 그것에 대해 말할 수 있어……. 하지만 난 갑자기 그만두어야 해. 만일 내가 단 한 마디라도 하면 목숨을 잃을지도 모르니까."

운명은 발달이 아니다

우리 내면과 주변이 전혀 바뀌지 않는다면, 우리의 운명은 미리 그려질 것이며, 우리는 살아남기 위해 침묵해야만 했던 순간에 배운 것을 반복하면서 남은 삶을 보내야만 할 것이다. 그럴 경우, 우리는 "방어적 배제"[14]를 우리 아이들에게 물려주게 될지도 모른다. 어머니는 이렇게 말할지도 모른다. "난 나 자신을 방어하기 위해 입을 다물고 있어. 그래서 우리 아이들은 반드시 되는 대로 처신하지 않는 법을 배우게 될 거야. 우리 관계에 뭔가 분명치 않은 게 있다고 느낄 테니까 말야. 그들은 결코 나를 완전히 신뢰하지 않아. 왜냐하면 나의 행동 전략이 나의 내부에 불안스러운 수수께끼가 있다는 것을, 죽은 공간이 있다는 것을 그들에게 암시하거든."

나중에 이런 아이들은 어떤 시련에 맞서야 할 경우 어떻게 도움을 청해야 할지를 모른다. 어머니의 삶에 말해서는 안 되는 무엇인가가 있다고 느끼기 때문이다. 그들은 견뎌내거나, 그렇지 않으면 무너진다. 그 중간은 있을 수가 없다. 회복 과정을 밟을 시간이 미처 없었던 부모의 아이들은 "기존의 재현 체계와 배치되는 경험에는 계속 무감각하고 변화에는 저항한다."[15] 다행스럽게도, 활기를 잃은 사회에서조차 아무 변화가 안 일어나는 것은 불가능하다. 각 발달 단계마다 아이는 세계를 지각하는 방식을 바꾸며, 한 문장 한 문장 말할 때마다 그가 지각하는 세계를 변화시킨다. 모든 사회적 담화는 새로운 제도의 기초를 세우고, 이 제도는 상이한 발달을 돕는 후원자 노릇을 하게 될 것이다.

미래를 전망하는 방법은 정신적 상처를 입은 사람들이 부모가 되고 조부모가 될 때까지 계속 지켜본다. 회고적 방법은 만일 장애가 관찰되면 과거로 돌아가서 삶의 역사를 샅샅이 뒤짐으로써 그것을 설명하려고 애쓴다. 이 두 가지 인식론적 전략은 서로 다른 결과를 낳는다.

어떤 나라에서는 학대받은 어린이 1천 명 중에서 260명이 사춘기 때 범죄자가 된다는 결과가 나왔는데, 이 같은 비율은 일반인들보다 훨씬 더 높은 것이다.

경찰이 청소년 범죄자들을 체포하면 그동안 어떻게 살아왔는지 이야기해보라고 요구한다. 이 회고적 방법은 그들 중 92%가 어릴 적에 학대받았다는 사실을 우리에게 가르쳐준다. 그러므로 우리는 거기서 아동 학대가 거의 범죄로 이어진다는 논리적인 결론을 끄집어낼 수 있을 것이다. 그리고 공격자와의 동일시 이론이 이 같은 현상을 설명하는 데 이용된다.[16] 이제 특수교육 교사가 이 1천 명의 아동들이 성인이 될 때까지 계속 관찰했다고 상상해보자. 미래 전망 방법은 그들 중 74%가 정상적으로 성장했으며 아직까지도 이 교사들과 정서적 접촉을 계속하고 있다는 사실을 보여준다. 그러므로 아동학대가 거의 범죄로 이어지지 않는다는 결론을 이끌어낼 수 있는 것이다.

결과는 상반되지만, 그 누구도 거짓말을 하고 있지는 않다. 관찰자들은 그냥 다른 곳에서 정보를 수집할 뿐이며, 그래서 같은 상황을 다르게 보고 있는 것이다. 경찰은 말한다. "학대는 범죄를 유발시키는 운명입니다." 그리고 교사는 대답한다. "그 아이들을 잘 보살펴주면 그들의 거의 대부분이 정상적으로 성장할 것입니다."

말은 우리로 하여금 인간 조건의 단편들을 관찰할 수 있게 해주는 개념들을 만들어내는 힘을 갖고 있다. 일단 그 단편들을 볼 수 있게 되면 우리는 그것들에 대해 토의할 수 있으며, 그렇게 함으로써 그것들이 사회적 담화 속에서 존속하도록 만들 수가 있게 된다. 세계화 현상은 우리가 그렇게 이름 붙이기 훨씬 전부터 이미 현실 세계 속에 존재하고 있었지만, 그것이 말 속에서 생명을 갖자마자 사회와 문화 집단들이 조직되어 그것에 저항하든지 그것에 호응했다.[17]

숨겨졌던 유대인 아이들은 대부분 가족이 없었다. 그들의 가족은 영원히, 혹은 전쟁이 끝날 때까지만 사라져버렸다. 906명의 유대인 아이들(남자는 580명, 여자는 326명)이 18세가 될 때까지 관찰되었으며,[18] 그들이 어떻게 성장하느냐는 어떤 기관이 그들을 보살펴주었느냐, 혹은 그들이 어떤 사람을 만났느냐에 따라 달라졌다는 사실이 확인되었다. 그들이 다른 기관에 있거나 다른 관계 체험을 쌓았다면 다르게 성장할 수 있었으리라는 것은 회복이 실제 현상이며, 그것이 우리의 말과 우리의 담화, 우리의 탐색, 우리의 결정 속에도 역시 존재할 때는 그것을 더 잘 제어할 수 있다는 것을 증명해 보여준다.

장기간에 걸쳐 이루어진 이 연구는 우리의 편견을 뒤흔들어놓는다. 숨겨졌다가 일반 가정에 받아들여진 아이들은 18세가 되자 고아원에 남아 있던 아이들보다 우수한 학교 성적을 냈다. 그러나 이 같은 형태의 지능은 너무나 가변적이기 때문에 그들은 열다섯 살이 되고 난 이후에도 뒤진 것을 따라잡을 수가 있었다. 트라우마 이후의 육체적·지적 발달은 우리가 생각하는 것보다 훨씬 더 오랫동안 가능한 상태로 남아 있다.

숨겨졌던 아이들이 고통스런 삶을 산 비율은 상당히 높다. 그들의 주요 문제는 정서적인 것이었으며, 정체성과도 관련되어 있었다. 그들은 위험 요소(고립, 정서적 단절, 기관의 교체)를 축적했을 뿐만 아니라 자신들의 인격 중 일부를 억압하고 자기 이미지를 지우거나 희미하게 만듦으로써 살아남는 법을 배우기까지 했다. 주변의 모든 사람들이 일체의 성숙은 곧 살인미수나 다름없다고 말하는데 도대체 어떻게 자기 자신이 되는 데 몰두할 수 있겠는가? "만일 네가 누구인지 그들에게 이야기하면 넌 죽게 될 거야. …… 만일 네가 어디서 왔는지 그들에게 이야기하면 널 돌봐주려고 하는 사람들을 죽게 만들 수도 있어. …… 네게 주어지는 건 얼핏 보잘것없어 보이지만 사실은 엄청나단다. …… 네가 우리 집에 와 있다는 사실 자체가 불행이야. 넌 불운을 가져오는 사람이야."

이 아이들은 보호받고, 많은 경우에는 사랑까지 받는 환경 속에서 살고 있었다. 그러나 그들은 이런 말을 듣고 두려움에 떨어야만 했다. "이웃 사람들이 너 같은 유대인 소년 한 명을 숨겨준 적이 있었지. 그런데 그 아이가 말을 한 거야. 그래서 게슈타포가 그 사람들 집에 불을 질렀단다." 아이는 자신에게 상처를 주는 친절한 말을 하루도 빠짐없이 듣는다. "우리가 그 아이를 숨겨준 것은 그 아이가 혼자여서, 그의 가족이 어디 있는지 몰라서, 그리고 그 아이가 너무나 영리해서였습니다. 우리는 그 아이 때문에 죽을지도 모르는 위험을 무릅썼던 거죠." 투치 족 어린아이가 학살당하는 걸 막아준 친절한 후투스 족 남자는 이렇게 말한다.

받아들여지기 위해 위험을 무릅쓰다

반복적인 잠행성 트라우마의 결과로서 이 어린아이들은 자신들을 보호해주는 사람들에 대해 양면적인 감사함을 느낀다. 선물은 그들에게 불안을 안겨주고, 빚은 너무나 많아서 도저히 갚을 수가 없다. 이런 불운한 상황에서는 오직 자기 자신을 시험함으로써 위험을 에로스화하는 데 성공하는 아이들만이 회복될 수 있다. 아이들은 언제 어느 때 죽을지 모른다는 느낌을 갖게 되며, 그 결과 단순히 살아갈 수 있는 권리만을 가질 수 있다는 판결을 신이 자신들에게 내렸다는 생각을 하게 된다.

어른들은 아이들이 왜 이렇게 터무니없이 위험을 감수하는지 그 이유를 이해하지 못하며, 심지어는 그들이 이런다는 사실조차 알지 못한다. 왜냐하면 이런 아이들은 오직 신만이 지켜보시는 가운데 숨어서 몰래 시련을 당하기 때문이다. 단지 존재했다는 이유 하나 때문에 인간들 사이에서 쫓겨나 죽어야만 하는 벌을 받는다. 그들은 통합의식을 거치지 않는 한 다시 인간 사회로 복귀할 수가 없다. 그런데 이 사회는 아이들에게 아무런 의식도 베풀어주지 않는다. 따라서 자기들이 죽음보다 더 강하다는 것을 스스로에게 증명할 수 있는 가장 잔인하고 위험한 방법을 찾게 된다. 그러므로 주변 환경이 무엇을 제안하느냐에 따라 그들은 밤중에 안전장치도 없이 오직 두 손만을 이용하여 미끌미끌한 암벽 등반을 할 수도 있고, 폭풍우가 몰아치는 바닷속에 뛰어들 수도 있으며, 아무 이유도 증오심도 없이 싸움을 벌일 수도 있고, 욕망을 느끼지 않는 상태에서 성적인 위험을 무릅쓸 수도 있다.

이 같은 이유 때문에 우리가 흔히 가지고 있는 편견과는 달리 근친상간의 피해를 입은 많은 소녀들이 끔찍한 어린 시절을 보내고 난 뒤에 자진해서 겪었던 시련을 이겨내고 살아남았다. 자신들이 안고 있는 문제를 극복하고 어머니가 된 것이다.[19] 반대로, 성폭행으로 인해 큰 정신적 상처를 받았으나 그것을 치료하지 못한 소녀들은 문제가 있는 어머니가 되었다.[20]

그들이 아이들을 어떻게 돌보는지 직접 관찰하고 설문지로 대답을 얻은 결과, 그들의 내적 세계를 이해할 수 있게 해주는 하나의 불변요소를 밝혀낼 수가 있었다. 즉 그들은 자기 자신을 지나치게 과소평가하기 때문에 너무 관대하다는 것이다. "나는 능력도 없고, 내 남편과 누이동생, 의사는 나보다 더 많은 걸 알아요. 그래서 난 그들이 하는 대로 내버려두죠. 난 내 아이에게 모든 걸 다 줘요. 그리고 아이가 아무 속박도 안 받고 자라날 수 있도록 하고 싶은 건 뭐든지 다 하게 내버려둔답니다. 그래서 돈이 꽤 많이 들어가지만 그래도 괜찮아요. 그 아이가 행복해질 수만 있다면 말예요." 근친상간에 희생된 어린아이 45명이 부모가 될 때까지 똑같은 상황에서 인터뷰를 통해 지속적으로 관찰되었다. 그리고 성폭행을 당한 적이 없는 다른 717명의 아이들 역시 같은 식으로 관찰되었다. 전체적으로 볼 때, 근친상간의 피해를 입었으나 치유되지 않은 어린아이들은 아버지가 알코올 중독자거나 정신병을 앓고 있든지, 아니면 그들 자신이 트라우마를 겪은 적이 있는 어린아이들과 똑같은 행동 장애와 상처를 입은 자기 이미지를 나타내 보여주었다.[21] 그들은 그들이 낳은 아기에게 겁을 먹고 그냥 쳐다만 보고 있다. 그들은 자기 자신을 과소평가하며, 완벽해져야 한다는 유토피아적 욕망을 가지고 있다.

이런 부모 곁에서 성장하는 아이들은 너무나 열심히 그들의 하녀 노릇을 하는 어머니나, 자신의 비참한 문제로 이 귀엽고 예쁜 아이에게 걱정을 끼치지 않기 위해 몰래 일을 하고 그들이 원하는 건 뭐든지 다 들어주고 자기를 내세우지 않는 아버지에게 짐짓 겸손하게 구는 법을 배우게 된다.

이 아이들이 성행위를 할 나이가 되어도 그들의 부모는 그들에게 안전감을 제공할 수가 없다. 그들 스스로가 여전히 정신적 상처를 갖고 있기 때문이다. 그들은 아이를 속박하고 싶지 않기 때문에 무엇이 터부인지 확실하게 말하지 못한다. 이 같은 확실성의 부재는 사춘기에 접어든 아이들을 혼란스럽게 만들고 때로는 불안스러운 억제에 이르게 한다. 왜냐하면 청소년들은 허용되는 것이 무엇 무엇인지를 확실히 알고 있어야만 무엇 무엇이 터부라는 말을 듣고 안전감을 가질 수 있기 때문이다. '터부'는 흔히 금지와 혼동되지만, 이 두 가지는 전혀 다른 세계를 구성한다. 금지는 욕망의 모든 표현을 가로막는 반면 터부는 욕망의 표현에 형태를 부여하는 것은 물론 그것의 방향을 정하기도 한다. "넌 너의 공격성을 어느 정도까지는 표현할 수 있지만, 그 정도를 넘어서면 그건 터부가 되지. 넌 이 여자에게는 치근거릴 수 있지만, 저 여자에게는 그러면 안돼. 그리고 아무렇게나 막해서도 안돼. 네가 하고 싶은 대로 하면 안 된단 말야." 터부는 충동에 형태를 부여하며 정서적 공존을 조장하는 반면, 금지는 욕망을 구속한다.

정신적 상처를 입었으나 누군가로부터 회복을 위한 도움을 받아본 적이 없는 부모는 자신의 파트너와 사회, 자기 자신의 아이를 과대평가한다. 이런 부모는 자기 아이를 속박하지 않기 위해 그의 앞에서는 있는 듯 없는 듯 잘 나서지 않음으로써, 아이가 자신의 부모들이 약하다고 믿고 그들을 지배하도록 가르쳐준다. 이 같은 감정적 오해는 트라우마를 겪는 부모들이 회복 작업에 어려움을 겪을 때 빈번하게 발생한다. 그런데 근친상간의 피해자는 30년이 지난 뒤에서야 감히 거기에 대해서 말을 하고, 강제수용소에 끌려간 사람들은 2차 세계대전이 끝나고 나서 40년이 지난 뒤에서야 문화가 자신들에게 그렇게 하라고 권유하자 비로소 거기에 대해 거리낌 없이 털어놓는다. 그리고 프랑스 여성과 독일 병사 사이에 태어난 20만 명의 어린 아이들은 지금까지는 자신들의 근원에 그림자를 드리우고 살아오다가 이제야 비로소 자기네 일대기의 마지막 장^章을 쓰기 시작했다.

정신적 상처를 완전히 치유하지 않은 부모는 아이가 과연 어떤 존재이고 무엇을 하는지를 쉽게 이해하지 못한다. 거기 대해 말해주는 사람이 아무도 없기 때문이다. 정신적 상처를 입은 부모와 그들의 아이 사이에서 발생하는 감정적 오해를 중재하는 것은 행동이다. 30년 전에 근친상간에 희생되었던 어머니가 딸이 최초로 성적 동요를 겪고 있다는 사실을 알아차렸을 경우, 그녀는 훨씬 더 불안해하면서 딸을 과보호하기 시작한다. 그러나 이 어머니는 아들이 성에 관심을 갖기 시작하는 데 대해서는 아무 말 하지 않을 것이다.[22] 시나리오에 등장하는 파트너들이 아무것도 모르는 상태에서 타협이 이루어지지만, 말은 단 한마디도 교환되지 않는다. 어머니는 부당한 감시와 짜증이 날 정도의 헌신에 의해 딸을 숨 막히게 만드는 불가해한 힘의 존재를 잘 의식하지 못하며, 반면 그녀의 아들은 그녀의 너무 지나친 관대함에 놀라워하면서 그것을 흔히 자기가 원하면 뭐든지 할 수 있다는 식으로 해석한다. "난 뭐든지 내가 하고 싶은 대로 할 수 있어. 집안에서 대입 시험 준비를 하건, 그게 싫어서 밖에 나가 여자들을 꼬이건 그건 내 자유야." 심지어는 부모들의 그 같은 자유방임적 태도를 방기로 해석하는 경우도 가끔 있다. "난 내가 원하는 걸 할 수 있어. 어쨌든 어머니는 내가 그러건 말건 상관 안 하니까." 완전한 오해가 존재하는 것이다!

아이들이 성에 눈을 뜨면 어렸을 때 강간당하고 배신당했던 어머니의 고통스런 기억 역시 되살아난다. 현실 세계에서 일어나는 일은 상이한 의미를 띠며, 행동의 타협도 부모들이 어떻게 살았느냐에 따라 서로 다르게 이루어진다. 이 같은 이유 때문에 어렸을 때 학대받았던 부모들은 자기 아이가 사춘기가 되면 흔히 마음이 가벼워진다. 그들은 이렇게까지 생각하는 듯하다. "이제 우리 아이는 너무 많이 커서 학대를 받으려야 받을 수가 없어. 신난다! 내가 이긴 거야. 난 어렸을 때 학대받았지. 하지만 나 자신은 우리 아이를 학대하지 않았어." 부모의 이 같은 암묵적인 암시는 표현이 되면 행동의 타협을 이루는 느낌을 불러일으킨다. 그들의 몸짓과 얼굴 표정은 꼭 말해질 수 없는 무엇인가를 암시하는 것 같다. "내 딸이 성에 눈든 걸 보니 내가 불안해져. 어릴 때 강간당했던 기억이 떠올라서 말야. 딸을 보호해주어야 해……. 아들이 성에 눈뜨는 걸 보니 두려워져. 그러니 나 자신을 내세우지 않도록 더욱더 애쓰는 수밖에 없어." 부모들이 이렇게 말하는 것도 들을 수가 있다. "이제 아이들이 사춘기가 되었으니 더 이상 학대가 되풀이될까봐 두려워할 필요가 없어. 우리 관계는 훨씬 더 나아질 거야." 누군가가 하나의 역사를 갖고 있으면 어떤 사실은 해석되지 않으려야 해석되지 않을 수가 없다.

과거로 되돌아가는 것을 막기 위해 과거에 대해 이야기하기

그러므로 우리는 어린 시절에 받은 공격이 부모가 하는 행동을 예고하는 유일한 것이라고는 말할 수 없다. 정신적 상처를 입은 부모는 그(그녀)가 자신의 트라우마를 어떤 식으로 재현하느냐에 따라

지나치게 관여하거나 무관심할 수도 있고, 과보호를 하거나 초연할 수도 있으며, 우울하거나 유쾌할 수 있다. 회복의 힘은 바로 여기에 있다. 우리가 우리의 재현된 이미지들에 관해 말하고, 그것을 공유하거나 주변사람들과 문화에 영향을 주면 우리의 감정이 바뀐다는 사실을 확인할 수 있다. 과거에 정신적 상처를 입은 기억이 여전히 남아 있다 할지라도 만일 그것의 재현을 수정할 수만 있다면 그 기억은 견딜 만해진다. "난 대입 시험에 떨어진 걸 더이상 부끄러워하지 않아. 사실 난 사업을 시작해서 일류 대학을 나온 간부들을 채용하게 된 걸 자랑스러워하고 있어." 우리는 주의해야 한다. 과거를 연상시키는 이 능력은 고통을 다시 생각나게 할 수도 있기 때문이다.

조르주 페렉은 문학 덕분에 어렸을 때 가족들이 사라지는 바람에 겪어야만 했던 감정 상실을 극복할 수 있었다. 그의 아버지는 1939년에 외인부대에 들어갔다가 사망했다. 어머니는 남편을 배웅하러 파리의 리옹 기차역에 나갔다가 나치 강제수용소로 끌려가서 사망했다. 슬프지도 않았고, 심리 트라우마도 겪지 않았다. 그냥 한 명씩 차례로 사라져갔을 뿐이었다. 이 아이는 얼이 빠져버렸다. 그에게 삶의 욕구를 불어넣어줄 애착 대상이 사라져버린 것이었다. 아연실색해서 어쩔 줄 몰라 하고 있던 그는, 어느 날 자기 부모들에 관해 책에 씀으로써 그들에게 어울리는 무덤을 만들어주기 위해 작가가 되기로 결심했다. 아이는 활기를 되찾아 기록 보관자가 되기 위한 공부를 하고 작가가 되었다. 그러던 어느 날, 한 출판업자가 어린 시절의 기억에 대한 책을 써볼 것을 그에게 권유했다.[23] 페렉은 몇 주일 동안의 작업 중 트라우마가 재발하여 너무나 고통스러웠던 나머지 글 쓰는 걸 그만두어야만 했다.

회복 기억은 과거의 고통이 되돌아오게 만드는 것이 아니다. 반대로 그것은 과거의 고통을 변화시키고, 그것으로 소설이나 에세이를 쓰거나 아니면 어떤 행동을 시작하는 것이다. 과거를 변화시키고 우리 감정을 제어하도록 만드는 이 재현 작업은 다시 고통을 안겨줄지도 모르는 과거의 회귀와는 완전히 다르다. 다시 트라우마에 시달리지 않고 과거에 대해 쓰고자 한다면 우리는 이 기억 작업을 어떤 계획이나 의도, 공상 속에 통합시켜야 한다. 이 경우, "글을 쓰는 것은 대상의 부재에 맞서는 한 가지 방법이며, 모든 창조적 계획의 에너지는 트라우마의 원천에서 생겨난다."[24] 조르주 페렉은 죽은 부모들과 관계를 맺기 위해 글을 썼다. 그러므로 그는 새로이 형성된 유대 관계를 통해 활기를 되찾았으며, 『실종』〔이 작품은 '어머니(mère)'와 '아버지(père)'의 주요 문자인 'e'를 사용하지 않고 쓰였다 — 옮긴이〕을 써서 문학적 성공을 거둠으로써 큰 즐거움을 맛보았다.[25] 조르주 상프룅노 같은 길을 걸었는데, 말을 하거나 글을 쓸 때마다 죽음이 연상되는 바람에 오랫동안 침묵을 지키다가 거의 같은 시기에 『소멸』이라는 책을 펴낸 것이었다.[26] 회복 효과라는 것은 "부재하는 제삼자와의 관계를 포함하는 상황에 맞서기 위해 글쓰기 작업에 뛰어드는 것"[27]이다. 회복의 글쓰기는 과거의 고통을 반추하게 만드는 것이 아니라 죽은 사람과 새로운 유대 관계를 형성할 수 있게 해준다.

말을 하는 방식과 담화를 구성하는 방식들은 우리가 수치심에서 명랑함으로, 트라우마에서 회복으로 옮겨갈 수 있게끔 해주는 힘을 그런 작품에 부여할 것인가? "내가 일곱 살인가 여덟 살인가 되었을 때 어머니는 우리에게 자기가 겪었던 위험에 관해 짧게 그리고 과장하지 않고 말해주기로 결심하셨다. 나는 얼마 지나지 않아 악몽을 꾸었다. 군화를 신은 독일군 병사들이 집안으로 들어오더니 닥치는 대로 때려 부수고 부모님들을 강제로 끌고 갔다. 나는 몰래 숨어서 울었고, 열두 살부터는 이 주제를 다룬 책들을 찾아 읽기 시작했다. 그것은 내게 엄청난 인상을 남겼다."[28] 전해진 것은 실제 트라우마가 아니라 심리 트라우마, 혹은 그것의 재현이었다. 그렇다고 치자. 그리고 우리가 오직 그쪽을 비추어보고 있는 거울을 통해서만 세계를 지각하는 것이 사실이라고 치자. 그렇다면 우리가 움직여서 그것의 이미지를 바꿔놓지 못할 이유가 도대체 어디 있단 말인가? "유대인 대학살 때 목숨을 잃은 것은 희생자들만이 아니다. 신들도 제단 위에서 죽었는지 모른다. 그 당시 나는 내가 나치 수용소로 강제 송환되었더라면 얼마나 좋을까 하는 환상 속에서 살았다. …… 팔에 문신을 한 나이든 사람을 볼 때마다 나는 그게 잘 어울린다고 생각했다. 나는 내가 그 사람이 되어 감탄의 대상이 되고 싶었던 것이다."[29]

절망의 결혼

우리는 우리의 머릿속에 존재하는 트라우마와 감탄의 대상인 심리 트라우마의 명백한 모순을 이해하려고 노력해야 한다.

죽음의 수용소에서 살아남은 젊은이들은 삶으로 되돌아오자마자 서둘러 결혼을 했다. 이때 생존자들끼리의 이른 결혼을 "절망의 결혼"[30]이라고 불렀다. 그들과 관련된 많은 연구는 이 커플들이 극도로 민감하다는 사실을 보여주었고, 최근의 사건들이 그들이 과거에 겪었던 불행을 얼마나 고통스러울 정도로 쉽게 상기시켰는가를 강조했으며, 이 모든 혼란이 미치는 장기적인 효과에 대해 고찰했다. 그들의 아이들은 여전히 정신적 상처를 안고 있는 부모들 곁에서 성장해야 했으며, 그 결과 아주 어린 나이에 부모들에 대해 책임을 져야만 했다. 부모들이 허약하다고 느꼈던 것이다. 우리는 트라우마가 그들에게 유전되었다고 말할 수 있을까? 아니면 이 아이들이 그들의 애착 대상 인물에게서 본 어둠에 적응했다고 말하는 것이 더 정확할까?

이 아이들에 관한 연구는 매우 모순적이다. 어떤 연구자들은 유대인 대학살 때 살아남은 생존자들이 낳은 아이들이 생물학적으로 손상되었으며, 그들의 코르티솔 호르몬 수치가 높기 때문에 대단히 평범한 위험신호에도 지속적으로 스트레스를 받는다고 주장한다.[31] 다른 과학자들은 반대로 아이콘으로서 키워진 이 아이들이 "기억을 밝혀주는 양초"이며, 그들의 부모들은 정서적으로 그들에게 의지한다는 사실을 보여주었다.[32]

애착 이론은 성인 애착 인터뷰(어른이 자기 부모들과의 정서적 관계를 환기하는 방법)라든지 불안 지수에 관한 연구, 생물학적 스트레스 지수, 사건들이 영향을 미치는 규모, 슬픔과 치료되지 않은 트라우마에 관한 질문, 사회적 적응 기준, 그리고 그들이 그들의 아이를 돌보는 방법의 직접 관찰 등 서로 다른 수많은 접근 방법을 결합시킴으로써 다른 해답을 제공해줄 수 있다.[33]

이 엄청난 작업의 결과 다음과 같은 사실이 밝혀졌다.

- 유대인 대학살에서 살아남은 젊은이들이 안정된 애착 관계를 보여주는 경우(23%)는 비교 집단의 그것(65%)보다 훨씬 더 적었다.
- 그들은 아직 가라앉히지 못한 슬픔으로 인해 여전히 고통스러워하고 있었다.
- 그러나 그 같은 어려움이 그들의 아이들에게 확실히 전해진 것은 아니었다.

이 같은 사실은 무엇을 의미하는가?

그것은 직접적인 인터뷰가 과학적 연구 결과보다 더 정확하다는 것을 의미한다. 사람들은 이 생존자들이 사회적으로 큰 성공을 거두었다는 사실을 알고 다들 놀란다. 그러나 이와 함께 그들의 사생활에 대해서 말하면 우리는 그들의 감정 세계가 혼란스러우며, 그들이 오직 사회적 모험의 체계적인 확실성 속에서만 마음 편하게 느낀다는 사실을 쉽게 발견하게 된다. 그들은 마음속으로 깊은 슬픔을 체험했다. 그래서 그들은 그 누구도 자기들처럼 살아 있는 시체를 사랑할 수는 없다는 생각, 자기들이 불행을 퍼트리고 다닌다는 생각, 자기들을 사랑하는 사람들은 자기들 때문에 불행해질 것이라는 생각 등을 안 하기 위해 자신들이 고통스러워하는 것을 막아주는 유일한 활동에 몰두하는 것이다. 그들이 그렇게 할 수 있을 때 삶의 규정들은 분명해지며, 그들이 할 수 있는 일이라곤 아침 일찍 일어나서 늦게 잠자리에 들고 오직 일 생각만 하는 것이다. 그들이 사회적 성공으로 이어지는 좁은 길을 따라가는 데 필요한 것은 오직 용기뿐이다. 그들은 고통스러워하기를 그만두고 어느 정도의 평화까지 얻었다. 하지만 고통은 결코 완전히 사라지지 않는다. 그들은 자신들이 정서적으로 무능력하다는 이유로 슬퍼한다. '엄마'라고 말할 줄 몰라서, 감히 남을 사랑할 수가 없어서, 가족 간의 의식이나 작은 파티, 가까운 사람들이 한데 모여서 함께 식사하거나 이야기를 나누는 모임을 한 번도 열어본 적이 없어서 슬퍼한다. "어머니는 항상 같은 케이크를 만들어주셨지." 어머니도 없고 케이크도 먹어본 적이 없는데 도대체 어떻게 이처럼 평범하면서도 정감이 느껴지는 문장을 말할 수 있단 말인가? 그들은 열심히 일해서 많은 것을 줌으로써 자신들의 혼란스러운 애착 관계와 얽히고설킨 사랑을 표현하는 데 따르는 어려움을 벌충할 수 있을 것이라고 믿는다. 그들은 남몰래 선물을 준다. 선물을 주는 의식에 익숙해져 있지 않았기 때문이다. 그들 중 일부는 전쟁 중에는 학교에 가는 게 금지되어 있었는데도 탁월한 학교 성적을 거두었다. 그들 중 많은 수는 사회적으로 큰 성공을 거두어, 단란한 가정에서 평화롭게 어린 시절을 보냈는데도 학위받는 데 어려움을 느끼는 사람들에게 놀라움을 안겨주었다.

냉소적인 사람들은 내게 이렇게 말할지도 모른다. "그렇다면 당신은 지금 아이가 학교 공부를 잘하게 하려면 학교에 가는 걸 금하고, 사회적으로 성공하게 하려면 죽음의 수용소에 가둬야 한다고 말하는 거요?" 이 말에 대한 나의 대답은, 이 젊은 생존자들이 불건전한 성공을 거두었다는 것이다. 그들이 미친 듯이 일하고 공부한 것은, 그것만이 고통을 완화시켜주고 자기 이미지를 수정하게 해줌으로써 다시 한 번 희망을 품을 수 있게 해주었기 때문이었다. 이처럼 불건전한 성공은 감정의 나락 가장자리에 서 있는 그들이 거기서 벗어나 더 강해지도록 분열의 방어기제가 아주 좁은 길을 보여준다는 것을 의미한다. 그들은 파트너가 나타나서 그들 대부분이(77%) 잃어버렸던 안정된 애착 관계를 획득하도록 친절히 가르쳐주기 전까지는 사랑을 할 수가 없었다. 그래서 이 '절망의 결혼'은 희망으로 충만해 있었던 것이다. 이 결혼은 트라우마를 겪는 수많은 개인들이 자기 이미지를 수정하고, 평화로운 유대 관계를 수립해나가는 법을 서서히 배워나가도록 만들었다. 이 커플들은 회복이 진행되는 중에 아이들을 낳았다. 이 아이들은 분열되어 있는 ─ 용기 있으면서도 성격이 까다롭고 사회적으로는 강하지만 정서적으로는 상처입기 쉬우며 자신들에게 지나친 애정을 쏟는 ─ 부모와 애착 관계를 형성했다. 그들은 자기들이 지배당하고 있다고 느꼈으며, 때로는 부모들의 성공으로 인해 자신들이 멸시받는다고 느끼기까지 했다. "부모님들은 엄청나게 어려운 환경에서도 사회적 성공을 거뒀는데, 나는 그분들한테서 뭐든지 다 받으면서도 …… 그분들은 틀림없이 날 경멸할 거야. 하지만 내가 느끼기에 그분들은 아직 무력해."

이런 가정에서는 감정상의 오해가 빈번하게 발생한다. 부모들이 자신들이 겪은 공포에 대해 이야기하지 않는 것은 자신들의 아이를 보호하고, 아직도 머릿속을 떠나지 않고 있는 트라우마를 그들에게 유전시키지 않기 위해서이다. 그러나 자신들의 고통을 완화하고 자기 자신의 상처를 치유하기 위해 분열 방어기제를 사용하기 때문에 그들은 자기 아이의 영혼에 양면적 애착 관계를 각인시키게 된다.

우리가 그것을 말하는 방식이 트라우마를 유전시키는가

대소동이 진정되고 사회적·정서적 환경이 우리가 회복을 통한 발전을 다시 한 번 시도할 수 있도록 허용해주기만 한다면 우리는 죽어서 무덤에도 묻지도 못한 사람들에 대해 한없는 슬픔을 느끼지 않아도 될 것이다. 어린 아르메니아인, 유대인, 르완다인 고아들은 대리 가정을 찾자 더이상 병적인 슬픔을 느끼지 않았다. 유대 관계가 다시 맺어졌고, 그 덕분에 그들은 다시 삶으로 돌아올 수 있었으며, 어떤 경우에는 병적인 용기를 얻기도 했다. 그들은 회복 작업을 시작하여 서서히 안정을 되찾아갔다.

트라우마를 겪는 부모들이 낳은 이 아이들은 회복의 길을 밟는 도중에 사회에서는 밝게 생활하지만 정서적으로는 어두운 성인들을 만나게 된다. 합법적인 방어기제이며 공격에 대한 적응인 분열은 그 자체로는 회복을 가능하게 하지 않지만, 정신적 상처를 입은 부모와 그들의 아이들이 고통을 겪는 것을 막아줄 수 있다. 만일 숨겨졌던 아이가 자신의 출신에 대해 침묵을 지키지 않았다면 그는 목숨을 잃었을 것이다. 만일 전쟁이 끝난 뒤에 자신의 어두운 부분을 너무 빨리 드러냈더라면 그들은 심리 트라우마를 자기 아이들에게 물려주었을 것이다. 자신도 모르는 사이에 그들은 자기 아이들에게 양면적 정서 유형을 형성시켰고, 이 정서 유형은 역설적으로 아이들을 보호해 주었다. 생존자의 아이들이 어른이 되어서도 비교 집단과 전혀 다르지 않은 것은 바로 이 방어기제 덕분이다.[34] 그들은 세 번에 한 번씩 불안정한 애착 관계를 보여주었지만, 그건 일반인들도 마찬가지였다. 이것은 곧 더 양면적인 장남·장녀들이 시간이 지나고 사람들을 만나면서 나아지는 반면, 그들보다 나이가 어린 형제들은 이미 정신적 상처를 치유한 부모들 곁에서 성장할 수 있다는 것을 의미한다. 정신적 상처를 입은 부모들과 그들이 처음에 낳은 아이들은 그들에게 '다른 모든 사람들처럼 사랑하는 법'을 가르쳐주는 회복 작업을 어쩔 수 없이 시작해야 하지만, 그들은 다른 사람들보다 더 늦게 그 작업을 시작한다.

안정된 정서적 유형과 혼란스런 정서적 유형이 가장 쉽게 전해진다.[35] 그러나 우리는 운명이 아닌 성향에 관해 말하고 있는 중이며, 혼란스런 애착 관계는 치료될 수가 없다. 정신적 고통이 전해지는 것을 막기 위해서는 정신적 상처를 입은 부모가 그 상처를 치료할 수 있도록 도와주기만 하면 된다. 심리 트라우마의 전달은 오직 가족 상황이나 문화적 맥락이 지어놓은 감정의 감옥에서 정신적 상처를 가진 부모가 자기 아이와 둘만 있으면서 그에게 자신의 고통을 직접 전할 때만 이루어진다. 어른들은 그들을 세상으로부터 단절시키는 융합된 애착 관계 속에서만 자신의 심리 트라우마(그들에게 일어난 일에 대한 그들의 개념)를 전달한다.

전쟁이 끝나고 살아남은 젊은이들은 부정과 분열, 병적인 용기 덕분에 그들의 가족과 아이들이 고통당하지 않도록 해줄 수 있었다. 그들은 엄청난 대가를 치렀지만, 수지가 맞는 거래를 한 것도 사실이다. 왜냐하면 이 엄청난 대가를 치르지 않은 사람들은 그들의 심리 트라우마를 물려주거나, 살아남았다는 이유로 계속해서 죄책감에 시달려야만 했던 것이다. 내가 일하는 라 세인느에서는 2차 세계대전 중에 공산주의자들이 용맹을 떨쳤다. 그들 중 일부는 프로방스 지방에 상륙한 르클레르 군과 함께 프랑스 해방에 참여했다. 레지스탕스운동에 뛰어들었다가 총살당한 사람들도 많이 있었다. 증언을 해야겠다고 결심하고 강제수용소에서 돌아온 사람들도 있었다. 그들은 말하고 추모하고 사진을 보여주면서 그들이 겪어야만 했던 그 믿을 수 없을 만큼 잔혹한 박해의 공포를 끊임없이 되살렸다. 그들은 그들의 고통을 부정하지도 않았고 일변시키지도 않았다. 나치즘이 얼마나 혐오스러운가를 널리 알리고자 하는 그들의 열망은 그만큼 강했던 것이다.

그들의 아이들은 악몽의 일상적인 이미지 속에서 자라나야만 했다. 그들의 부모들은 여전히 분열 방어기제를 사용하지도 않고 용감하게 "그런 일이 다시는 벌어지면 안 된다"라는 말을 되풀이하면서 완전한 상태를 유지하고 있었던 반면, 그들의 아이들은 죽음과 고문, 공포가 침투한 세계를 내재화하고 있었다.

그 반대로, 부정을 했던 어른들은 진짜 트라우마가 의미하는 것을 보지 않으려 했다. "자, 그 모든 건 이제 다 끝났어. …… 삶은 계속되고 있어. …… 불평은 이제 그만하라고. 우리도 사는 게 쉽지는 않으니까." 이들에게는 분열이 일어났다. "영혼 속에는 두 그룹의 현상이, 즉 서로에 대해서 전혀 모를 수도 있는 두 그룹의 인격이 존재하기 때문이다."[36] 혼란스러운 인격을 가진 이 부모들은 그들의 심리 트라우마를 물려주지는 않는다. 그렇다고 해서 아무것도 안 물려주는 것은 아니다. 그들의 이상한 인격과 높은 지적 능력, 강하지만 잘 표현되지 않는 감정은 그들의 아이들이 양면적 애착 관계를 형성하게 한다. 아이들은 부모들에게 감탄하면서도 두려워한다. 그리고 관계를 유지하는 부모들의 기술이 너무나 서투르기 때문에 때로는 그들을 멸시하기도 한다.

나치와 더 효과적으로 싸우기 위해 침묵을 지키기를 거부했던 상처 입은 부모들은 자기 아이들을 견디기 힘든 이미지들로 둘러쌈으로써 때때로 그들의 심리 트라우마를 물려주기도 했다. 그 반면, 분열된 부모들은 침묵을 지킴으로써 자기 아이들을 보호했다. 그들은 자기 아이들에게 양면적 유형의 애착을 가르쳐주었지만, 그것은 가장 가변적인 유형이며, 그들이 주변에서 듣는 이야기를 통해 전달되는 이미지들에 영향을 받아 쉽게 변화될 수 있다.

"강제 송환된 사람들 대부분은 함께 강제 송환에 관해 이야기하기 위해 아이들이 태어나기를 기다렸다."[37] 그 전에 그들은 파트너와 처가 식구들, 혹은 몇몇 가까운 친구들에게도 그 이야기를 했다. 심지어는 그들의 아이들에게 분명히 말했지만 그들의 정신 속으로 들어가지는 못했다. 왜냐하면 그런 말은 그들에게는 아무것도 의미하지 않았기 때문이었다. 아이들이 거부했기 때문에 그런 게 아니었다. 의미가 없는 정보는 들을 수가 없는 일종의 심적 난청 때문에 그런 것이었다. "나는 아우슈비츠에 같이 있었던 카포(나치수용소에서 동료 죄수나 포로를 감독하는 사람 — 옮긴이)를 다시 만났다. 그는 해방 당시 무죄판결을 받았다고 했다. 그 말을 듣자 나는 이상한 느낌이 들었다." 만약 열 살이 안 된 어린아이가 들었다면 이 말은 "나는 내가 베노데라는 곳에 살 때 알고 지내던 야채 가게 주인을 다시 만났다. 그는 가게 문을 닫았다고 한다. 그 말을 듣자 나는 이상한 느낌이 들었다"라는 문장과 상당히 가까운 의미를 띨 수도 있을 것이다. 이 말은 기억될 필요가 없으며, 자기 아버지가 방금 이렇게 말하는 걸 들은 아이의 정체성을 구성할 수도 없다.

반대로, 이런 아이들이 사회화가 될 나이인 사춘기에 이르면 '아우슈비츠'라든가 '카포' 같은 단어들은 풍부한 의미를 띠게 된다. 그리고 아버지와 아이 간의 언어 관계가 사춘기 때까지 유지된다면(늘 이렇게 되는 것은 아니다), 그(그녀)의 파트너가 정신적 상처를 입은 그(그녀)에게 침묵을 지키라고 강요하지 않는다면, 그의 가족과 친구들이 그 같은 정보에 관심을 갖지 않는다면, 그리고 그(그녀)의 문화가 정신적 상처를 입은 그(그녀)에게 말을 하도록 허용한다면(그의 문화는 평온을 유지하기 위해 흔히 그들에게 입을 다물 것을 요구한다), 이 나이의 아이는 그런 문장을 듣고 경계심을 갖게 된다. 그들이 공개적으로 이야기를 할 수 있는 상황이 되면 "두 아이 중 한 명은 어렸을 때 그것을 들었다고 말하고 …… 다른 한 명은 사춘기 초기에 그것을 '의식했지만'"[38] "이 아이들 중 20%는 결코 거기 대해 말할 수가 없었다."[39]

수치심에서 자부심으로

그러므로 이제 사회화된 청소년이 그(그녀)의 부모에게 생긴 정신적 상처에 대해 별안간 관심을 가지면 초기의 양면적 애착 관계는 변화하게 된다. 정신적 상처를 입은 부모의 아이들은 성인이 되면 거의 대부분은 첫사랑 덕분에 그들의 양면 감정을 해결하며, 부모가 겪는 고통을 다른 방식으로 보기 시작한다.

우리는 이 어린아이들의 87%가 강제송환되거나 죽은(군인으로 싸우거나 레지스탕스 활동을 벌이다가) 부모들을 자랑스럽게 여기게 되었다는 사실을 확인했다. 그들의 부모들이 벌인 전투는 여러 사람 앞에서 공개적으로 거론되지 않았을 때조차도 어린아이들에게 영광스러운 이미지를 제공했다. 아이는 상상한다. "우리 아버지는 외인부대에 지원하셨어. 그분은 수훈 보고서에 이름이 올랐었는데, 병원 침대에 누워 계시다가 그놈들에게 체포된 거야." 아이는 여전히 마음속으로만 이렇게 상상하고 있지만 그러면서도 언젠가는 그 이야기를 할 수 있을 것이라고 믿는다.

청소년은 그의 머릿속에서 연출하는 부모 이야기가 문화에 영향을 미침으로써 정치적 담화와 철학론, 예술작품을 변화시킬 수 있다고 생각한다. 청소년의 관심사가 바뀌면 재현도 달라질 수 있다. "난 그것에 관심 없었어. 그건 날 두렵게 만들고 지겹게 했을 뿐이야. 이제는 우리 부모님이 얼마나 힘들게 살아오셨는지, 그것에 무척 관심이 가." 그리스 비극에 등장하는 인물들처럼 그들도 무시무시한 시련을 극복해야만 한다. 그들은 수수께끼 같은 자신들의 그림자를 내게 드리웠으며, 그 그림자는 나를 우유부단한 아이로 만들어놓았다. 나는 몽상적인 성격이었으며, 지식인이 되는 것 말고는 선택의 여지가 없었다. 나는 우리 상황의 감추어진 측면을 이해함으로써 그들의 고통을 탁월한 역사로, 이야기로 바꿔놓을 수 있는 능력을 갖기 위해 정신분석 의사가 되었다. "나는 내가 물려받은 것을 자랑스럽게 생각하며, 그들 두 사람이 그 같은 어려움을 내게 물려준 것을 자랑스럽게 생각한다. 여전히 해결되지 않은 그 질문이 나를 더 강하게 …… 내 이름을 자랑스러워하게 만들었다."[40]

문화적 이야기와 아이의 관심사, 정신적 상처를 입은 사람의 이탈 작업에서 일어날 수밖에 없는 변화는, 트라우마로 고통받는 사람들이 왜 그처럼 수월하게 그들의 손주들과 대화를 나눌 수 있는지 그 이유를 설명해준다.[41] 그들의 회복 작업은 시간이 지나면서 잘 진행되었으며, 개인과 사회의 이미지들을 바꾸려고 열심히 노력했다. 그리하여 그들의 손주들은 정신적 외상을 입은 기억의 양면적 효과에서 벗어났다. 관계는 더욱 투명하고 유대는 한층 더 부드러우며, 양측은 서로에게 말하는 것을 즐길 수 있다. 그렇다, '즐긴다' 라는 표현이 맞다. 정신적 상처를 안고 있었으나 이제 회복된 사람들은 앞으로 수치스러워하거나 고통스러워할 필요가 없다며 즐거워한다. 그들은 자기들이 어떻게 해서 혐오스러운 나치주의를 패배시켰는지를 손주들에게 말하며, 손주들은 악인들에게 승리를 거두고 상냥해진 멋진 할머니가 있어서 너무나 기쁘다고 말한다. 시에기 이르슈는 이렇게 말한다. "나는 내 팔의 번호가 전화번호가 아니라고 내 손주들에게 처음으로 말했다. 나는 이제 할아버지로서 그들에게 설명하고 말한다."[42]

트라우마에 시달리는 부모들의 첫 아이는 그들이 아직 생생한 고통을 느끼고 있을 때 태어났다. 그 뒤에 태어난 아이들은 그들의 부모들이 겪고 있는 트라우마의 영향은 덜 받았지만, 그들이 침묵 속에서 겪는 갈등의 영향은 더 받았다. 언제 어느 때 불안감을 불러올지 모르지만 그들 모두는 그림자의 존재와 고고학적 발굴의 즐거움을 제공해줄 수도 있는 불안한 수수께끼의 존재를 느꼈다. 이 아이들 중 많은 수가 예술가가 되었다. 다른 아이들은 소설가나 정신분석학자처럼 지하 묘지를 발굴하거나 심해를 탐험하는 일을 했다. 이 같은 내부 세계로의 여행은 노력을 하는 데서 비롯되는 유쾌한 피로와 그들의 양면 감정을 완화시켜주는 발견의 즐거움 모두를 그들에게 제공해주었다. 회복된 부모들이 낳은 아이들의 회복 과정은 손주들에게 창조적인 부모와 멋진 조부모를 안겨주었다. 반면에 심리 트라우마는 그들이 변화하도록 강제했는데, 유일한 대안은 심리의 붕괴뿐이었기 때문이었다. 회복은 변모하여 상처를 힘으로, 수치심을 자부심으로 바꾸라고 그들에게 권유했다.

이 모든 것은 하나의 요인이 하나의 결과를 야기하고, 이 결과가 여러 세대를 거치는 동안 악화된다는 단선적인 인과율과는 거리가 멀다. 회복 이론에서는 주체가 수많은 결정 요소들의 영향을 받는다. 그 결과, 그들은 분투하면서 다시 한 번 발달을 시작할 수 있게 해줄 후견자들을 의도적으로 찾게 될 것이다.

우리는 불행을 물려줄 필요가 없다

이것은 왜 강제송환된 사람들이 낳은 아이들의 예가 좀 지나칠 정도로 명백한지 그 이유를 설명해준다. 즉 악은 다른 쪽에 있고, 선은 민간설화의 교훈처럼 결국 승리를 거두는 것이다. 그러나 자신에게 잔인한 처사를 하며 학대한 아버지를 보호해주고 싶어 하는 아이가 회복되려면 어떻게 해야 하는가? 근친상간에 희생되어 수치심과 쾌락을 동시에 느끼는 아이는 어떻게 해야 하는가?[43] 그들의 트라우마는 더 심해질 수도 있다. 왜냐하면 범주가 덜 분명하며, 사회가 그들의 진짜한 아빠가 그런 일을 할 수 있다고 믿기를 거부함으로써 다시 한 번 그들을 기만하기 때문이다.

전쟁 중에 숨겨진 아이들은 매일같이 죽음의 신과 어깨를 맞대고 살았다. 이웃 사람이 무슨 뜻인지도 알 수 없는 단 한마디 때문에 그들을 고발했을 수도 있었을 것이다. 그냥 자기 얼굴을 쳐다봤다는 한 가지 이유 때문에 나치 대원이 그들에게 총을 쏘았을 수도 있었을 것이다. 그들의 고통은 실제적이다. 그들은 어디에 위험이 자리 잡고 있는지, 누가 자기들을 보호해주는지 알고 있다. 악마는 사회적 이념 속에 구체화되어 있었으며, 올바른 사람들은 애정으로써 그들을 구해주었다. 전쟁이 끝나고 나자 많은 입양이 이루어졌다. 아이의 정신적 상처를 치료해준 입양 가정도 있었지만, 상처를 오히려 악화시킨 가정도 있었다. 많은 아이들이 다시 학교로 돌아갈 수 없게 되었다. 부모의 사망 증명서를 발급받을 수가 없어서, 살아남기 위해서는 입을 다물고 있으라고 배웠기 때문에 평화가 찾아온 이후에도 계속 침묵을 지키고 있어서 그들은 장학금을 받지 못했다. 자신들의 기괴함 뒤에 자꾸만 숨으려고 했기 때문에 그들은 이상해보였고, 그래서 한 층 더 고립되었다.

많은 전쟁고아들은 더 고통스런 상황을 겪지 않았다. 만일 그들이 다행스럽게도 재난을 당하기 전에, 부모들이 어느 날 갑자기 사라져버리기 전에 최초의 안정된 애착 관계를 형성할 수 있었다면 그들은 그 이미지에 여전히 충실하면서 계속해서 죽은 부모에 대한 건강한 애착 관계를 발전시키고 있었을 것이다.[44] 이 유대 관계는 완벽했다. 죽은 그들의 부모는 그들을 키우는 동안 더이상 아무런 실수도 저지를 수가 없었기 때문이다. 이런 아이들은 죽은 부모의 바람에 꼭 따르려고 했다. 이웃이나 어떤 기록을 통해 죽은 부모가 그들에게 가지고 있던 야심("네가 태어났을 때 네 어머니는 말했단다. '이 애를 의사로 만들 거예요.'")이 드러날 경우, 새로이 드러난 이 사실은 도저히 바뀔 수가 없는 힘을 사후의 계획에 부여한다. 그런 경우, 애착 관계는 죽음을 초월하여 이상적인 것으로 남아 있었으며, 한 세대가 다음 세대에 내리는 이 명령은 아이에게 초월적인 임무를 부여했다. 이 같은 사실은 왜 우리 문화가 병적인 성공에 그토록 감탄하는지를 설명해준다.

우리는 우리의 불행을 물려주지 않아도 된다. 어떤 사람들은 그들에게 고통을 안겨준 충격에서 결코 헤어나지 못하겠지만, 그 충격과 싸운 사람들은 모순어법을 연상시키는 내적 세계를 발견했다. "그들은 비록 그들이 증언한 공포에 의해 짓눌렸지만……또한 기적적으로 구원되었다고 느끼기도 했다."[45] 두번째 세대는 한창 회복 작업 중인 부모들 곁에서 자라났다. "말해지지 않은 것의 소음으로 인해 귀가 멍멍해지고……유령들이 출몰하는 텅 빈 공간을 응시하던"[46] 그들은 수수께끼를 풀고 정신세계의 상처를 치료하는 법을 배움으로써 살아남았다. 그 덕분에 세번째 세대는 과거에 실제로 고통받았던 첫번째 세대에게 질문을 던지는 즐거움을 발견함으로써 가족의 유대 관계를 회복할 수 있었다.

무엇인가를 물려주지 않는다는 것은 불가능한 일이다. 육체적으로 가까이만 있어도 그렇게 된다. 그러나 영혼끼리의 소통은 불행을 물려주는 것만큼이나 쉽게 행복도 물려줄 수가 있다. 트라우마는 그늘을 드리우지만, 그것에 관한 이야기는 그 그늘 속에서 두꺼비들이 튀어나오게 할 수도 있고 공주들이 나타나게 할 수도 있다. 그것이 바로 우화의 힘이다. 그것이 바로 회복에 의해 약속되는 힘겨운 희망이다.

결론

E.P.I.L.O.G.U.E

Parler d'amour
au bord du gouffre

나는 슈퍼맨 씨를 잘 알고 있었다. 오랫동안 그의 정신요법 의사였다. 그는 심각한 운명신경증을 앓고 있었는데, 자신의 삶이 눈에 안 보이는 힘의 지배를 받고 있으며, 이 힘이 자기로 하여금 위험에 처한 사람이 있으면 구하러 달려가게 만든다고 믿고 있었다. 이처럼 되풀이되는 속박 상태는, 슈퍼맨 씨가 자신도 모르는 사이에 "똑같은 시나리오에서처럼 연이어지는 사건들의 주기적인 반복"[1]을 경험하고 있다는 느낌을 들게 했다.

슈퍼맨 씨는 이 신경증의 영향을 크게 받고 있었다.

그가 왜 이처럼 사건들이 주기적으로 반복되는 것인지 그 수수께끼를 풀 수 있게 된 것은 꿈 덕분이었다. 고아가 되어 한 이름 없는 기관에서 지낼 당시, 그는 자진기를 탔을 때처럼 두 팔을 들어올리고 두 다리를 돌리기만 하면 서서히 하늘로 날아오르는 꿈을 꾸다가 잠에서 깨어나 놀라곤 했다. 낮에는 불행해도 밤에는 이 황홀한 해방의 꿈을 꾸었다. 그러나 꿈에서 깨어나면 슬펐다. 다시 땅으로 내려오면 아무 희망도 없는 현실 세계로 돌아가야 하기 때문이었다. 그는 자진해서 어려운 상황에 빠지려고 애쓰곤 했다. 자신이 보잘것없다는 사실로 인한 고통을 덜 받기 위해서였다. 그런 상황에 있으면 그래도 자기가 살아 있다는 느낌이 조금이나마 들었던 것이다. 그는 과거의 영향을 받아 그가 배웠던 것을 되풀이하곤 했다.

슈퍼맨 씨는 행복하지 않았다. 그가 어렸을 때는 나름대로 쓸모가 있었던 이 방어기제는 세월이 흐르면서 운명신경증이 되어 더이상 필요하지 않은 시나리오들을 되풀이하도록 그에게 강요했던 것이다. 그는 슬픈 표정으로 말했다. "불행이 나를 들어올리는 게 느껴집니다. 나는 살아 있다는 느낌을 내게 불러일으키는 상황들을 현실 세계 속에서 찾지요. 스릴 만점의 행위를 끝내고 일상생활로 돌아갈 때마다 나는 내 삶이 공허하다는 것을 다시 한 번 확인하고, 다시 몇 가지 성공을 거둠으로써 그 삶에 의미를 부여하려 애쓴답니다." 이렇게 말하고 난 그는 쓸쓸한 표정을 지으며 이렇게 덧붙였다. "위험 앞에서 삶을 유지할 수 있는 능력을 자아에게 주는 것은 바로 이 같은 시련들입니다."[2] 이 같은 생존 전략을 개발한 그는 이 방어 책략을 쓸 때마다 기묘한 즐거움을 느꼈고, 이 기괴한 강요가 도대체 어디서 유래하는 것일까 의아해하곤 했다. 그 당시 그는 운명이 자기 자신의 환상을 믿는 사람들을 노예로 만들어놓는다는 사실을 알지 못했다.

그리하여 슈퍼맨 씨는 그 당시에는 자신을 보호해주었는지는 몰라도 현재는 자신을 과거 속에 가둬놓는 이 방어 전략을 버려야만 했다.

트라우마로 인한 정신적 상처는 고문보다 더 우리를 마비시킨다. 그렇기 때문에 일부 정신적 상처를 입은 사람들은 이상하게 달라 보인다는 생각이 든다. 그런 사람들은 한숨을 내쉬며 이렇게 말한다. "난 더이상 고통스럽지 않아요. 존재하는 것조차 그만두었거든요."[3]

가장 편안한 해결책은 계속 죽어 있는 것이며, 그것은 우리 문화가 가장 기꺼이 받아들이는 해결책이기도 하다. "그런 일을 당했으니, 어쩌겠어? 인생 그냥 막 내린 거지, 뭐." 너무 지나친 동정은 우리를 심리적 사망에 이르게 하고, 설사 불행히도 삶으로 되돌아가기 위해 애쓴다 하더라도 세상을 떠들썩하게 만들 위험이 있다. "뭐라고? 그가 춤을 춘다고? 죽을 뻔하다가 살아난 게 그렇게 좋은 거야?" 오랜 세월 슬픔을 안고 살면 덕이 높은 사람이 되는 반면, 명랑한 미망인은 흔히 소문이 안 좋게 난다. 영혼에 상처를 입은 사람은 끊임없이 고통스러워해야만 도덕적으로 보일 수 있다. 불행히도 그가 상처를 극복한다고 치자. 그 경우, 그가 회복되었기 때문에 그를 괴롭힌 자의 범죄는 상대화된다. 회복은 수상쩍다. 그렇지 않은가?

다시 삶으로 돌아온 사람이 이런 식으로 판단되는 것은 드문 일이 아니다. 범죄의 중대함이 그 결과의 중대함에 비례하는 것으로 생각되기 때문이다. 건설 중인 사회에서 사람들은 자신을 공격자와 동일시한다. 또한 자기 존재를 인정받고 자신의 사회 개념들이 통용될 수 있게 만드는 방법을 알고 있는 사람의 힘에 감탄한다. 그러나 이미 건설된 사회에서는, 공격을 받은 사람과 자신을 동일시하면 고상하고 민주적으로 보일 수가 있다. 삶 속에 이미 제대로 자리 잡은 사람은 자기가 정신적 상처를 입은 사람의 고통을 함께 한다고 말함으로써 스스로 자신이 도덕적이라고 생각한다.

슈퍼맨 씨는 불쌍한 사람과 약한 사람, 궁핍한 사람들이 그들이 그렇게까지 무능력하지는 않다는 것을 문득 보여주는 문화에서 살아가는 이 같은 방법을 구체적인 예로 설명해준다. 왜냐하면 그들은 자신들의 보잘것없는 상황에서 벗어나지 않은 채 괴롭힘을 당하는 사람들을 구하러 달려가기 때문이다. 우리 영웅은 마치 시소를 타듯 지배당하는 상태에서 지배하는 상태로 넘어간다.

회복은 괴롭힘을 당하는 사람과의 동일시는 물론 괴롭히는 사람과의 동일시도 피하는 제3의 방법이다. 회복 과정의 목표는, 우리가 어떻게 해야 공격을 되풀이하거나 희생자로서의 삶을 더이상 살지 않고 다시 삶으로 돌아갈 수 있는지 그 방법을 발견하는 것이다. 사고가 일어나면 그들 모두는 이렇게 말한다. "다시 다른 사람들처럼 되고 싶어." 그리고 그들 중 일부는 불행에서 빠져나오기 시작하면서 이렇게 말한다. "난 정말 운이 좋았어." 이것은 열등 인간의 이데올로기를 은연중에 포함하고 있는 우등 인간의 그것과는 정반대다.

회복은 두 가지 질문에 대답하려고 애쓴다.

- 아무 희망이 없는데 도대체 어떻게 희망을 갖는 게 가능하단 말인가?
  애착 관계에 관한 연구가 그 해답을 제공해준다.

- 살아남기 위해서는 어떻게 해야 하는가?
  개인과 가족, 사회의 이야기는 우리가 우리의 이미지를 어떻게 변화시킬 수 있는지 설명해준다.

정신적 상처를 입은 사람이 즉시 삶으로 되돌아갈 수는 없다. 다리가 부러진 상태에서 춤을 춘다는 건 어려운 일이다. 낙담했을 때는 잠시 마취 상태에 있으면서 평온과 희망을 되찾아야 한다. 우리는 정신적 상처를 입으면 심리적 무감각 상태가 되는데, 그래서 무언가 무시무시한 걸 목격하면 부정하게 되는 것이다. "그래, 난 테러리스트들에게서 공격을 받았어. 사망자도 생겼고, 내 주변에서는 사람들이 울부짖었지. 나도 중화상을 입었어. 그래서 그게 어쨌다는 거야? 난 알제리 전쟁을 겪고도 살아 돌아왔어! 그래도 삶은 계속된다고!" 이런 식으로 생각하면 갈등이 생길 소지가 없다. 그냥 다른 사람들이 이해를 못 할 뿐이다. "내 정신은 대부분 상처를 입어서 아직까지도 그 흉터가 남아 있어. 그래서 그게 어쨌다는 거야? 삶은 계속되는데!"

만일 우리가 다리가 부러진 지 얼마 지나지 않아서 걷게 되면 상처가 더 심해지며, 우리가 서둘러 말을 하면 상처는 끝까지 아물지 않는다. 그러나 언젠가는 죽음과 함께 사는 걸 그만두어야 하며, 만일 희망을 조금이나마 되찾고 싶다면 상처 입은 과거에서 벗어나야 한다. 그래서 우리는 행동하고, 계획에 가담하고, 다른 것에 대해서 말하는 것이다. 그리고 상당한 간격을 유지하며 우리 자신의 생각을 표현하기 위해 3인칭으로 된 이야기를, 감정을 제어하고 우리의 내부 세계를 다시 소유하게 해주는 이야기를 쓰는 것이다. 우리는 소음이 잦아들고 삶의 불꽃이 어두워진 세계를 문득 새로이 밝혀주면 바로 회복으로 향하는 먼 길에 첫발을 내디딘다. 그러면 우리는 심리적인 죽음에서 벗어나 다시 소생하기 시작한다.

사랑에 빠져 커플 관계를 구축하기 시작하면 우리는 민감한 시기를 경험하게 된다. 왜냐하면 우리의 과거를 다시 재현하기 때문이다. 우리는 새로운 삶에 대한 우리의 꿈이 현실로 바뀔 수 있도록 획득한 모든 것을 투자하여 관계를 쌓아간다. "나는 어떤 사람이기에 사랑받는 것일까?" 이 질문은 커플 관계의 토대를 이루며, 또한 그 관계를 지배하게 될(그것에 스타일을 부여함으로써) 암묵적 합의를 이루어낸다.

그렇게 되면 매일 아침을 먹고 "잘 자요" 인사할 때마다 절로 기적이 일어난다. 평범함의 풍요로움과 기적은 새로운 유대 관계를 쌓아나가고 새로운 삶을 세상에 탄생시킨다.

그래도 그것은 노래해야 해
나는 하나의 외침에 불과할지도 몰라
그대의 가슴속에서 지나간 시간의
이야기들이 쏟는 울음에 귀 기울이라
그 이야기들이 뿌려놓은 엄청난 씨앗은
이 시에서 저 시로 옮겨가며
다시 시작된 저항을 키우리라.[4]

시인의 특권, 그것은 내가 240쪽에 걸쳐 말해야만 했던 것을 그는 단 몇 행 만에 다 말할 수 있다는 것이다.

주

서장

1) E. Rostand, "C'est dans la nuit qu'on croit à la lumière", *in* Cathrine Schmutz-Brun, *La maladie de l'âge*, FAPSE, université de Genève, colloque de Fontevraud, 22 mai 2003.

2) B. Hoerni, *L'Archipel du cancer*, Paris, Le Cherche-Midi, 1994, p.54.

3) F. Chapuis, *in* J. Alessandri, "A propos de la résilence", *mémoire pour le diplôme de victimologie*, Paris, René- Descartes 대학, 1997, p.25.

4) A. Jollien, "Éloge de la faiblesse", Paris, Cerf, 1999.

5) P. Gutton, communication personnelle, Journées de psychanalyse autour de Jean Laplanche, "Le crime sexuel", Aix-en-Provence, 27 avril 2002.

6) S. Freud, "Lettre du 19 septembre 1930", *Correspondance*, Paris, Gallimard, p.436. ; P. Sabourin, *Ferenczi. Paladin et le grand vizir secret*, Paris, Éditions universitaires, 1985, p. 150-151.

7) R. Spitz, *La Première Année de la vie de l'enfant*, Paris, PUF, 1963, p. 122.

8) A. Freud, *ibid.*, Préface.

9) J. Sandler, *L'Analyse des défenses. Entretiens avec Anna Freud*, Paris, PUF, 1989.

10) J. Bowlby, *Attachment et perte*, Paris, PUF, 3 tomes, 1978-1984.

11) P. Aulagnier, *L'Apprenti-historien et le maître-sorcier*, Paris, PUF, 1984.

12) J. Bowlby, communication au 139e congrès de l'Association psychiatrique américaine, Washington, 10-16 mai 1986, traduit dans : "L'avènement de la psychiatrie développement a sonné", *Devenir*, numéro spécial John Bowlby, *L'Attachement*, vol.4, n° 4, 1992, p. 21.

13) P. Levi, "Hier ist kein warum", *Si c'est un homme*, Paris, Robert Laffont, 1996.

14) C. de Tichy, in M. Anaut, "Trauma, vulnérabilité et résilience en protection de l'enfance", *Connexions*, n° 77, 2002, p. 106.

15) G. de Gaulle-Anthonioz, préface à G. Tillion, *La Traversée du canal*, entretiens avec Jean Lacouture, Paris, Arléa, p. 200.

16) *À bâtons rompus avec Germaine Tillion*, Le patriote résistant, n° 21, 726, avril 2000.

17) J. Guillaumin, *Entre blessure et cicatrice*, Seyssel, Champ Vallon, 1987, p. 196-198.

1장 반운명으로서의 회복

1) J.-L. Godard, *Éloge de l'amour*, Film Réminiscence, 2001.

2) G. Haldas, *Mémoire et résurrection(citation en substance)*, Lausanne, L'Âge d'Homme, 1991, p.167-168.

3) B. Cyrulnik, *Sous le signe du lien*, Paris, Hachette, 1989, p.225-226.에서 이미 인용된 적이 있는 예.

4) D. L. Schacter, *À la recherche de la mémoire*, Bruxelles, De Boeck Université, 1999.

5) M. Nowak, *La Banquière de l'espoir*, Paris, Albin Michel, 1994, p.108.

6) *Ibid.*, p.126.

7) J. Gervet, M. Pratte, *Élément d'éthologie cognitive*, Paris, Hermès Sciences Publications, 1999, p.47-61.

8) 이것은 잘못된 기억인 것 같다. 샤를과 페귀를 결합시켜 보았지만 이 같은 인용문은 찾아내지 못했기 때문이다. 어쩌면 "정신생활은 무엇보다도 어떤 목적을 가지고 있다"라는 윌리엄 제임스의 생각[W. James(1908), Précis de psychologie, Marcel Rivière, 1932.]을 내가 개인적으로 해석한 것인지도 모르겠다.

9) P. Karli, *Le Cerveau et la liberté*, Paris, Odile Jacob, 1995, p.303-306.

10) A. Adler, *Un idéeal pour la vie*, traduction française par Roger Viguier, Paris, L'Harmattan, 2001, p. 45.

11) Z. Laïdi, Le Sacre du présent, Paris, Flammarion, 2000 in N. Aubert, *Le temps des urgences*, Cultures en mouvement, août, 2003, n° 59.

12) N. Sartorius, congrès internationale IFOTES, Ljubljana Slovénie, juillet 2003, p. 7-8 ; et N. Sartorius, *Fighting for Mental Health*, Cambridge, Cambridge University Press, 2002.

13) V. E. Frankl, *Découvrir un sens à sa vie*, Montréal, Les Éditions de l;Homme,

1993, p. 161.
14) - L. Marin, *De la représentation*, Paris, Seuil, 1994, p. 169.
15) *Ibid.*
16) J. -L. Viaux, *Comment parler de soi*, in R. Perron(dir.), *Les Représentations de soi*, Toulouse, Privat, 1991, p. 49-53.
17) P. de Roo, *Mécaniques du destin*, Paris, Calmann-Lévy, 2001, p. 19.
18) J. Hatzfeld, *Dans le nu de la vie. Récits du marais rwandais*, Paris, Seuil, 2000, p. 161.
19) "La Gazette des tribunaux", 11-12 janvier 1892, *in* G. Vigarello, *Histoire du viol*, Paris, Seuil, 1998, p. 231.
20) "Sainte Thérèse d'Avila", in P. de Roo, *Mécaniques du destin, op. cit.*

2장 만남이 재회가 될 때

1) K. Immelman, *Dictionnaire de l'éthologie*, Bruxelles, Mardaga, 1990.
2) K. R. Merikangas, J. Angst, "The challenge of depressive discorders in adolescence", in M. Rutter (éd), *Psychological Disturbances in Young People : Challenges for Prevention*, Cambridge, Cambridge University Press, 1995, p. 131-165.
3) A. C. Peterson, B. E. Compas, J. Brooks-Gunn, M. Stemmer, S. Ey, K. E. Grant, "Depression in adolescence", *American Psychologist*, 1993, 48, p. 155-158.
4) B. Ambuel, "Adolescents unintended pregnancy and abortion : the struggle for a compassionate social policy current direction", *Psychological Science*, 1995, 4, p. 1-5.
5) J. Bowlby, *Attachment and Loss*, vol. 1, New York, Basic Books, 1969.
6) R. Miljkovitch, "L'attachment au niveau des représentations", in N. Guedeney, *L'attachment. Concepts et applications*, Paris, Masson, 2002, p. 27-28.
7) A. Guedeney, "De la réaction précoce et durable de retrait à la dépression chez le jeune enfant", *Neuropsychiatrie de l'enfant et de l'adolescent*, 1999, 47 (1-2), p. 63-71.
8) B. Egeland, E. Farber, "Infant-mother attachment : factors related to its development and changes over time", *Child Development*, 1984, 55, p. 753-771.
9) J. Lecomte, *Guérir de son enfance*, Paris, Odile Jacob, 2004, p. 42.
10) M. H. Ricks, "The social transmission of parental behavior : attachment across

generations", *Monographs of the Society for Research in Child Development*, 1985, 50 (1-2), p. 227.

11) R. L. Paikoff, S. Brook, J. Gunn, "Physiological processes : what role do they play during the transition to adolescence?", in R. Montemayor, G. R. Adams, *A Transitional Peroid?*, Newbury Park, CA, Sage, 1990, p. 63-81.

12) P. C. Racamier, *L'Inceste et l'incestuel*, Paris, Collège de psychanalyse groupale et familiale, 1995.

13) H. Bee, D. Boyd, *Psychologie du développement. Les âges de la vie*, Bruxelles, De Boeck Université, 2003, p. 297-299

14) J. E. Flemming, "Prevalence of childhood and adolescent depression in the community, Ontario child health study", in C. de Tichey, *La Prévention des dépressions*, Paris, L'Harmattan, 2004.

15) P. Jeammet, "Les risques de décompensation dépressive à l'adolescence et la démarche préventive", in C. de Tichey, *La Prévention des dépressions*, Paris, L'Harmattan, 2004.

16) P. Jeammet, "Les risques de décompensation dépressive à l'adolescence et la démarche préventive", *in* C. de Tichey, *La Prévention des dépressions*, Paris, L'Harmattan, 2004.

17) B. Cyrulnik, "De l'attachment à la prise de risque", in J.-L, Venisse, D. Bailly, M. Reynaud (dir.), *Conduites addictives, conduites à risques : quels riens, quelle prévention?*, Paris, Masson 2002, p. 75-81.

18) B. Cyrulnik, in J.-L, Venisse (dir.), *Les enfants des rues*, colloque UNESCO, 25 janvier 2002.

19) J. Waldner, "Le placement en institution", in J.-P. Pourtois (éd.), *Blessure d'enfant*, Louvain, DeBoeck Université, 1995, p. 253.

20) B. Cyrulnik, *Sous le signe du lien*, Paris, Hachette, 1989. ; *Les Nourritures affectives*, Paris Odile Jacob, 1991 ; *Les Vilains Petits Canards*, Paris Odile Jacob, 1991 ; et F. -Y. Doré, *L'Apprentissage, Une approche psycho-éthologique*, Paris-Québec, Maloine, 1983.

21) D. Bauman, *La Mémoire des oubliés*, Paris, Albin Michel, 1988, p. 205-206.

22) M. Lemay, "Les difficultés sexuelles de l'adolescence", *Psychiatries 6*, n° 64, 1984, p. 57-64 ; "Carences primaires et facteurs de risque de dépression postnatale

maternelle", in C. de Tichey, *La Prévention des dépression, op. cit.*

23) A. F. Valenstein, "Une fille devient femme : le caractère unique du changement de l;image de soi pendant la grossesse", in E. J. Anthony, C. Chiland, *Prévention en Psychiatrie de l'enfant en un temps de transition*, Paris, PUF, 1984, p. 135.

24) M. Silvestre, *Pathologie des couples*, cours de diplôme d'université, Toulon, 17 janvier 2004.

25) E. Werner, S. Smith, *Vulnerable but Invincible*, New York, Mc Graw Hill, 1982.

26) C. Garcia, L. M. Reza, A. Villagran, *Promoción de resiliencia en niñas y jóvenes con antrcedents de abandono y maltrato*, Aldea Infantile SOS (Mexico), 2003.

27) E. Roudinesco, préface à Jenny Aubry, *Psychanalyse des enfantsséparés*, Paris, Denoël, 2003, p. 26.

28) Bilan de ces expériences *in* B. Cyrulnik, *Sous le signe du lien, op. cit.*

29) J. Aubry, *La carence de soins maternels*, ibid. p. 26-28.

30) J. Bowlby, *L'Avènement de la psychiatrie développement a sonné, Devenir*, vol. 4, n° 4, 1992, p. 21.

31) 마리-호세 모로는 남미의 한 가족부 여성 장관이 길거리 아이들에 대해서 이렇게 말하는 것을 직접 들었다.

32) M. Rutter, "La séparation parents-enfants, les effets psychologiques sur les enfants", *Psychiatrie de l'enfant*, 1974, XVII, 2, p. 479-514.

33) C. Dickens, *Oliver Twist*, Paris, Gallimard, 1973, p. 37.

34) J.-M. Périer, *Le Temps d'apprendre à vivre*, Paris, XO, 2004, p. 92.

35) L. Aragon, "Il n'y a pas d'amour heureux", in *La Diane française*, Paris, Seghers, 1946.

36) M. David, *Le Placement familial de la pratique à la théorie*, Paris, ESF, 1989, p.44.

37) B. Cyrulnik, *Le Murmure des fantômes*, Paris, Odile Jacob, 2002, p. 110-114 ; J.-F. Legoff, *L'enfant, parent de ses parents*, Paris, L'Harmattan, 2000.

38) J. Plaqueveru, *Le Premier Droit de l'enfant*, Paris, De Fallois, 1996, p. 109-119.

39) C. B. Stender, "Possible causes of overdependency in young children", *Child Dev*, 25, 1954, p. 125-146.

40) J. Bowlby, "Attachment et perte", tome II, *Séparation, angoisse et colère*, Paris, PUF, 1978, p. 318-319.

41) J. Newson, E. Newson, *Four Years Old in an Urban Community*, Chicago, University of Chicago Press, 1968.

42) S. Freud, *Trois Essais sur la théorie sexuelle*, Paris, Gallimard, 1987.

43) J. Bowlby, "Attachment et perte", tome II, *op. cit.*, p. 323.

44) F. Hurstel, "Psychologie ordinaire du lien familial. Enfant sujet, parents objet?", *Le Journal des psychologues*, n° 213, 2004년 1월 호, p. 21.

45) D. Marcelli, *L'Enfant, chef de famille. L'autorité de l'infantile*, Paris, Albin Michel, 2003, p. 254-257.

46) S. Lesourd, "La 'passion de l'enfance' comme entrave poseé à la naissance du sujet", *Le Journal des psychologues*, n° 213, 2004년 1월 호, p. 22-25.

47) J.-P. Chartier, L. Chartier, *Les Parents martyrs*, Toulouse, Privat, 1989.

48) B. Cyrulnik, "Les muets parlent aux sourds", in *La Mémoire de la Shoah*, Le Nouvel Observateur, numéro hors série, 2004년 1월 호.

49) Kiyoshi Ogura(1980), "Alternance de séductions, de symbiose et d'attitudes meurtrières des enfants japonais envers leur mère : syndrome d'une ère nouvelle?", in E. J. Anthony, C. Chiland, *Prévention en psychiatrie de l'enfant en un temps de transition*, *op. cit.*, p. 319-325.

50) *Ibid.*, p. 323.

51) M.-C Holzman, Journées de l'UNICEF, Paris, 17 avril 1996.

52) G. Wahl, *Epsylon*, Labos Boots-Darcour, n° 4, 1989.

53) M. J. Paulson, R. H. Coombs, J. Landsverk, "Youth who physically assault their parents", *J. Fam. Violence*, 1990, 5, 2, p. 121-133.

54) S. Honjo, S. Wakabayashi, "Family violence in Japan : a compilation of data from the department of psychiatry", Nagoya, 1998, 주 54의 책에 인용됨.

55) M. Dugas, M.-C. Mouren, O. Halfon, "Les parents battus et leur enfants", *Psychiatrie de l'enfant*, 1985, 28, p. 185-220.

56) B. Cyrulnik, A. Alameda, P. Reymondet, "Les parents battus : de la séduction à la soumission", in M. Delage, congrès de neurologie et de psychiatrie de langue française, Toulon, 14 juin 1996.

57) A. Laurent, J. Boucharlat, A.-M. Anchisi, "A propos des adolescents qui agressent physiquement leurs parents", *Annales médico-psychologiques*, 1997, 155, n° 1.

58) C. Delannoy, *Au risque de l'adoption. Une vie à construire ensemble*, Paris, La Découverte, 2004, p. 88.

59) L. Keltkangas-Jarvinen, "Attributional style of the mother as a predictor of aggressive behavior of the child", *Agress. Behav*, 1990, vol. 1, p. 1-7.

60) C. Delannoy, *Au risque de l'adoption. Une vie à construire ensemble*, op. cit., p. 89-90.

61) I.Kershaw, *Hitler 1889-1936*, Paris, Flammarion, 1998.

62) *Ibid.*, p. 48.

63) *Ibid.*

64) *Ibid.*, p. 49.

65) *Ibid.*, p. 71.

66) *Ibid.*, p. 49.

67) *Ibid.*, p. 58.

68) *Ibid.*, p. 55.

69) J. Guillaumin, *Entre blessure et cicatrice. Le destin du négatif dans la psychanalyse*, Seyssel, Champ Vallon, 1987, p. 191.

70) A. Marthur, L. Schmitt, "Épidémiologie de l'ESPT après un traumatisme collectif", *Stress et Trauma*, 2003, 3(4), p. 216.

71) J. Bergeret, *La Violence fondamentale*, Paris, Dunod, 1985.

72) J. Guillaumin, *Entre blessure et cicatrice, op. cit.*, p. 198.

73) S. Freud, "Lettre à Lou Andreas-Salomé, 1919년 8월 1일자", in P. Gay, *Freud, une vie*, Paris, Hachette, 1991, p. 604-605.

74) "International Working model", in J. Bowlby, *Attachment et perte*, Paris, PUF, 1969.

75) A. Guedeney, "De la réaction précoce et durable de retrait à la dépression chez le jeune enfant", *Neuropsychiatrie de l'enfant et de l'adolescent*, 1999, 47 (1-2), p. 63-71.

76) C. Hazan, P. Shaver, "Attachment as an organization framework for research on close relationship", *Psychological Inquiry*, 1994, 5, p. 1-22.

77) R. Schank, R. P. Abelson, *Script, Plans, Goals and Understanding*, Hillsdale, Erlbaum, 1997.

78) M. Mancia, "Dream actors in the theatre of memory : their role in the

psychoanalytic process", *Int. J. Psychoanal*, 2003, 84, p. 945-952.

79) S. Freud, "Analyse terminée et analyse interminable", *Revue française de psychanalyse*, 1938-39, n° 1, p. 3-38.

80) J.-C. Kaufmann, *L'Invention de soi. Une théorie de l'identité*, Paris, Armand Colin, 2004, p. 153.

81) J. Holmes, *John Bowlby and the Attachment Theory*, Londres/New York, Routledge, 1993.

82) E. Bibring, "The conception of the repetition compulsion", *Psychanalytic Quarterly*, XII, 1943. p. 486-519.

83) V. de aulejac *Les Sources de la honte*, Paris, Desclée de Brouwer, 1996, p. 225.

3장 사랑의 형이상학

1) 청소년기를 이미 체험한 사람이 상상력을 발휘해서 쓴 편지

2) O. Bourguignon, "Attachment et détachment", in D. Houzel, M. Emmanuelli, F. Moggio, *Dictionnaire de psychopathologie de l'enfant et de l'adolescent*, Paris, PUF, 2000, p. 70-72.

3) Ph. Gutton, *La Parentalité*, séminaire, Aix-en-Provence, 2004년 3월 8일. D. Lagache, P. Mâle, "Arguments pour un symposium psychanalytique sur l'adolescence : les relations avec autrui et les relations avec soi-même", *Rapport du 1er congrès européen de pédopsychiatrie*, Paris, SPEI, 1960, p. 205-207.을 인용함.

4) R. Miljkovitch, *L'Attachment au cours de la vie*, Paris, PUF, 2001, p. 196-231 ; B. Cyrulnik, *Sous le signe du lien, op. cit.*, p. 244-252.

5) M. D. S. Ainsworth, "Some considerations regarding theory and assassment relevant to attachment beyond infancy", in M. T. Greenberg, D. Cicchetti, E. M. Cummings (éd), *Attachment in the Preschool Years : Theory, Research and Intervention*, Chicago, University of Chicago Press, 1990.

6) Mihai Ioan Botez (dir.), *Neuropsychologie clinique et neurologie du comportement*, Presses de l'Université de Montréal/Masson, p. 93.

7) A. R. Damasio, *Spinoza avait raison. Joie et tristesse, le cerveau des émotions*, Paris, Odile Jacob, 2003, p. 118-119.

8) R. L. Birdwhistell, *Kinesics and Context*, Philadelphie, University of Pennsylvenia Press, 1970.

9) L. N. Dobriansky-Weber, "La parade nuptiale : une histoire sans paroles", *Le Journal des psychologues*, 2003, n° 139, 7-8월 호, 98, p. 23.

10) B. Cyrulnik, *Les Nourritures affectives*, Paris, Odile Jacob, 1993, p. 17-49 ; I. Elbl-Eibesfeldt, *Ethologie. Biologie du comportement*, Paris, Editions Scientifiques, 1972, p. 428-452.

11) P. Lemoine, *Séduire. Comment l'amour vient aux humains*, Paris, Robert Laffont, 2004.

12) H. Bee, D. Boyd, *Psychologie du déceloppement. Les âges de la vie, op. cit.*, p. 298 ; M. Odent, *The Scientification of Love*, Londres, Free Association Books, 1999.

13) J. Lecomte, *Guérir de son enfance*, Paris, Odile Jacob, 2004.

14) G. H. Elder, "The life course as a developmental theory", *Child Development*, 1998, 69 (1), p. 1-12.

15) "Les caractéristiques de la population sexuellement active", *La Recherche*, n° 223, 1990년 7-8월 호 ; M. Bozon, H. Leridon, *Sexualité et sciences sociales*, Ined, Paris, PUF, 1995.

16) R. Neuburger, *Le Mythe familial*, Paris, PUF, 1995.

17) Goethe, "Les souffrances du jeune Werther", in P. -L. Assoun, "Le trauma amoureux. Le 'complex de Werther'", *Le Journal des psychologues*, n° 159, 1998년 7-8월 호, p. 31.

18) Goethe, "Les souffrances du jeune Werther", in P. -L. Assoun, "Le trauma amoureux. Le 'complex de Werther'", *Le Journal des psychologues*, n° 159, 1998년 7-8월 호, p. 31.

19) *Ibid.*, p. 90.

20) S. Freud, *L'Interprétation des rêves*, Paris, PUF, 1967, p. 412.

21) J. Bowlby, *L'Interprétation des rêves*, Paris, PUF, 1967, p. 412.

22) M. Delage, B. Bastien-Flamain, S. Baillet-Lucciani, L. Lebreton, *Application de la théorie de l'attachment à la compréhension et au traitement du couple*, Toulon, 출간 예정, 2005.

23) M. T. Greenberg, M. L. Speltz, *Contribution of Attachment Theory to be understanding*, Paris, PUF, 1967, p. 412.

24) P. Fonqgy, N. Targat, "Attachment and reflexive fonction, their role in self-organization", *Development Psychopathology*, 1997-99, p. 679-700.

25) B. Pierrehumbert, A. Karmanolia, A. Sieye, R. Miljkovitch, O. Halfon, "Les modèles de relation : développement d'un autre questionnaire d'attachment pour adulte", *Psychiatrie de l'enfant*, tome 1, 1996, p. 161-206.

26) 블레즈 피에르윙베르(로잔)의 방법론을 사용하였다.

27) B. Cyrulnik, M. Delage, S. Bourcet, M.-N. Blein, A. Dupays, *Apprentissage, expression et modification des styles affectifs après le premier amour*, op. cit.

28) M. Delage, "Répercuissions familiales du traumatisme psychique. Conséquences pour une intervention thérapeutique", *Stress et Trauma*, 2001, 1 (4), p. 203-211.

29) C. Duchet, C. Jehel, J.-D. Guelfi, "À propos de deux victimes de l'attentat parisien du RER Port-Royal du 3 décembre 1996 : vulnérabilité posttraumatique et résistance aux troubles", *Annales médico-psychologiques*, 2000, 158 (7), p. 539-548.

30) M. Gannagé, *L'Enfant, les parents et la guerre. Une étude clinique au Liban*, Paris, ESF, 1999.

31) M. Delercq, "Les répercussions du syndrome de stress posttraumatique sur les familles", *Thérapie familiale*, 1995, 16 (2), p. 185-195.

32) A. M.-Blanc, "Les femmes dans la protection maternelle et infantile : une problématique de la place de la femme dans la société actuelle", thèse de troisième cycle, UFR Sciences sociales, Aix-Marseille-I, janvier 2000.

33) G. E. Armsden, E. McCawley, M. T. Greenberg, P. M. Burke, "Parent and peer attachment in earlier adolescence and depression", *Journal of Abnormal Child Psychology*, 1990, 18, p. 683-697.

4장 물려받는 지옥

1) R. Robinson, "The present station of people who survives the holocaust as children", *Acta Psych. Scand*, 1994, 89, p. 242-245.

2) M. -P. Poilpot (dir), *Souffrir mais se construire. Fondation pour l'enfance*, Ramonville Saint-Agne, Érès, 1999.

3) E. Bouteyre, *Réussite et résilience sociales chez l'enfant de migrants*, Paris, Dunod, 2004.

4) M. Gilbert, *L'Identité narrative*, Genève, Labor et Fidès, 2001, p. 37.

5) M. Main, N. Kaplan, J. Cassidy, "Security in infancy, childhood and adulthood :

a move to the level of representation", in I. Bretherton, E. Waters (éd), "Growing point of attachment theory and research", *Monographs of the Society for Research Child Development*, 1985, 50 (1-2, Serial no 290), p. 66-104.

6) M. D. S. Ainsworth, M. C. Blehar, E. Waters, S. Wall, *Patterns of Attachment : Assesed in the Strange Situations at Home*, Hillesdale, Erlbaum, 1978.

7) H. F. Harlow, "Love created, love destroyed, love regained", in *Modèles animaux du comportement humain*, Paris, Éditions du CNRS, 1972, p. 27 et 49.

8) B. Cyrulnik, F. Cyrulnik-Gilis, "Étholodie de la transmission des désirs inconscient. Le cas 'Pupuce'", *L'Évolution psychiatrique*, 1980, t. XLV, fasc. III, p. 553-566.

9) I. Boszormenyi-Nagy, J.-L. Framo, *Psychothérapies familiales*, Paris, PUF, 1980.

10) B. Golse, "Transgénérationnel", in D. Houzel, M. Emmanueli, F. Moggio, *Psychopathologie de l'enfant et de l'adolescent, op. cit.,* p. 743.

11) D. Stern, "Intersubjectivité, narration et continuité dans le temps", Journées SFPEADA, *La communication et ses troubles*, Caen, 14 mai 2004.

12) Ricks(1985), Grossman(1988), Fonagy(1991), Ward(1995), Main(1996), Zeanah(1996).

13) P. Fonagy. "Mental representations from an intergenenerationnel cognitive science perspective", *Infant Mental Health Journal*, 1994, 15, p. 57-68.

14) C. Mareau, "Mécanismes de la résilience et exploitation sélective des compétences au sein d'une relation mère-enfant potenteillement pathogène", thèse de doctorat, université Paris-V, juin 2004.

15) D. W. Winnicott, *De la pédiatrie à la psychanalyse*, Paris, Payot, 1971.

16) P. Fonagy, M. Steele, H. Steele, G. S. Moran, A. C. Higgit, "The capacity for understanding mental states : the reflective self-parent in mother and child and its significance for security of attachment", *Infant Mental Health Journal*, 1991, 12 (3), p. 201-218.

17) P. Brenot, *Le Sexe et l'Amour*, Paris, Odile Jacob, 2003.

18) M. Delage, "Traumatisme psychique et résilience familiale", *Stresse et Trauma*, 2002, 2(2), p. 69-78.

19) M. Rubinstein, *Tout le monde n'a pas la chance d'êre orphelinr*, Paris, Verticales, 2002.

20) *Ibid.*, p. 85.

21) P. Benghozi, "L'attaque contre l'humain. Traumatisme catastrophique et transmission généalogique", *Nervure*, 1996, t. IX, n° 2, mars.

22) E. Mujawayo, S. Belhaddad, *Survivants*, La Tour d'Aigues, Editions de l'Aube, 2002.

5장 우울한 노래들

1) G. Briole, communication aux Journées de Liège, "Traumatisme et fantasme", 15-16 mars 1997, *Quarto Nov*, 1997.

2) P. Benghozi, "Porte-la-honte et maillage des contenants généalogiques familiaux et communicataires en thérapie familiale", *Revue de psychothérapie psychanalytique de groupe*, Paris, Érès, 1994.

3) Dialogue recomposé d'après J.-C. Snyders, *Voyage de l'enfance*, Paris, PUF, 2003, p. 23-25.

4) A. de Mijolla, *Préhistoires de famille*, Paris, PUF, 2004, p. 150.

5) J.-C. Snyders, *Voyage de l'enfance, op. cit.*, p. 108.

6) *Ibid*, p. 123.

7) S. Parent, J.-F. Saucier, "La theorie de l'attachment", in E. Habimana, L. Ethier, D. Petot, M. Toutsignant, *Psychopathologie de l'enfant et de l'adolescent*, Montréal, Gaëtan Morin, 1999, p. 39.

8) J. Lighezzolo, C. de Tychey, *La Résilience. Se (re)construire après le traumatisme*, Paris, In Press 2004, p. 72.

9) Jérémie 3, 130.

10) C. Trevarthen, P. Hubley, L. Sheeran, "Les activités innés du nourrisson", *La Recherche*, 1975, n° 6, p. 447-458.

11) J. Levamus, *Les Relations et les interactions du jeune enfant*, Paris, ESF, 1985.

12) M. Main, "Cross-cultural studies of attachment organization, recent studies : changing methodologies and the concept of condotional strategies", *Human Development*, 1990, 35, p. 48-61.

13) C. Krelewetz, C. Piotrowski, "Incest survivor mothers : protecting the next generation", *Child Abuse and Neglect*, 1998, vol. 22, n° 12, p. 1305-1312.

14) J. Bowlby, *A Secure Base. Clinical Application of Attachment Theory*, Londres,

Routledge, 1988.
15) N. Guedeney, A. Guedeney, *Attachement. Concepts et application*, op.cit., p. 200.
16) J. Lecomte, *Guérir de son enfance*, op.cit., p. 200.
17) A. Bourtros-Bourtos Galli, Cité de la Réussite, Forum de l'écrit, Paris, 19 juin 2004.
18) M. Frydman, *Le Traumatisme de l'enfant caché*, Quorum, 1999.
19) W. Krisberg, *The Invisible Wound : A New Approach to Healing Childhood Sexual Trauma*, New York, Bantham Books, 1993.
20) C. A. Courtois, *Healing the Incest Wound : Adult Survovirs in Therapy*, New York, W. W. Norton, 1998.
21) A. M. Ruscio, "Predicting the child-rearing practices of mothers sexually abused in childhood", *Child Abuse and Neglect*, 2001, 25, p. 362-387.
22) C. Kreklewetz, C. C. Piotrowski, "Incest survivors mothers : protecting the next generation", *Child Abuse and Neglect*, 1998, vol. 22, 12, p. 1305-1312.
23) G. Perec, *W ou le souvenir d'enfance*, Paris, Denoël, 1975.
24) A. Aubert, "La diversion, voie de dégagement de l'expérience de la douleur", in F. Marty, *Figure et traitements du traumatisme*, Paris, Dunod, 2001, p. 224.
25) G. Perec, *La Disparition*, Paris, Denoël, 1969.
26) J. Semprun, *L'Evanouissement*, Paris, Gallimard, 1967.
27) A. Green, *La Déliaison. Psychanalyse, anthropologie et littérature*, Paris, Hachette littéraire, 1973.
28) S. Landau-Mintz, *Adèle*, 출판 예정 원고.
29) M. Rubinstein, *Tout le monde n'a pas la chance d'être orphelin*, dp. cit., p. 102-103.
30) Y. Danieli, "Families of survivors of the nazi holocaust. some short and long-term effects in stress and anxiety", in I. G. Speilberger, N. Y. Sarason, C. D. Milgram, *Hemisphere*, vol. 8, New York, Mcgraw Hill, 1981.
31) R. Yehuda, J. Schmeidler, A. Elkin, S. Elson, L. Siever, K. Binder-Brynes, M. Fainberg, D. Aferiot, "Phenomenology and psychobiology of the intergenerational response to trauma", in *International Handbook of Multigenerational Legacies of Trauma*, New York, Plenum, 1998.

32) Z. Solomon, M. Kotler, M. Mikulinger, "Combat-related posttraumatic stress disorder among secon-generation survivors : preliminary findings-American", *Journal of Psychiatry*, 1998, 145, p. 865-868.

33) A. Sagi-Schwartz, M. Van Ijzendoorn, K. E. Grossman, T. Joels, K. Grossman, M. Scharf, A. Koren-Karie, S. Alkalay, "Les survivants de l'holocauste et leurs enfants", *Devenir*, 2004, vol. 16, n° 2, p. 77-107.

34) *Ibid.*

35) M. H. Van Ijzendoorn, "Associations between adult attachment representations and parent-child attachment, parental responsiveness, and clinical status. A meta-analysis ont the predictive validity of the Adult Attachment Interview", *Psychological Bulletin*, 1995, 117, p. 387-403.

36) J. Laplanche, J.-B. Pontalis, *Vocabulaire de la psychanalyse*, Paris, PUF, 1967, p. 68.

37) C. Breton, "Socialisation des descendants de parents résistants déportés de France", doctorat de sciences de l'éducation, université Paris-X-Nanterre, 1993, p. 370.

38) *Ibid.*, p. 371.

39) *Ibid.*, p. 390.

40) P. Grimbert, *Un secret*, Paris, Grasset, 2004, p. 177-178.

41) P. Fossion, M. C. Rejas, L. Servais, I. Pelc, S. Hirsch, "Family approach with grandchildren of holocaust survivors", *American Journal of Psychotherapy*, 2003, vol. 57, n° 4.

42) M. Heireman, "Le livre des comptes familiaux", in Patrice Cuynet (dir.), *Héritages*, Paris, L'Harmattan, 1999, p. 84.

43) N. de Saint-Phalle, "Honte, plaisir, angoisse et peur···", *Mon Secret*, Paris, La Différence, 1994, p. 8.

44) R. C. Fraley, P. R. Shaver, "Loss and bereavement : attachment theory and recent controversies concerning 'grief work' and the nature of detachment", in J. Cassidy, P. Shaver (éd), Handbook of Attachment, New York, Guilford, 1999.

45) F. Castaignos-Leblond, *Traumatismes historiques et dialogue intergénérationnel*, Paris, L'Harmattan, 2001, p. 196.

46) *Ibid.*

결론

1) J. Laplanche, J.-B. Pontalis, *Vocabulaire de la psychanalyse*, *op. cit.*, p. 279.

2) A. Aubert Godard, "Fondement de la santé, triade et traumas originaires", in F. Marty (dir.), *Figures et traitements du traumatisme*, *op. cit.*, p. 26.

3) S. Ferenczi, "Réflexion sur le traumatisme", in *Psychanalyse 4*, Paris, Payot, 1934, p. 236.

4) L. Aragon, *Le Fou d'Elsa. Le malheur dit*, Paris, Gallimard, *Poésie*, 1963, p. 365-368.